Neda Soltani
Mein gestohlenes Gesicht

NEDA SOLTANI

Mein gestohlenes Gesicht

Die Geschichte einer
dramatischen Verwechslung

KAILASH

Verlagsgruppe Random House FSC-DEU-0100
Das für dieses Buch verwendete FSC®-zertifizierte Papier
Munken Premium Cream liefert Arctic Paper Munkedals AB,
Schweden.

1. Auflage
Originalausgabe
© 2012 Kailash Verlag
in der Verlagsgruppe Random House GmbH
Konzeption und Realisation: Ariadne-Buch,
Christine Proske, München
Aus dem englischen Originalmanuskript
ins Deutsche übertragen von Dagmar Mallett
Lektorat: Claudia Göbel
Umschlaggestaltung: Weiss Werkstatt München
unter Verwendung eines Bildes © Getty Images
Satz: EDV-Fotosatz Huber/Verlagsservice G. Pfeifer, Germering
Druck und Bindung: CPI – Ebner & Spiegel, Ulm
Printed in Germany
ISBN 978-3-424-63049-7

www.kailash-verlag.de

Dieses Buch erzählt eine wahre Geschichte.
Zum Schutz der Beteiligten wurden alle Namen geändert,
außer jenen von Personen des öffentlichen Lebens.

Für
Neda Agha-Soltan
und alle anderen Iranerinnen und Iraner,
die ihr Leben für die Sache
der Freiheit und Demokratie ließen,

und

für alle,
die heute für Freiheit und Demokratie kämpfen
und dabei alles riskieren.

Inhalt

1

Angst

Im Halbschlaf höre ich das leise Klappern von Geschirr. Ein willkommenes Geräusch. Das ist bestimmt meine Mutter, die wie üblich die Küche aufräumt, bevor sie zur Arbeit geht. Sie steht immer als Erste auf.

»Neda, Liebes, es ist Zeit. Komm, wach auf. Wir müssen los«, flüstert eine Stimme.

Ich drehe mich auf den Rücken. Es ist nicht die Stimme meiner geliebten Mutter. Mit einem Schlag weiß ich wieder, was geschehen ist. Ich öffne die Augen und möchte sie doch am liebsten wieder vor der Realität verschließen. Da sind nicht die vertrauten Wände meines Zimmers. Ich wache nicht mit dem Kopf am Fußende des Bettes auf, damit mich gleich die Gesichter meiner liebsten Freunde, meiner Nichte und meines Neffen begrüßen, deren Fotos dort an der Wand hängen. Was ich jetzt allmählich vor meinen halb geöffneten Augen erkenne, sind leuchtend orange Gardinen mit roten und schwarzen Streifen. Mir wird klar, dass ich nicht schlecht geträumt habe. Der Albtraum ist furchtbare Wirklichkeit.

Meine Freundin Sepideh beugt sich über das Bett und greift nach meiner Hand. Immerhin sind sie noch bei mir, mache ich mir selbst Mut.

»Kasra wäscht gerade ab, und wir haben schon das Taxi gerufen. Es kommt in einer halben Stunde«, sagt sie. »Such dir einen von den Mänteln hier auf dem Stuhl aus. Es wäre leichtsinnig, mit diesem schwarzen Büromantel am Flughafen aufzutauchen. Besser, man hält dich für eine Touristin.«

Es klopft an der Tür, und Kasra steckt den Kopf durch den Spalt. »Immer noch im Bett? Jetzt aber auf, Mädel!«, drängt er.

Ich möchte den beiden gern für alles danken, was sie für mich getan haben. Sie tun mir leid, sie sehen so blass und erschöpft aus, obwohl sie wie immer ermutigend lächeln. Sie sind genauso verängstigt und frustriert wie ich, nicht nur wegen meiner Situation, sondern weil sie in großen Schwierigkeiten sein werden, wenn herauskommt, dass sie mir geholfen haben. Mit der Aktion am Flughafen, die uns nun bevorsteht, setzen sie alles auf eine Karte. Sie haben nur helfen wollen, aber wenn ich dabei gefasst werde, trifft sie der ganze Vorwurf. Ich möchte ihnen wenigstens danken und ihnen sagen, wie froh ich trotz allen Elends bin, dass ich sie an meiner Seite habe.

Doch mir kommt nur über die Lippen: »Ich fürchte mich zu Tode!« Sepideh steht vom Bettrand auf. Sie beißt sich auf die Unterlippe, ihr Kinn zittert. Dann eilt sie aus dem Zimmer an Kasra vorbei ins Bad. Ich weiß, dass sie jetzt weint, und hasse mich dafür, dass ich ihr das antue. Kasra lehnt sich im Schlafzimmer neben der Tür an die Wand und reibt sich die Stirn, wie immer, wenn er einen Gedanken formuliert. »Sieh mal, Neda. Natürlich habe ich auch Angst, und dabei ist mein Risiko viel kleiner als deines. Aber … denk an die Alternative! Wärst du denn imstande, in Bazargan über die Grenze zu gehen? Mitten in der Nacht über das Gebirge, geführt von einem Fremden? Selbst wenn du den Mut dazu hast: Bist du dem körperlich gewachsen? Sieh dich an. Es ist ein Wunder, dass du dich noch auf den Beinen hältst. Du bist schon ziemlich zäh.« Er lächelt verhalten. »Wir müssen dich hier rausbringen. Du hast keine 24 Stunden mehr, womöglich nicht einmal mehr zwölf. Gestern bist du nur knapp entkommen, und nächstes Mal hast du nicht so viel Glück. Dann schnappen sie dich, glaub mir. Auf geht's!«

Ich brauche eine Ewigkeit, um mich zu waschen, denn mit jedem Blick in den Spiegel sehe ich das verweinte Gesicht meiner Mutter. Meine liebsten Verwandten und Freunde ziehen vor meinem inneren Auge an mir vorüber. Außer meiner Mutter und meinem Bruder weiß niemand, dass ich fliehe, weder meine Schwester noch mein Vater. Ich setze mich ab wie ein Schurke im Western.

Dabei war ich bis vor zwei Wochen noch eine angesehene Universitätsdozentin und leitete ein College mit mehr als 1200 Studenten und einem eigenen akademischen Apparat. Ich galt als erfolgreiche Institutsdirektorin und hatte Grund zu der Annahme, dass ich bald im Verwaltungsrat der Universität sitzen würde. Seit einigen Tagen wage ich nicht einmal mehr, mein Büro zu betreten, sondern fürchte um mein Leben. Als ich meinen Studenten noch vertrauensvoll in die Augen sah und über die kafkaesken Qualitäten fiktionaler

Welten dozierte, darüber, wie absurde Anschuldigungen sich zu einem Albtraum im Leben eines Einzelnen entwickeln können, konnte ich nicht ahnen, dass mir genau das bevorstand. Ja, ich bin Josef K. – auch mich musste jemand verleumdet haben, denn ich wurde eines Morgens verhaftet, ohne dass ich etwas Böses getan hatte.

Meine Mutter hat Sepideh gedrängt, darauf zu achten, dass ich unter dem Koran hindurchgehe, bevor wir zum Flughafen fahren. Dieses Ritual soll für eine sichere Reise sorgen. Sepideh hatte keinen Koran zu Hause, daher hat Kasra einen von den Nachbarn ausgeborgt. Bevor wir uns aufmachen, gehe ich also unter dem heiligen Buch hindurch und halte es dann selbst in die Höhe, damit auch Sepideh und Kasra dies tun können.

Als das Taxi losfährt, fühle ich mich wie eine zum Tode Verurteilte auf dem Weg zur Hinrichtung. Ich sehe mir die Straßen Teherans genauestens an. Ob ich es nun ins Flugzeug schaffe und entkomme oder ob ich am Flughafen verhaftet werde – diese Stadt werde ich wohl nicht wiedersehen. Am Abend zuvor hatte ich durchsetzen wollen, dass Kasra und Sepideh nicht mit mir in einem Taxi fahren, damit man uns auf keinen Fall zusammen sieht. Doch jetzt bin ich dankbar, dass sie dies abgelehnt haben.

Der Taxifahrer erzählt ununterbrochen von seiner Zeit als Gastarbeiter in Japan. Er dreht die Musik auf und zappt sich auf der Suche nach seinen Lieblingsliedern durch eine Sammlung türkischer, indischer und arabischer Songs. Kasra, der vorn sitzt, versucht das Gespräch in Gang zu halten, wohl um den Fahrer von mir abzulenken. Aber der ständige Wechsel in der Musik zehrt an meinen Nerven, und

Sepideh geht es nicht besser. Sie murmelt mir zu, ich solle an das »Gesetz der Anziehung« denken, wie es im Film *The Secret – Das Geheimnis* vorkommt, den wir einige Male zusammen angeschaut haben. »Denk daran, dass du ein geistiges Bild von dir selbst schaffst, das deinen Wünschen entspricht. Sieh dich also auf der anderen Seite der Sicherheitskontrollen, im Flugzeug, oben in der Luft«, sagt sie und umklammert meine Hand.

Peng! Mit einem Knall beginnt das nächste Musikstück. »Verdammt, drehen Sie diese bescheuerte Musik leiser!«, schreie ich den Fahrer aus dem Nichts an.

»Schscht, ganz ruhig, Neda!«, versucht Kasra mich erschrocken zu beschwichtigen.

Der arme Chauffeur erschrickt so über mein Kreischen, dass er für eine oder zwei Sekunden die Kontrolle über den Wagen verliert. »Okay! Sie müssen nicht schreien, Madame! Es geht auch höflicher. Ich fahre dieses verdammte Taxi sechs Nächte in der Woche. Ich muss Musik hören oder mit den Fahrgästen reden, um mich wachzuhalten. Sie sind, hoffen wir es zumindest, glückliche, reiche Leute, die in dieser Hölle von einem Land ein schönes Leben haben und im Ausland Ferien machen können, wann immer Sie wollen. Leute wie ich müssen entweder in Ländern wie Japan schuften, um ein wenig Geld zu sparen, oder …«

Mehr bekomme ich nicht mit. Sepideh streicht mir über den Rücken, wie man einen Wachhund tätschelt, der außer Kontrolle zu geraten droht. Der Rest der Fahrt vergeht in absolutem Schweigen. Der Fahrer hat den CD-Spieler abgeschaltet und spricht kein Wort mehr. Kasra dreht sich hin und wieder zu uns um. In der Auffahrt zum Terminal steigen Kasra und Sepideh aus und erzählen dem Fahrer, sie wollen noch eine Zigarette rauchen. Sie nehmen ihr Gepäck, zwei mittelgroße Rucksäcke, aus dem Kofferraum, bezahlen das Taxi und winken mir vom Straßenrand aus zu.

Der Fahrer wirft mir im Rückspiegel misstrauische Blicke zu. Der arme Kerl hat nur Angst, dass sie ihn mit einer Verrückten allein gelassen haben, sage ich mir. Zum Glück dauert es nicht mehr lange bis zum Terminal. »Sind Sie sicher, dass ich Sie nicht lieber bis zur Abflughalle bringen soll?«, fragt der Chauffeur.

Ich nicke und sage beim Aussteigen: »Es tut mir leid, dass ich so unbeherrscht war. Mir geht es im Moment nicht sehr gut.«

Wahrscheinlich hat er meine Anspielung auf die Unruhen nach den Präsidentschaftswahlen verstanden, denn er erwidert: »Niemandem geht es in diesen Tagen besonders gut, Madame. Möge Gott dieses Land und seine Menschen vom Übel dieses Regimes befreien. Aber das ist sowieso am Ende. Ich wünsche Ihnen eine gute Reise!«

Morgens geht es am internationalen Flughafen von Teheran immer am lebhaftesten zu. Wie alle Bezeichnungen öffentlicher Einrichtungen in meinem Heimatland deutet auch sein Name auf die Islamische Republik hin, er heißt offiziell Imam Khomeini Airport. Man sieht hier allerdings vieles, was diesem Staat nicht gefallen dürfte. Frauen mit dickem Make-up, die ihre sorgfältig nach dem Vorbild von Hollywoodstars frisierten, blond gefärbten Haare zeigen, das Kopftuch, unter dem sie verborgen sein sollten, nur noch ein winziges Alibi. Sie tragen elegante lange Mäntel als Teil der islamischen Kleidervorschriften für Frauen, die keinen Tschador tragen – allerdings sind die Mäntel immerhin nach dem Geschmack der Trägerin zugeschnitten.

Früher hatte ich mir auf dem Flughafen manchmal einen guten Sitzplatz gesucht und den Frauen zugesehen, wie sie ihre Kleider und ihren Schmuck vorführten. An diesem Morgen aber macht mir ihr starkes Parfüm in der Ankunftshalle das Atmen schwer, ich habe das Gefühl zu ersticken, und mir wird übel. Ihr anhaltendes lautes Lachen vermischt sich mit dem ihrer männlichen Begleitung.

Es gibt jedoch auch andere Wartende in der Halle: die traditionellen Familien. Frauen im schwarzen Tschador, die jüngeren manchmal mit leichtem Make-up im Gesicht, dem einzigen Teil ihres Körpers, der außer ihren Händen zu sehen ist. Die meisten Männer tragen Bart, gepflegt oder auch achtlos über Wangen und Hals wuchernd. Die Männer stehen in Gruppen getrennt von den Frauen, allerdings sind sie sich nah genug, dass man sie noch als Familie erkennen kann. Aber in zwei Aspekten gleichen sie doch den anderen: Zum einen setzen sich einige jüngere Männer im Erscheinungsbild deutlich von ihren Familien ab. Sie tragen modische Kleidung, duften nach Aftershave, haben trendige Frisuren und sehen sich neugierig um. In diesen Familien wird die religiöse Tugendhaftigkeit den Mädchen und jungen Frauen aufgeladen. Die Männer genießen eine größere Freiheit und können es sich eher erlauben, von der Norm abzuweichen. Beiden Gruppen gemeinsam sind außerdem die Blumensträuße und Pralinenschachteln. Sie alle warten auf ein Familienmitglied oder einen Freund, der aus dem Ausland kommt. Er kann ein Jahr fort gewesen sein, aber auch dreißig, und entsprechend variieren Stimmung und Größe des Empfangskomitees.

In den ersten Jahren nach der islamischen Revolution von 1979 emigrierten Hunderttausende Iraner, einige auch schon in den Monaten zuvor. Ganze Familien, meist aus der städtischen Mittelschicht, flohen oder brachten wenigstens die Kinder im Ausland in Sicherheit. Diese Auswanderung hat nie ganz aufgehört, sondern nur über die Jahre in ihrer Stärke geschwankt. Im irakisch-iranischen Krieg von 1980 bis 1988 zum Beispiel, der im Westen als Erster Golfkrieg bezeichnet wird, schmuggelten viele Eltern ihre Söhne kurz vor deren Volljährigkeit außer Landes, um sie vor dem Albtraum des zweijährigen Wehrdienstes zu bewahren. Andere Familien allerdings rühmten sich ihrer Männer, die sich freiwillig an die Front gemeldet und ihre Eltern aufgefordert hatten, dafür zu beten, dass sie möglichst bald zu Märtyrern würden. Es gibt nicht wenige iranische Familien, die bis zu fünf Söhne dem Islam oder besser: dem islamischen Regime »geopfert« haben. Im Süden Teherans zum Beispiel, wo die Menschen eher traditionell-religiös sind, gibt es nur wenige Straßen, die nicht nach einem Shahid, einem islamischen Märtyrer, benannt sind.

Gegen Ende des Krieges änderte sich, was einen typischen Emigranten ausmachte: Die besten Akademiker und Intellektuellen flohen in großer Zahl nach Europa, Nordamerika und Australien. Die Auswanderung wurde zum Braindrain. Auch die letzten politischen Aktivisten retteten sich jetzt ins Ausland, bevor man sie – wie viele andere kurz nach dem Krieg – verhaften und hinrichten konnte.

Aus meinem Freundeskreis sind nun schon neun Kollegen und Bekannte emigriert, sieben weitere bereiten sich darauf vor. Ich gehörte bis vor Kurzem zu den wenigen, die noch die Stellung hielten, wie meine Freunde scherzten. Doch ich bin keine eifrige Patriotin. Ich bin nur eine normale Bürgerin, und meine Familie ist in mehr als einer Hinsicht von mir abhängig. Darüber hinaus ist meine Position an der Universität nicht nur angesehen und gut bezahlt, mit ihr ist für mich auch ein Lebenstraum in Erfüllung gegangen. Das hat mich bisher von der Emigration abgehalten. Auch jetzt emigriere ich schließlich nicht, sondern versuche unbemerkt zu entkommen, während alle meine Freunde außer Sepideh und Kasra noch fest schlafen und keine Ahnung haben, dass ich die Stellung aufgabe und um mein Leben laufe.

Ich suche mir einen freien Sitzplatz nahe dem Eingang, durch den Sepideh hereinkommen muss. Die Dame vom Sicherheitsdienst herrscht zwei junge Frauen an, sie sollen sich die Schminke abwischen und die Kopftücher vorschriftsmäßig anlegen. Die beiden Frauen gehorchen zwar, weil sie sonst nicht in die Halle gelassen werden. Aber ihre Blicke zeigen eine Mischung aus Abscheu und Spott, und ich weiß, dass sie sofort die Toilette aufsuchen werden, um ihr Make-up wieder aufzutragen und die Kopftücher zurückzuschieben. Konfrontationen dieser Art laufen immer so ab.

Als Sepideh schließlich eintritt, bleibe ich sitzen und nähere mich ihr nicht, das wäre zu gefährlich. Sie überfliegt mit ihrem Blick einige Sekunden die Menge, bis sie mich sieht. Meine arme Studienfreundin sieht so blass und ängstlich aus. Sie und Kasra kennen sich seit zwölf Jahren, seit dreien sind sie verheiratet. Er meint, sie habe mehr Angst als ich. Mehrmals schon hat er mir gestanden, er sei froh, dass ich in diese Misere geraten bin, weil keine andere von all den Frauen, die er kennt, so gut damit fertigwerden könne. Ohne mich weiter zu beachten, geht Sepideh weiter zum Eingang für Männer.

Selbst bei den Kontrollen unterscheidet der Staat seine Untertanen nach Geschlechtern. Männer werden sorgfältig nach illegalen Gegenständen durchsucht, bei Frauen aber wird nur die äußere Erscheinung begutachtet. Als liege die einzige Bedrohung, die von einer Frau ausgehen kann, in ihren körperlichen Reizen, die Männer in Versuchung führen könnten und daher versteckt werden müssen.

Als Kasra die Halle betritt, gesellt Sepideh sich zu ihm und führt ihn einige Schritte weg vom Eingang. Sie stellen sich in die Mitte der Halle, wo ich sie gut sehen kann. Die Nervosität, mit der Kasra sich umschaut und zu Sepideh spricht, überträgt sich auf mich. Ich folge seinen Blicken und merke, dass er nach Überwachungskameras Ausschau hält. Hin und wieder nickt er mir über Sepidehs Schulter beruhigend zu.

Die Blicke einer jungen Frau mir gegenüber machen mir schließlich bewusst, dass ich wie ein blutleerer Zombie aussehen muss und wie ein Schaukelpferd schwanke. Tausend Gedanken schießen mir durch den Kopf. Wie wird man am Flughafen verhaftet? Werden sie mich wie eine Kriminelle in Handschellen legen, vor allen Leuten? Wohin bringen sie mich: gleich ins Gefängnis oder erst in eine Polizeiwache auf dem Flughafen? Was werden sie mit mir machen? O Gott, bitte gib mir eine zweite Chance im Leben.

Ich weiß nicht, wie lange Sepideh schon meine Aufmerksamkeit zu erwecken versucht, als ich wieder zu mir komme. Sie und Kasra stehen nebeneinander mir zugewandt. Er hält eines seiner Handys ans Ohr und wölbt die Hand vor seinem Mund. Sepidehs Nicken bedeutet, dass dies der Anruf ist, den Kasra erwartet hat, und dass die Dinge in Bewegung kommen. Ich bin erleichtert, aber gleichzeitig spüre ich wieder den Schmerz in meiner Blase. Ich habe ihn seit 48 Stunden, seit Dienstagnachmittag, als ich eine weitere Vorladung zum Verhör bekam. Als ich Sepideh in Richtung der Toiletten gehen sehe, schließe ich mich ihr an.

»Bist du okay?«, fragt sie mich und fährt automatisch fort: »Alles wird gut. Denk immer an das ›Gesetz der Anziehung‹ und stell dir vor, wie du im Flugzeug sitzt. Hast du noch Schmerzen? Geh auf die Toilette und versuch's noch mal.« Sie führt mich zu einer der Kabinen. »Hör zu. Wir gehen jetzt weiter in die Abflughalle. Kasra wird dich anrufen und dir sagen, an welchem Schalter du dich anstellen musst. Hast du deine drei Mobiltelefone so eingesteckt, dass du jedes von ihnen auch bestimmt hören kannst?« Sie ist so nervös, dass sie ohne Pause weiterflüstert und mir keine Gelegenheit gibt, sie zu bitten, mich kurz in Ruhe zu lassen und die Tür zu schließen.

Wir gehen getrennt hinaus, und ich gebe der Toilettenfrau eine große Banknote, sicher zehnmal mehr als das übliche Trinkgeld. Sie ist mittleren Alters und hat hennagefärbte Haare. Mit einem müden, aber strahlenden Lächeln ihres zahnlosen Mundes sagt sie: »Vielen Dank, Madame. Möge Gott Sie vor allem Übel schützen. Möge er um Mohammeds und seiner Familie willen all Ihre Wünsche erfüllen.«

Ich kann nicht schnell gehen, und die Menschenmenge hält mich zusätzlich auf. Als ich die Abflughalle erreiche, spüre ich die veränderte Stimmung. Hier sind keine Empfangskomitees mit fröhlichen Gesichtern versammelt, sondern Menschen, die mit traurigen Blicken einen Angehörigen verabschieden. Ich habe selbst schon mehrfach an solchen prozessionsartigen Aufzügen teilgenommen. Es ist wie bei einem Begräbnis, und die typischen Trostworte bei diesen Gelegenheiten lauten: »Ich weiß, dass es schwer ist, aber ihn/sie erwartet dort ein besseres Leben. Sei nicht traurig. Warum sollten diese armen jungen Leute hierbleiben? Wir haben noch gute Zeiten in diesem Land erlebt, aber sie kennen ja nur Krieg, Furcht und Unterdrückung. Lass sie in die Freiheit entkommen, wo sie ihre eigene Zukunft planen können, wo sie eine frohe Zukunft erwartet!«

Um mich abzulenken, versuche ich in den Gruppen jeweils den Auswanderer oder die Auswanderin zu entdecken. Wem zuliebe sind wohl all diese Leute mitten in der Nacht aufgestanden und haben sich am Flughafen getroffen? Ein wenig neidisch bin ich schon auf sie. Wie traurig sie auch sein mögen – wenigstens müssen sie keine Angst haben. Und natürlich können sie jederzeit wieder zurückkehren. Die meisten jedenfalls. Oder ist hier noch jemand, für den es eine Sache auf Leben und Tod ist, eine ganz bestimmte Maschine zu kriegen?

Wegen der Unruhen nach den Präsidentschaftswahlen steht dem Land auf jeden Fall eine neue Fluchtwelle bevor. Sie hat vielleicht schon eingesetzt und wird noch zunehmen. Allerdings habe ich mit diesen Leuten nur gemeinsam, dass ich fliehen muss. Ich bin keine Journalistin oder Aktivistin. Ich habe an keiner Demonstration teilgenommen, engagiere mich nicht politisch und bin nicht einmal wählen gegangen. Erst als meine Ehre und Würde auf dem Spiel standen, habe ich so gehandelt, wie ich es tat, und nur deshalb werde ich vom Geheimdienst verfolgt und bin jetzt auf der Flucht wie eine Verbrecherin.

Ich habe vergessen, mit meinen Freunden auszumachen, wohin ich mich setzen soll. Als ich von der Toilette kam, stand auch Sepideh wieder dort, wo sie vorher gestanden hatte, und die beiden schauten in meine Richtung. Jetzt sollten sie irgendwo hinter mir sein. Also setze ich mich auf den nächstbesten freien Platz neben zwei junge Männer, die, wie ich bald mitbekomme, über ihre Examen sprechen.

Viele staatliche Universitäten haben die Prüfungen inzwischen ganz abgesagt und die Studentinnen und Studenten nach Hause geschickt, damit sie sich nicht auf dem Campus versammeln können. Ironischerweise waren dieselben Universitäten, die jetzt Zentren der Unruhen sind, dreißig Jahre zuvor die Brutstätten der islamischen Revolution. Die größte Zahl an Studenten hat im Iran allerdings die private islamische Azad-Universität, die mit ihren Hochschulen in vielen Städten vertreten ist. Sie wird von ihrem Verwaltungsrat – zu dem neben anderen Prominenten auch der ehemalige Staatspräsident Akbar Haschemi Rafsandschani gehört – als gemeinnützig bezeichnet. Die Azad-Universität hat die Examen lediglich bis auf Weiteres verschoben, allerdings nicht, weil die Studenten auf dem Universitätsgelände demonstrierten. Vielmehr war ihr Verwaltungsrat in der ersten Amtszeit Mahmoud Ahmadinedschads eine besondere Zielscheibe der Hardliner-Regierung und versucht daher zurzeit, nicht aktiv Stellung zu beziehen.

Falls die Prüfungen nicht weiter verschoben werden, stehen in wenigen Tagen die Semesterexamen für meine Studenten an. Ich werde zum ersten Mal nicht dabei sein. Sonst bin ich dafür bekannt, keine Veranstaltung ausfallen zu lassen, ich gelte als pünktlich und zuverlässig und bin für meine Studenten fast immer zu erreichen. Bei meinen Kollegen kursiert die Anekdote, dass Studenten von mir nicht den Hörsaal verlassen wollten, als ich wirklich einmal ein Seminar absagen musste, weil sie überzeugt waren, das könne unmöglich stimmen. Als ich vor einigen Wochen nach den Examensterminen gefragt wurde, hatte ich ihnen zuversichtlich geantwortet: »Ja, ich bin auf jeden Fall da«, und dann scherzhaft hinzugefügt, »außer natürlich, ich bin tot«. Jetzt wird mein Fehlen diejenigen noch mehr entsetzen, die die Geschichte meines Fotos schon kennen, und sie werden die Nachricht weiter verbreiten.

Erschrocken fahre ich zusammen, als ein Handy in der Außentasche meines Rucksacks zu vibrieren beginnt, aber zum Glück achtet niemand auf mich. »Kasra, wo bist du?«, flüstere ich ängstlich.

»Ich bin's doch: Sepideh. Wieso fragst du mich, wo ich bin, wenn du mir in die Augen siehst?«

Erst jetzt bemerke ich, dass meine Freunde ein paar Reihen von mir entfernt sitzen.

»Hör gut zu! An der Passkontrolle sind nur zwei Schalter besetzt. Nimm den linken. Hast du das mitgekriegt? Den linken! Du gehst vor uns durch, wir stellen uns drei oder vier Leute hinter dir an.«

»Glaubst du, es wird klappen?«, frage ich bestimmt zum zehnten Mal.

»Natürlich. Du musst nur durchhalten. Gott ist mit dir, oder du wärst gar nicht hier. Er wird dir auch den restlichen Weg über helfen. Nur noch dieser letzte Schritt, dann bist du frei. Wir treffen uns dann auf der anderen Seite, okay? Wir lieben dich. Viel Glück!« Und sie legt auf.

Meine Beine sind so schwach und ich zittere derart, dass ich fürchte, vornüberzukippen, wenn ich jetzt aufstehe. Lieber Gott, steh mir bei! Deine Vorsehung allein kann mich hier beschützen.

»Entschuldigung, wird dieser Platz frei?« Die Stimme gehört einem Mann um die fünfzig links von mir, der eine ältere Dame am Arm hält.

»Ja, ich muss mich jetzt anstellen«, erwidere ich und zwinge mich zum Aufstehen. »Vielen Dank, Liebes«, seufzt die alte Dame und setzt sich erleichtert auf meinen Platz. Einen Moment lang sieht sie aus wie meine Großmutter. Ich möchte mich am liebsten hinknien, meinen Kopf in ihren Schoß legen und ausruhen.

Meine Großmutter mütterlicherseits lebt als Einzige meiner Großeltern noch. Sie ist jetzt Ende siebzig und wohnt in Schiraz, der Stätte des antiken Persepolis. Wir besuchen sie immer in den Ferien zu Norouz, dem iranischen Neujahrsfest in der zweiten Märzhälfte. Dieses Jahr fuhr ich das erste Mal nicht mit, weil ich für eine internationale Konferenz eine Forschungsarbeit fertigstellen musste. Außerdem wollte ich gern mehr Zeit für meinen Freund haben. Jetzt bereue ich, sie nicht gesehen zu haben.

Ich stelle mich in der linken Warteschlange an. Einige Passagiere beschweren sich über die langen Wartezeiten bei der Ausreisekontrolle und klagen, sie werden noch ihren Flug verpassen. Ein Mann spricht mich an: »Entschuldigen Sie bitte, meine Maschine geht in 25 Minuten. Wenn ich mich hinten anstelle, bekomme ich sie sicher nicht mehr. Würden Sie mich vorlassen?« Ich trete zurück und mache ihm Platz. Ärgerliche Rufe werden laut, er solle doch gefälligst rechtzeitig kommen, und warum schon wieder nur zwei Schalter geöffnet seien. Man nimmt mir übel, dass ich dem Mann den Vortritt gelassen habe. Ich höre meine Großmutter mir ins Ohr flüstern: »Ignoriere sie einfach, mein Augapfel. Sie machen dir Vorwürfe für Dinge, die sie selbst tun.« Am rechten Schalter sitzt ein junger Beamter. Wer bei uns sitzt, kann ich noch nicht sehen. Ich habe Angst, einen Blick zu riskieren. Die beiden Warteschlangen haben inzwischen eine enorme Länge. Ich bin wahrscheinlich der einzige Fluggast, der froh ist, dass kein weiterer Schalter geöffnet wird. Man stelle sich vor, plötzlich käme ein Beamter und kündigte an: »Wir öffnen jetzt einen weiteren Schalter für Sie. Würden die Herrschaften von diesem Herrn an bitte hier herübertreten?« Was würde ich dann machen?

Jetzt geht es schneller voran, und ich sehe den Rahmen um den Thron, von dem aus mein Schicksal entschieden wird – Galgen oder Freiheit. Ich bewege mich ein wenig nach rechts, sehe den Beamten aber nicht, noch ein Schritt, und da ist er: das übliche kurze Haar, der übliche Dreitagebart. Er hält den Kopf gesenkt und beugt sich über sein Pult, das wegen der hohen Schaltertheke nicht zu sehen ist. Ich trete in die Schlange zurück und stelle mir den Passkontrolleur vor. Wie viel von dem Bestechungsgeld, das ich gezahlt habe, bekommt er wohl? Was wird er damit tun? Seiner Frau und den Kindern Geschenke kaufen?

Jetzt sind noch sechs Leute vor mir: eine Frau, zwei Paare und der Mann, den ich vorgelassen habe. Niemand achtet mehr auf ihn, er muss warten wie alle anderen auch. Er zappelt vor Nervosität, und ich ermahne mich, ruhig zu bleiben und bloß keine Szene wie im Taxi zu machen. Ich blicke ihm über die Schulter, um zu sehen, wie die Passkontrolle abläuft. Wenn du an der Reihe bist, sage ich zu mir selbst, tritt über die Wartelinie an den Schalter vor, gib ihm deine Papiere und warte einfach. Er arbeitet schnell und ziemlich ungeduldig, knallt dir den Stempel in den Pass, gibt ihn dir zurück und ruft schon: »Der Nächste!« O Gott, lass es bei mir so einfach gehen wie bei den anderen.

Die Frau auf dem ersten Platz tritt jetzt vor. Ich habe ihr Gesicht nicht gesehen, aber ihrer Haltung nach zu urteilen ist sie mittleren Alters. Wenn sie Iranerin ist, wie kann sie unbegleitet ins Ausland reisen, frage ich mich. Entweder braucht sie die Erlaubnis ihres Ehemanns – ohne die bekommt sie nicht einmal einen Pass –, oder sie ist verwitwet oder geschieden, dann braucht sie keine Erlaubnis und darf reisen. Oder aber sie ist alleinstehend und über dreißig, dann unterliegt sie keiner männlichen Aufsicht mehr. Vielleicht habe ich deshalb, wenn ich nach meinem Familienstand gefragt wurde, immer so unbekümmert geantwortet: »Alleinstehend, frei wie ein Vogel.« Eine andere Möglichkeit ist noch, dass sie unter dreißig und alleinstehend ist, dann haben entweder ihr Vater oder ihr männlicher Vormund die Reise gestattet. Auf jeden Fall kommt sie problemlos durch, genau wie die beiden Paare nach ihr.

»Der Nächste!« Der Zappelphilipp vor mir ist an der Reihe. Er tritt vor, und auf einmal stehe ich direkt an der

Wartelinie. Ich hole sorgfältig Reisepass und Flugticket aus dem Brustbeutel um meinen Hals. Meine Wangen und Lippen brennen, sie müssen feuerrot sein.

»Der Nächste!«

Ich gehe die wenigen Schritte zum Schalter, vielleicht meine letzten als freier Mensch. Meine Hand gehorcht und reicht dem Beamten den braunen Reisepass und das rote Flugticket. Ich bekomme keine Luft mehr und rufe innerlich Gott an, er möge mir beistehen. Meine Großmutter sagt immer: »Ein Unschuldiger geht vielleicht zum Galgen, aber er besteigt nie das Schafott.« Aber stimmt das immer? Bis jetzt hat der Beamte mich noch nicht angeschaut. Er lässt mein Ticket auf sein Pult fallen, schlägt meinen Pass auf, ohne ihn abzulegen, wirft einen schnellen Blick hinein und erst dann hebt er die Augen, um mir ins Gesicht zu blicken.

2

Hinter dem Vorhang

Meine Großmutter mütterlicherseits hieß Habibeh, das bedeutet »die Geliebte«. Sie wurde 1933 als jüngstes von drei Kindern in eine bekannte Kaufmannsfamilie in Schiraz geboren. Diese war seit mehreren Generationen im Pelzhandel tätig und exportierte nach Russland. Die Probleme begannen, als das Pelzlager von Schädlingen befallen wurde. Habibehs Vater war ein ehrlicher Mann und wollte die verseuchte Ware nicht verschiffen. Ein entfernter Cousin, damals ein kleiner Kaufmann, erwarb den Bestand zu einem sehr niedrigen Preis. Er hatte keine Skrupel, ihn den russischen Pelzhändlern mit einem geringen Nachlass weiterzuverkaufen, die Differenz verschaffte ihm immer noch ein großes Vermögen. Mein Urgroßvater dagegen war ein ruinierter Mann. Er vertat sein restliches Geld für Opium und wurde davon abhängig. Der Bankrott und seine Sucht machten ihn gesellschaftlich zum Außenseiter, und seine Familie hatte die Folgen zu tragen.

Unter diesen ungünstigen Umständen wuchs Habibeh zu einer Schönheit mit markanten Wangenknochen und sanften braunen Augen heran. Zu dieser Zeit wurden die meisten Mädchen an Männer verheiratet, die sie erst in der Hochzeitsnacht, nach der Heirat, zum ersten Mal zu sehen bekamen. Großmutter aber durfte, hinter einem Vorhang verborgen, die Bewerber um ihre Hand begutachten und wurde als Erste nach ihrer Meinung gefragt. Darüber wurde sie 19 Jahre alt und war immer noch unverheiratet – in den Augen der Leute eine absolute Katastrophe. Aus ihren Geschichten konnte ich heraushören, dass ihr Hauptgrund, einen Bewerber abzulehnen, wohl dessen nicht standesgemäße Abkunft war. Mit zwanzig galt sie allgemein als alte Jungfer, was sich auch in einem dramatischen Rückgang an Heiratsanträgen ausdrückte.

Auf einer Reise nach Teheran begegnete ihr dann im Haus eines Cousins der blauäugige, athletische Schreiner Karim, der mein Großvater werden sollte. Habibeh behauptete, sie habe sich zunächst zu ihm hingezogen gefühlt, weil seine Familie ebenfalls ihr Vermögen verloren hatte. Ihr Bruder glaubte allerdings, dass es mehr an dessen blauen Augen lag.

Karims Vater war nach seinem Bankrott erkrankt und kurze Zeit später gestorben. Mein Großvater, damals ein Junge, der gerade in den Stimmbruch kam, war daraufhin von seiner Stiefmutter gezwungen worden, sich und seine siebenjährige Schwester als Schreinerlehrling zu ernähren. »Er war ein richtiger Künstler und konnte einmalig gut mit Holz umgehen«, pflegten die Menschen über ihn zu sagen. Nach seiner Ausbildung wurde er Meister für Intarsien und ging nach Kuwait, weil dort mehr Geld zu verdienen war.

Sein Talent sprach sich schnell herum, und bald wetteiferten die Scheichs darum, ihn unter Vertrag zu nehmen. Einer seiner Auftraggeber lehrte ihn Arabisch und förderte ihn. Karims Ehrlichkeit und Fleiß gefielen diesem Scheich und schließlich bot er ihm die Hand einer seiner Töchter an. Karim begab sich nach Teheran, um mit seinem Cousin zu besprechen, ob er die Tochter des Scheichs heiraten solle.

Im Haus eines Freundes begegnete er Habibeh, und die beiden verliebten sich ineinander. Mein Großvater fuhr zurück nach Kuwait, eröffnete dem Scheich, dass er sich verlobt hatte, und kündigte seine Arbeit. Er erhielt seinen Lohn und sogar ein großzügiges Hochzeitsgeschenk. Dann ging er zurück nach Schiraz – auch er stammte von dort –, um Habibeh zu heiraten. Aber das junge Paar hatte es nicht leicht miteinander. »Beide waren ziemlich eigensinnig und wussten nichts voneinander oder von der Ehe«, sagte meine Mutter über sie. Weil Distanz der Liebe bekanntlich guttun soll, entschloss Karim sich, wieder nach Kuwait zu gehen. Er traf Absprachen für die Versorgung seiner inzwischen schwangeren Frau und brach innerhalb eines Jahres wieder auf. Fortan kam er nur zweimal jährlich mit großen Koffern voller Kleidung, Süßigkeiten, Parfüm, Obst, Zigarren und anderen teuren Dingen nach Schiraz, die er bei den englischen Handelsschiffen im Hafen von Kuwait erstanden hatte. In den Jahrzehnten, die sie getrennt voneinander verbrachten, sandte er der Familie regelmäßig Geld, und zwar nicht an Habibeh direkt, sondern an ihren Bruder, um der patriarchalen Hierarchie Genüge zu tun.

Habibehs erstes Kind war ein Junge, Amin. Im Jahr 1955 wurde dann ihre einzige Tochter, Afarin – meine Mutter –, geboren, gefolgt von zwei weiteren Söhnen. Auf den Erstgeborenen war Habibeh besonders stolz, nicht nur weil er ein wenig die Abwesenheit ihres Gatten ausglich, sondern auch, weil sie als erstes Kind einen Sohn bekommen hatte. Ihr Mann Karim wiederum liebte seine einzige Tochter am meisten.

Meinem Großvater ging eine gute Bildung für seine Kinder über alles. Er schickte jetzt mehr Mittel nach Hause, damit seine Familie das Schulgeld für die Privatschulen der Oberschicht von Schiraz aufbringen konnte. Meiner Schwester und mir erzählte er später, er selbst habe nie zur Schule gehen können, um ein angesehener Mann zu werden. Das hatte ihm zeitlebens zu schaffen gemacht, daher hielt er seine Kinder dazu an, sich in der Schule anzustrengen, und erwartete gute Noten. Sein Sohn Amin erwies sich als begabt, wenn auch von ziemlich aufbrausendem Temperament. Nach der Oberschule und dem Wehrdienst wollte er unbedingt in die USA gehen, um dort Ingenieur zu werden. Die Zulassungsprüfung bestand er mühelos, und mein Großvater erklärte sich bereit, ihm das Studium zu bezahlen, solange er fleißig studierte und nicht auf Abwege geriet. So flog der älteste Sohn der Familie gemeinsam mit einem Cousin tatsächlich nach Texas, um sich seinen Traum zu erfüllen.

Afarin, meine Mutter, war in der Schule allerdings nicht so eifrig, wie ihr Vater es sich wünschte. Wenn sie sich Mühe gab, wollte er auch sie in die Vereinigten Staaten schicken, damit sie dort »Ärztin oder Anwältin« werden konnte. Stattdessen träumte sie von der großen Liebe und einer guten Partie. Angestachelt wurde sie dabei von ihrer Mutter, die sich in nostalgischen Erinnerungen an die aristokratische Familiengeschichte erging und unter dem Einfluss ihrer Schulfreundinnen aus reichem Hause stand. Afarin war ein schönes Mädchen mit schwarzem Haar, klugen Augen und einem hellen Teint. Als sie 15 Jahre alt war, hielten die ersten Bewerber um ihre Hand an. Doch Karim blieb eisern: Seine Tochter sollte erst heiraten, wenn sie wenigstens die Schule abgeschlossen hätte, was damals eine sehr ungewöhnliche Einstellung war. Seine Frau dagegen hätte Afarin gern schnell verheiratet, um sich endlich frei von ihr zu machen. Bewerber aus allen Schichten kamen und gingen, einige wären auch akzeptabel gewesen, aber mein Großvater ließ sie alle abweisen.

In dieser Zeit erzählte eine Schulkameradin, die Tochter eines angesehenen Anwalts in Schiras, Afarin immer wieder, sie könne eine Verabredung mit einem ihrer Cousins arrangieren. Der junge Mann habe Afarin einige Male gesehen und wolle sie kennenlernen. Diese brauchte lange, um ihre Angst zu überwinden und sich mit dem jungen Mann zu treffen, denn solche Abenteuer galten damals als völlig ungehörig. Schließlich schwänzte sie an einem Frühlingstag 1972 die Schule und ging gemeinsam mit ihrer Freundin zum ersten und einzigen Date ihres Lebens. Sie war 17 und trug eine marineblaue Uniform mit weißer Bluse, das geflochtene Haar reichte ihr bis zur Taille. Sie trafen den Jungen – meine Mutter erwähnte ihn später nie mehr –, wechselten einige Worte und gingen dann zu dritt in ein Eiscafé, um die Situation zu entspannen. Afarin wollte eigentlich nicht in das Lokal, weil es gefährlich nah an ihrem Wohnviertel lag, aber sie traute sich nicht zu widersprechen. Auf dem Weg dorthin oder in der Eisdiele selbst wurde sie von jemandem erkannt und sofort bei ihrer Mutter verraten.

Der Rest ist Geschichte. Als Afarin nach Hause kam, stellte meine Großmutter sie zur Rede, schlug sie und sperrte sie ein, zuerst in einer Kammer hinter der Küche und später am Tag im Gästezimmer im oberen Stock, damit sie wenigstens zur Toilette gehen konnte. Die Geschichte verbreitete sich wie ein Lauffeuer im Viertel, was meine Großmutter umso mehr beschämte. Der Vater der Klassenkameradin bemühte sich um Vermittlung, wurde aber fortgeschickt. Die Familie des Jungen kam und bat förmlich um Afarins Hand, aber auch sie wurde abgewiesen: Die Familie sei zu reich und hochstehend für die Tochter eines Schreiners. Meine Großmutter, die sich in der Nachbarschaft nicht mehr sehen lassen konnte, zog ihren Tschador noch weiter ins Gesicht und wandte sich verzweifelt an die Familienältesten um Rat. Am meisten Angst hatte sie davor, ihrem Ehemann die Schande zu beichten, die ihre Tochter über sie gebracht hatte.

»Ich hatte große Angst, dass sie mich umbringen würden. Jedes Mal, wenn ich die Haustür hörte, dachte ich, es sei so weit. Wenn einer meiner Brüder mir eine Mahlzeit brachte, fürchtete ich, sie sei vergiftet«, erzählte meine Mutter mir später.

Meinen Großvater benachrichtigte schließlich derselbe Onkel, der schon früher als Bote zwischen meinen Eltern gedient hatte. Natürlich kehrte Karim sofort nach Hause zurück. Er setzte sich auf den Rand des blauen Springbrunnens im Innenhof, ließ sich ein Glas Wasser bringen und dann erst stieg er die Treppe zum Gästezimmer hinauf. An meinen Großvater erinnere ich mich als an einen sehr maskulinen, breitschultrigen Mann mit einem dichten Schnurrbart. Er schaute einem ungern in die Augen, aber wenn er es tat, war sein Blick aus den tiefen blauen Augen unerwartet sanft und passte gar nicht zu seinem einschüchternden Äußeren. An jenem Tag betrat er das Gästezimmer, gab Afarin eine Ohrfeige und verließ den Raum, ohne ein Wort gesprochen zu haben. Am nächsten Tag rief man die Tochter wieder zum gemeinsamen Essen mit der Familie.

Die Familienältesten hatten entschieden, das missratene Mädchen solle so schnell wie möglich verheiratet werden. Mein Großvater legte sein Veto ein und erzählte jedem, dass seine Tochter wieder zur Schule gehen werde, allerdings auf eine andere. Habibeh musste Afarin also bei einer anderen Schule anmelden und wurde angewiesen, sie jeden Tag zum Unterricht zu bringen und dort wieder abzuholen. Es war auch geboten, dass die Familie umzog in ein anderes Viertel am anderen Ende der Stadt. In den folgenden Monaten kehrte dann langsam wieder der Alltag ein.

An einem Frühjahrstag kam Afarin von der Schule und stieg mit ihrer Mutter wie üblich aus dem Taxi. Ihre Wangen waren gerötet von der Mittagshitze. Eine Frau mittleren Alters wollte das Taxi eigentlich übernehmen, doch sie war beeindruckt von dem jungen Mädchen. Statt in den Wagen zu steigen, folgte sie der Schönheit und ihrer Mutter, um deren Adresse zu erfahren. Die Dame hatte einen Sohn im heiratsfähigen Alter, und der schamvoll gesenkte Blick meiner Mutter zeigte ihr an, dass sie hier das Juwel gefunden hatte, das sie sich als Braut für ihren Sohn wünschte.

Am nächsten Tag klingelte sie, ihre jüngere Tochter neben sich, an der Haustür meiner Großeltern, in der Hand eine Schachtel Pralinen und in der Tasche ein Foto ihres Sohnes. Die beiden wurden im Gästezimmer im oberen Stock empfangen und mit Limonade, Tee und Konfekt bewirtet. Das Foto des zukünftigen Bräutigams wurde präsentiert. Er war ein gut aussehender junger Mann mit modischen dunklen Koteletten, einem länglichen Gesicht und verträumten braunen Augen. Sein Name war Ramin. Er war 24, studierte Buchhaltung an der Teheraner Universität und arbeitete nebenbei für den größten iranischen Automobilhersteller. Sein Vater war ein einfacher Ladenbesitzer, und die Familie hatte insgesamt fünf Kinder, zwei verheiratete Töchter und drei noch ledige Söhne. Ramin war das zweite Kind, aber der älteste Sohn. Als die Frau erzählte, was sie auf die künftige Braut aufmerksam gemacht hatte, war Habibeh erleichtert: Die Familie kannte die Vorgeschichte ihrer Tochter also nicht.

Die Familienältesten waren sich einig, dass der junge Mann eine gute Partie wäre – wenn nur Afarins Vater zustimmte. Zur allgemeinen Erleichterung tat er es diesmal. Und Afarin selbst war eigentlich schon verliebt, noch bevor sie Ramin begegnete. Ihr Zukünftiger sah gut aus, war gebildet und wohnte obendrein in der Hauptstadt. Für sie war die Heirat wohl ein Schritt in die Freiheit, und obwohl sie als Letzte gefragt wurde, war sie zufrieden.

Ramin wurde nach Schiraz geholt, und die Familien trafen sich zu einer gemeinsamen Feier – ohne den Brautvater, dessen Abwesenheit nicht unbemerkt blieb. Man besprach die Hochzeit und legte Termine für Zeremonie und Empfang fest. Die Brautleute verliebten sich wahrhaftig ineinander, sie verlobten sich und sollten sechs Monate später heiraten. Ramin kehrte nach Teheran zurück, um für seine junge Braut und sich eine Wohnung zu finden. Afarin und ihre Mutter begannen mit der Anschaffung der Aussteuer, die traditionsgemäß aus einfachen Möbeln, Küchengeräten und Ähnlichem bestand. Als der Hochzeitstermin näher rückte, ging das Brautpaar gemeinsam die Trauringe, das Hochzeitskleid und einen Anzug für den Bräutigam kaufen – allerdings niemals ohne eine der Mütter oder eine andere weibliche Verwandte als Anstandsdame im Schlepptau.

Alle Versuche, den Brautvater doch noch zum Besuch der Hochzeit zu bewegen, scheiterten. Er schickte zwar Geld, sogar Gold, und seine Glückwunsche, weigerte sich aber standhaft, selbst zu kommen, und bevollmächtigte seinen Schwager, seine Rolle bei der Zeremonie zu übernehmen. Das junge Paar heiratete wie geplant, blieb noch einige Tage in Schiraz und zog dann nach Teheran. Das Haus, das Ramin gemietet hatte, gehörte älteren Leuten, die ihn und seine Frau sofort mochten.

Die beiden Frischvermählten waren glücklich, und schon bald war Afarin schwanger. Das kleine Paradies wurde allerdings jäh zerstört, als sie ein krankes Mädchen zur Welt brachte, dem die Ärzte nur wenige Wochen zu leben gaben. Rana, die älteste Schwester meines Vaters, riet ihm, das todkranke Baby gleich im Krankenhaus sterben zu lassen. Afarin flehte ihn an, ihr Kind mit nach Hause nehmen zu dürfen, wo schon ein rosa Kinderzimmer auf es wartete. Er gab schließlich nach, und sie brachten das dunkelhaarige Baby, das blaue Augen hatte, nach Hause, wo es nach wenigen Tagen starb. Afarin litt so sehr darunter, dass sie nicht an der Beerdigung teilnehmen konnte. Nur ihre Mutter und Ramin betteten das Kind zur letzten Ruhe.

Danach verbrachte meine Mutter viel Zeit einsam zu Hause. Rana lud ihren Bruder andauernd zu sich ein. Die

Stimmung in seinem Haushalt sei viel zu deprimierend für einen jungen Mann wie ihn, sagte sie. Sein Vermieter war es schließlich, der ihn ermahnte, sich doch mehr um seine verzweifelte Frau zu kümmern. Doch in den nächsten Monaten kühlte die Liebe zwischen dem jungen Paar deutlich ab.

Dann kam mein Großvater nach über einem Jahr zu seinem ersten Besuch nach der Hochzeit seiner einzigen Tochter wieder in den Iran zurück. Er verbrachte einige Tage in Schiraz und fuhr dann nach Teheran, um Tochter und Schwiegersohn zu besuchen. Die beiden Männer mochten einander sofort, und Ramin stieg deutlich in der Achtung des alten Mannes.

Afarin wurde wieder schwanger, und nach neun Monaten voller Sorgen und Ängste wurde ihre zweite Tochter geboren, die sie Nikta nannten. Das pausbäckige Baby wurde sofort der Liebling aller, besonders in der Familie meiner Mutter, denn dort war es das erste Enkelkind. Dagegen ärgerten sich Ramins Angehörige darüber, dass es wieder nur eine Tochter war. Sie warteten auf einen Sohn, der den Familiennamen weitertragen würde.

Meine Schwester Nikta brachte unseren Eltern Glück und Zufriedenheit, und unser Vater sagte immer: »Unser Leben fing mit ihr erst richtig an.« Er wurde befördert, verdiente besser und konnte sich das erste Auto leisten. Fast jeden Freitag – das Ein-Tages-Wochenende im Iran – verbrachte die Familie jetzt am Kaspischen Meer. Manchmal nahm Vater sich zwei Tage frei, und sie fuhren die 900 Kilometer bis nach Schiraz. Meine Mutter wollte von dort nie wirklich weg. Sie hatte zwar ein gutes Leben, konnte den Schmerz und das Gefühl der Verlassenheit nach dem Tod ihres ersten Kindes aber kaum verwinden.

Mein Vater ist ein sehr sanfter und freundlicher Mensch, allerdings lässt er sich auch leicht beeinflussen. Als ältester Sohn ist er unter den fünf Geschwistern immer etwas Besonderes gewesen. Seine Familie war zu dieser Zeit auf seine Unterstützung angewiesen. Daher fürchteten sie, seine Zuneigung zu Frau und Tochter könne dazu führen, dass er sich ihrem Einfluss entzöge. Als mein Vater daher eine Stelle in Isfahan angeboten bekam, war meine Mutter nur zu froh, endlich ihrer Schwägerin in Teheran zu entkommen und unabhängiger zu werden. Außerdem lag Isfahan fast auf halbem Weg nach Schiraz und damit viel näher zu ihrer Familie. Mein Vater versprach sogar, in Isfahan ein kleines Haus zu kaufen.

Kurz nach dem Umzug wurde meine Mutter zum dritten Mal schwanger. Diesmal wurde nicht mehr so sehr um die Gesundheit des Babys gefürchtet, vor allem die Familie meines Vaters wartete ungeduldig auf einen Jungen.

Meine Mutter war im neunten Monat, da hatten sie und mein Vater einen schweren Autounfall auf der Landstraße von Schiraz nach Isfahan. Sie waren auf dem Heimweg von einem der jetzt üblich gewordenen Wochenendbesuche in Schiraz, als ein Lkw auf ihren Wagen auffuhr und den Motorraum im Heck bis kurz vor dem Fahrgastraum zusammendrückte. Die Herbeigeeilten sahen entsetzt meine Mutter mit ihrem runden Bauch, der so groß war, als befänden sich Zwillinge darin. Meinen Vater konnten sie bergen, aber meine Mutter war auf dem Beifahrersitz eingeklemmt, die Tür ließ sich nicht öffnen. Und Nikta war verschwunden, die

Kleine antwortete nicht auf die verzweifelten Rufe nach ihr. Erst nach einer ganzen Weile spürte meine Mutter, dass sich an ihren Beinen etwas bewegte: Nikta war von ihrem Schoß in den Fußraum gerutscht. Bald trafen Polizei, Feuerwehr und Krankenwagen ein, denen es gelang, die beiden unverletzt zu bergen. Oder sollte ich sagen, uns drei?

3

Rote Feuerbälle

Mein Name ist Neda, aber dies ist nicht mein einziger Name. Ich kam im Sommer 1977, zwei Wochen nach dem Unfall, in Isfahan auf die Welt. Mein Vater wollte mich wie meine Schwestern in der Hauptstadt Teheran standesamtlich anmelden, daher wurde meine Geburt erst gut zwei Jahre später urkundlich registriert. Als er es endlich zum Amt schaffte, war die islamische Revolution bereits in vollem Gange und die Beamten wollten meinen Namen Neda, den ich schon seit zwei Jahren und acht Monaten trug, nicht eintragen. Das war in der Zeit kurz nach dem Umsturz nichts Ungewöhnliches. Bis heute können Eltern im Iran den Namen ihres Kindes nicht völlig frei wählen, obwohl sie wieder mehr Möglichkeiten haben. Damals durften fast nur noch islamische Namen vergeben werden, die nahezu alle arabischer Herkunft sind.

Als alles Argumentieren mit dem Standesbeamten nichts half, gab mein Vater schließlich nach und ließ mich unter dem Namen Zahra eintragen. Das war allerdings auch keine ganz spontane Entscheidung. Nach dem Unfall hatte sich meine Mutter entschlossen, ihrem Baby einen Namen aus der Dynastie des Propheten Mohammed zu geben: Zahra, wenn es ein Mädchen würde – und bei einem Jungen wusste sie ihn noch nicht. Sie sei von Anfang an sicher gewesen, sie bekäme noch ein Mädchen, erzählte sie mir später öfter. Der Name Zahra erschien ihr gottgefällig, und das Baby stünde mit dieser Namensvetterin unter dem besonderen Schutz Gottes. Doch sowie ich gesund und lebhaft geboren war – »auberginendunkel und mit Granatapfelwangen«, wie mein Vater zu sagen pflegte –, vergaßen meine Eltern diese Überlegung und nannten mich Neda. Das bedeutet »Stimme« oder »göttlicher Ruf« und passte gut dazu, dass ich anfangs viel schrie. Außerdem hat der Name den gleichen Anfangsbuchstaben und klingt so ähnlich wie Nikta. In iranischen Familien ist es üblich, den Kindern lautlich gleichartige Namen zu geben.

Die Eltern meines Vaters zeigten sich sehr enttäuscht darüber, dass auch das dritte Kind ein Mädchen war. Doch als meine Großmutter am Telefon jammerte, Großvater könne seine Tränen über dieses Unglück nicht zurückhalten, wurde mein Vater wütend. Sein alter Herr könne weinen, so viel er wolle, dann solle er aber lieber nicht mehr nach Isfahan kommen. Damit war das Thema ein für alle Mal erledigt. Als meine Eltern einige Jahre später noch ein Kind wollten, meine Mutter aber nicht schwanger wurde, erklärten die Ärzte ihr, sie könne nicht mehr empfangen. Damit war alle Hoffnung auf einen Jungen zunichte.

Um diese Lücke zu füllen, tat ich jedoch mein Bestes. Ich trug lieber Jeans als Rock, liebte kurze statt lange Haare und ging eher mit meinem Onkel ins Schwimmbad, als meine Mutter zum Schönheitssalon zu begleiten. Mein Großvater Karim mochte mich deswegen besonders gern. Angeblich war ich das einzige Enkelkind, das er je in seinen Armen und auf den Schultern getragen hat.

Er hatte sich entschlossen, wieder in den Iran und nach Schiraz zurückzukehren. So kaufte er sich in seiner Heimatstadt eine Werkstatt, ließ sein gesamtes Arbeitsgerät aus Kuwait kommen und zog wieder mit meiner Großmutter zusammen. Zu dieser Zeit begann der irakisch-iranische Krieg: Am letzten Sommertag nach iranischer Rechnung, dem 22. September 1980, überfiel der Irak den Iran zu Lande und aus der Luft. Acht Jahre sollten die grausamen Kämpfe anhalten.

Bei Isfahan gab es einen großen Luftwaffenstützpunkt, weshalb das Gebiet häufig von der irakischen Luftwaffe bombardiert wurde. Die Angriffe wurden, soweit ich mich erinnere, meist nachts geflogen. Es gab keine richtigen Luftschutzbunker, daher liefen die Bewohner unseres Viertels in den Park, wenn Verdunkelung befohlen wurde und der Luftalarm ertönte. Dort konnten sie wenigstens nicht verschüttet werden. Stunde um Stunde saßen sie unter den Bäumen und beteten, Gott möge ihre Familie und ihre Freunde diese Nacht verschonen. Das Heulen der Sirene war damals das vertrauteste Geräusch in iranischen Häusern. Es gab zwar ein rotes, ein gelbes und ein weißes Signal, doch sie hatten alle den gleichen Ton, nur die Ansage davor unterschied sich jeweils. Eine monotone Männerstimme sagte: »Sie hören jetzt das rote Signal für einen bestätigten feindlichen Luftangriff. Verlassen Sie Ihr Haus oder Ihren Arbeitsplatz und suchen Sie die Schutzräume auf.« Dann folgte ein langer hoher Sirenenton. Die gelben und die weißen Signale bedeuteten einen wahrscheinlichen Luftangriff mit der Empfehlung, die Schutzräume aufzusuchen, und Entwarnung. In den Ansagen wurde übrigens nie erwähnt, welche Schutzräume gemeint waren. Selbst gegen Ende des Krieges gab es kaum welche und die vorhandenen waren keineswegs bombensicher. Doch die allgegenwärtige Stimme beorderte uns immer wie selbstverständlich an diesen Ort. Wir wuchsen mit der Sirene auf wie andere Kinder mit ihrem Schlaflied.

Ich erinnere mich noch an die langen kalten Nächte, in denen meine Eltern meine Schwester und mich in Decken wickelten, die sie an der Haustür bereitgelegt hatten. Mein Vater trug meine Schwester, meine Mutter hielt mich in den Armen, und zusammen liefen sie durch die verdunkelten Straßen in den Park.

Meine Mutter war bei den Nachbarinnen nicht sehr beliebt, weil sie als Letzte im Viertel ein Kopftuch zu tragen begann, nämlich erst, als es gesetzlich vorgeschrieben wurde. Man war entsetzt über ihre Weigerung, außer Haus ihr Haupt zu bedecken, so erzählte es zumindest ihre einzige Freundin unter diesen Frauen, die es selbst nur tat, weil ihr Ehemann sie dazu zwang. Obwohl er sich modisch kleidete und sogar Eau de Toilette benutzte, war mein Vater viel besser gelitten. Im Park blieb er immer an unserer Seite, denn er dachte wie die meisten Iraner zu dieser Zeit: Wenn man schon durch eine Bombe sterben musste, dann sollte es wenigstens die ganze Familie treffen. Jedem war die Vorstellung, als einziges Familienmitglied übrig zu bleiben und in diesem Albtraum weiterleben zu müssen, ein Grauen.

Der Park war nicht sehr weitläufig. Auch wenn sich hier Grüppchen aus Männern und dort aus Frauen und Kindern zusammenfanden, konnten doch alle sicher sein, nicht als Einzige zu überleben, falls eine Bombe das Gelände treffen sollte. Ich saß in den pechschwarzen Nächten immer bei meinem Vater auf dem Schoß, und er sang oder pfiff mir leise meine Lieblingsmelodien ins Ohr. Wenn ich davon nicht einschlief, durfte ich mit ihm das spielen, was ich besonders liebte: Er war mein Sohn, und ich wusch ihm die Haare. Am lustigsten fand ich es, wenn er Grimassen zog, als müsse er weinen, weil ihm Shampoo in die Augen geraten war.

Seit ihr Vater und ihr ältester Bruder Amin nach Hause zurückgekehrt waren, wurde Mutter immer unruhiger. Sie wünschte sich, nach Schiraz zu ziehen und ihrer Familie nahe zu sein. Damit wäre sie auch der abweisenden Nachbarschaft entkommen. Mein Vater hatte nichts gegen einen Umzug, und so wurde das Gebäude in Isfahan verkauft, und wir gingen nach Schiraz. Dort wohnten wir zunächst in einem Haus, das so weit wie möglich außerhalb der kriegswichtigen und daher bombengefährdeten Stadtviertel lag, und mein Vater sah sich nach Arbeit und einem dauerhaften Zuhause für uns um.

Doch meine Mutter bereute diese Entscheidung schon bald. Später sagte sie, diese Jahre in Schiraz seien die schlimmsten ihres Lebens gewesen. Nicht nur mischten sich ihre Familie und ihre Verwandten jetzt wieder in ihr Privatleben ein und begannen ihre Beziehung zu ihrem Mann zu manipulieren. Ihre Familie selbst hatte auch Probleme mit den beiden anderen Rückkehrern. Insbesondere Amin war nicht als fachkundiger Ingenieur aus den USA zurückgekommen, wie es eigentlich gedacht gewesen war, sondern als umstürzlerischer Intellektueller, der sich mit jedem anlegte, der anderer Meinung war als er. Er hatte einen Kreis enger Freunde, die seine Ideen teilten. Mit ihnen traf er sich regelmäßig zum Debattieren im Haus meiner Großeltern. Als Kind wurde er so für mich zum Symbol des Andersseins. Sogar seine Sprache war anders und machte alles nur noch interessanter für mich. Das Englische bestimmte seinen Alltag: seine Bücher, seine Musik und teilweise sogar die lauten, leidenschaftlichen Diskussionen mit seinen Freunden. Meine Liebe zur englischen Sprache rührt sicher auch daher, dass ich damals davon träumte, so wie er zu sein.

Für die Erwachsenen war dieses Leben nicht immer leicht, doch Nikta und ich hatten viel Spaß in jenen Jahren. Wir wuchsen im Kreis unserer Verwandten auf, die uns nach Strich und Faden verwöhnten. Väterlicherseits waren dies unsere drei jungen Cousins und ein lieber Onkel namens Farhad, der jüngere Bruder meines Vaters. Auf Seiten meiner Mutter taten ihre drei Brüder uns Gutes und natürlich meine Großmutter. Sie war eine nie versiegende Quelle für feinste Schokolade und Kaugummi, die sie uns aus einem exklusiven Supermarkt mitbrachte, für goldenen Schmuck und Maßkleidung, die sie von ihrem Schneider für uns anfertigen ließ. Als sich der Krieg immer länger hinzog, war aber auch das irgendwann vorbei. Selbst die Dinge des täglichen Bedarfs waren auf einmal schwierig zu bekommen. Diesen Absturz vom Wohlstand des vorrevolutionären Iran unter der Herrschaft des Schahs in eine Mangelwirtschaft, in der von Speiseöl, Zucker und Reis bis zu Waschmitteln und Papiertaschentüchern alles knapp war, konnten sich die Verfechter der islamischen Sache gar nicht erklären. Vermutlich hatten sie mit einem endlosen Strom göttlicher Gaben gerechnet.

Die Regierung begann irgendwann mit der Rationierung von Verbrauchsgütern und führte Lebensmittelkarten ein, deren ausgegebene Anzahl von der Größe des Haushalts abhing. Meine Mutter gab einige der Coupons an eine Nachbarin meiner Großeltern weiter. Deren Mann hatte sich freiwillig an die Front gemeldet und sie allein mit vier oder fünf Kindern zurückgelassen. Als die Frau mit den Karten zum Verkäufer ging, um sie einzulösen, wollte der wissen, wie sie an diese gekommen war. Anschließend erzählte er die Geschichte überall herum. Wieder einmal begegneten die Nachbarn meiner Familie feindselig, doch diesmal war die Situation ernster, denn man betrachtete die gut gemeinte Geste meiner Mutter als Angeberei. Demnach wollten wir wohl demonstrieren, wie reich wir waren. Denn reich zu sein war ein Vergehen gegen den Islam. Fortan galten meine Eltern als Heuchler. Dabei waren wir nicht wirklich reich, mein Vater hatte noch nicht einmal Arbeit gefunden. Meine Mutter hatte der Frau aus Mitgefühl einige Rationen abgegeben. Nun lernte sie, dass nicht einmal mehr diese menschliche Regung erwünscht war, eine sehr deprimierende Lehre in einer Kultur, die sonst Hilfe für notleidende Menschen über alles stellte.

Inzwischen regierten die neuen Machthaber, die Mullahs, in alle Bereiche des Alltagslebens hinein. Musik war vollständig verboten, ausgenommen waren religiöse und militärische Lieder. Wir mussten aufpassen, die Musik nicht so laut aufzudrehen, dass die Nachbarn es mitbekamen. Partys wurden allgemein seltener und auch leiser gefeiert. Spiele wie Schach waren untersagt. Ich weiß es noch genau, weil es das Lieblingsspiel meines Vaters war und er immer furchtbar wütend wurde, wenn man davon sprach. In der Öffentlichkeit durfte man kein Parfüm benutzen, alle Wohlgerüche wurden als aufreizend und daher gefährlich angesehen. Man sah keine Farben mehr: Bunte Kleider verschwanden aus den Schaufenstern, Frauen durften nur noch gedeckte Farben wie Dunkelblau, Braun und Schwarz tragen, Männer nur noch langärmelige Hemden, die sie nicht mehr in die Hose stecken, sondern darüberhängen lassen mussten. Für Jungen wurde der Kurzhaarschnitt Pflicht, für Mädchen ab sechs Jahren mit Eintritt in die Vorschule das Kopftuch.

Diese Vorschrift mich zu verhüllen, bedeutete eine erste große Herausforderung in meinem Leben. Für meine Eltern war es selbstverständlich, dass sie eine private Vorschule für mich aussuchten, in der beide Geschlechter noch gemeinsam unterrichtet wurden und die Mädchen kein Kopftuch tragen mussten. Zu ihrer großen Enttäuschung informierte man sie allerdings am ersten Schultag darüber, dass der Staat verfügt hatte, meine Vorschule müsse einige Kinder aufnehmen, deren Väter an der Front kämpften. Demzufolge mussten alle Mädchen ab sofort doch ein Kopftuch tragen. Meine Mutter ärgerte sich sehr, aber mein Vater meinte, in einem Jahr müsse ich ohnehin eines tragen. Früher oder später würde ich mich damit abfinden müssen. Diese nachgiebige Haltung machte meine Mutter nur noch wütender.

Am zweiten Tag der Vorschule erschien ich also mit einem schmalen grauen Kopftuch um mein dunkles rundes

Gesicht. Das Ding verrutschte ständig, und mein Hals juckte von der Reibung am Stoff. Die Jungen in der Klasse sahen wie immer aus, aber die Mädchen wirkten fast alle völlig verändert. Wir baten die Lehrerin immer wieder, unsere Tücher abnehmen zu dürfen, aber sie lehnte dies jedes Mal mit Bedauern ab. Eine Woche später beklagte sich keine von uns mehr. Wir hatten uns an die Kopftücher gewöhnt, und uns fiel nicht mehr auf, wie hässlich sie uns machten. Meine Mutter wusch meines täglich, da sie Angst hatte, mir würden sonst die Haare davon ausgehen.

Ich hatte mich gleich mit einem Mitschüler namens Dara angefreundet. Zwar erinnere ich mich nicht mehr an sein Gesicht, wohl aber an dieses Gefühl, dass ich ihm grenzenlos vertrauen konnte. Deshalb missachtete ich in seiner Gegenwart das Verbot meiner Eltern, in der Schule über Filme, Musik und Partys zu reden. Mit ihm teilte ich das erste wirkliche Geheimnis meines Lebens: meine Leidenschaft für Western. Wie viele iranische Eltern damals hatten auch die unseren Nikta und mir eingeschärft, in der Schule äußerst vorsichtig zu sein. Mehr als einmal hörten wir die Erwachsenen davon sprechen, dass Leute von der Revolutionsgarde, die sich als Sittenwächter verstanden, in einer Schulklasse erschienen waren und den Kindern Videokassetten, ein Schachspiel, Spielkarten, Flaschen mit Spirituosen oder andere verbotene Dinge gezeigt hatten. Sie versprachen jenen Schülern eine Belohnung, die verrieten, dass es so etwas bei ihnen zu Hause gab. In der Folge wurden die Häuser der betreffenden Eltern durchsucht, alle Erwachsenen verhaftet und manchmal ausgepeitscht. Wir lernten schnell, dass wir in der Schule unsere Zunge unter Kontrolle halten sollten.

Dara schien einfach nur nett zu sein. Er wurde nie wütend, stritt nie um Bunststifte oder Spielsachen und zeichnete tolle Sheriffs mit spitzen Hüten und einem goldenen Stern auf der Brust, wie ich sie aus den Cowboyfilmen kannte. Der Junge, der zu meiner Rechten saß, malte immer nur Soldaten, die entweder mit geschlossenen Augen verbluteten oder ihr Gewehr abfeuerten. Die Frauen auf seinen Bildern sahen aus wie schwarze Zuckerhüte, sie hatten weder Arme noch Beine, Hände oder Füße. Einzig eine ovale Öffnung oben an dem Gebilde gestand ihnen eine Art menschliches Gesicht zu. Wenn ich die beiden Jungen verglich, war mir sofort klar, dass Dara besser zu mir passte. Ich wollte mich ihm offenbaren, konnte aber keine Sheriffs zeichnen wie er. Also hatte ich keine Wahl, als ihn in den Vertrauenskreis unserer Familie einzubeziehen und meine Sünde zu bekennen. Wir wurden schnell zu Komplizen und steckten die ganze Zeit zusammen. Auch er wollte die Anweisungen seiner Eltern nicht missachten und so hüteten wir unser Geheimnis.

Mein Fenster in die Welt der Western war Onkel Farhad. Gemeinsam mit meinen Cousins schlich ich mich immer in sein Zimmer, wo ein großes Michael-Jackson-Poster an der Wand hing. Michael lag auf der Seite, trug eine enge Jacke und stramm sitzende Hosen, beides in Weiß, und dazu ein schwarzes Hemd. Seine Locken umrahmten das leuchtende Gesicht mit den funkelnden Augen. Am meisten faszinierte mich an diesem Foto aber das schöne Gepardenjunge, das zwischen seinen Beinen hockte. Unter diesem Poster saßen wir immer, wenn wir uns Filme ansahen. Onkel Farhad besaß nämlich einen Videorekorder und viele Kassetten.

Doch nicht jeder Film war uns erlaubt. Stets suchte entweder Farhad selbst oder seine Freundin Vida einen für uns aus und setzte sich dann mit der Fernbedienung zu uns. Sobald sich eine intime Szene andeutete, ein Kuss oder was auch immer, hieß es: »Wegschauen!«, meine Cousins und ich blickten zu Boden, bis die Ankündigung kam: »Jetzt dürft ihr wieder hingucken.« Ich weiß gar nicht, wann ich das erste Mal einen Film einfach so, ohne diese Zensur, gesehen habe. Es war natürlich schwierig, Dara später den Inhalt des Films zu erzählen, wenn ich nicht die gesamte Handlung kannte.

Eines Mittags verriet ich durch mein Verhalten fast unser Western-Geheimnis. Mein Vater hatte endlich Arbeit gefunden und leitete jetzt die Buchhaltung eines großen Gasflaschen-Herstellers. Er hatte einen Taxifahrer namens Hadi engagiert, der jeden Tag meine Schwester von der Schule und mich von der Vorschule abholte und uns nach Hause brachte. Das Vorschulgebäude lag am Ende einer Sackgasse, die für Autos gesperrt war. Also musste ich zu Fuß bis zu der Straße laufen, in der Hadi mit Nikta auf mich wartete. Als Dara und ich eines Tages zusammen aus dem Gebäude traten, packte mich plötzlich ein unwiderstehlicher Impuls.

Ich reichte Dara meine Tasche, nahm mein Kopftuch ab, hielt es hoch, wirbelte es herum wie ein Lasso und rannte zwischen den anderen Kindern hindurch die schmale Gasse entlang. Ich wusste zwar, dass ich in der Öffentlichkeit mein Kopftuch nicht abnehmen durfte, aber das amüsierte Lachen einiger Eltern machte mich mutig. Ich sprang Hadi in die Arme. Er war ein junger Mann aus dem Süden des Iran. Sein Vater war in den Unruhen von 1979 umgekommen, sein

Bruder im Krieg gefallen, und jetzt musste er das Einkommen für die ganze Familie verdienen. Nikta und ich mochten ihn gern. Er hatte ein großes Herz, und während der Heimfahrt erzählte er immer Witze oder sang Volkslieder. »Mademoiselle Neda« – so sprach er mich immer an – »du bist ein so liebes Mädchen. Möge Gott dich segnen und vor allem Übel dieser Welt beschützen.«

Zu Hause nahm Nikta die Rolle der ernsthaften älteren Schwester an und schimpfte mich aus. Meine Mutter, die selbst das Haus kaum noch verließ, um dem Kopftuchzwang zu entgehen, warnte mich eindringlich, wenn ich so weitermachte, würde ich der Vorschule verwiesen und könnte Dara nie wiedersehen. Den ganzen Nachmittag wartete ich ängstlich auf die Strafpredigt meines Vaters, aber als er endlich nach Hause kam, hörte ich, wie meine Mutter ihm die Episode in der Küche ziemlich unbekümmert erzählte. Das Lachen meiner Eltern sagte mir, dass ich nichts Falsches getan hatte.

Nach dem ersten Halbjahr wurde Daras Vater in eine andere Stadt versetzt, und die Familie zog fort. Mein Freund versprach mir zu schreiben, und ich freute mich wochenlang auf einen Brief von ihm. Allerdings hatte er nicht einmal meine Adresse, ganz zu schweigen davon, dass er noch nicht lesen und schreiben konnte. Ich konnte auch noch nicht schreiben, wohl aber lesen, das hatte ich schon mit fünf gelernt. Ohne Dara verlief der Rest meiner Vorschulzeit recht eintönig. Mit den meisten anderen Schülern wurde ich einfach nicht warm, außerdem langweilte ich mich. Zwar sahen meine Cousins und ich immer noch Western bei Onkel Farhad an und zunächst versuchte ich mir noch ihre Handlung zu merken, um sie Dara irgendwann erzählen zu können, aber bald verschwammen sie in meiner Erinnerung.

Mit Anbruch des Sommers und der Ferien aber war es mit der Langeweile vorbei. Eines Abends kam mein Vater später als sonst nach Hause. Verstohlen holte er einen großen, in eine schwarze Plane gewickelten Karton aus dem Kofferraum seines Autos und öffnete ihn im Wohnzimmer. Zum Vorschein kam ein nagelneuer Videorekorder, sogar einige Filme lagen dabei. Nikta und ich verbrachten den Rest des Sommers damit, Zeichentrickfilme von Walt Disney anzuschauen. Die zumindest durften wir Kinder allein ansehen, bei den Western setzte sich nun meine Mutter dazu.

Mit sieben Jahren kam ich in die Grundschule und erlebte beim Unterrichtsbeginn gleich die erste Demütigung. An das Kopftuch hatte ich mich inzwischen gewöhnt, nun jedoch gefiel dem konservativen Schulpersonal mein Rufname nicht. Sie wollten, dass ich mit meinem amtlichen Namen, Zahra, angesprochen werde, weil er jener der Tochter Mohammeds ist. Fortan hieß ich für meine Mitschülerinnen Neda, für die Lehrerin aber, eine junge Frau, die sich stets schwarz kleidete, Zahra. Später erfuhr meine Mutter, dass diese Frau um ihren Mann und ihren Bruder trauerte, die beide im Krieg gefallen waren. Ich klagte bei meinen Eltern darüber, dass die Lehrerin mich Zahra nannte, und fragte sie, warum um alles in der Welt sie mir nur diesen Namen gegeben hatten. Meine Mutter wollte mir helfen und sprach eines Morgens mit der Lehrerin. Sie sagte ihr, ich sei es nicht gewohnt, mit meinem amtlichen Namen angesprochen zu werden, und bat sie, mich ebenfalls Neda zu nennen.

Als wir uns an diesem Tag in einer Reihe aufstellten, um hinauf zum Unterricht zu gehen, wartete die Lehrerin am Fuß der Treppe auf mich. Sie winkte mich aus der Reihe, nahm meinen Kopf in ihre Hände und küsste mich auf die Stirn. Dann schob sie mir sanft den Pony unter das Kopftuch und sagte: »Ich heiße auch Zahra. Du und ich, wir müssen beide stolz auf unsere Namensvetterin Zahra sein – Gott segne sie und ihre Familie –, denn sie war die größte Frau aller Zeiten.« Mein schwarzes Haar war schon wieder dabei, unter dem Stoff hervorzukommen, der meinen Kopf und meine schmalen Schultern bedeckte. »Sag deiner Mutter, sie soll deine Haare feststecken und dein Kopftuch fester knoten, Zahra«, fuhr sie fort und betonte das letzte Wort. »Eines Tages wirst du auf deinen Namen stolz sein, meine liebe Kleine.« Weder sie noch ich konnten wissen, dass gerade mein anderer Name, den ich doch so mochte, Jahrzehnte später Anlass für eine äußerst harte und radikale Veränderung meines Lebens sein würde.

Wie vielen anderen Kindern auch, gefielen mir an der Schule die Ferien immer am besten, auch die zweiwöchigen Neujahrsferien. Der iranische Kalender beruht auf dem Umlauf der Erde um die Sonne. Nourouz, der eigentliche Feiertag des Jahresanfangs, ist der 20. oder 21. März, aber die Vorbereitungen beginnen schon mindestens einen Monat früher. Man kleidet sich neu ein, veranstaltet einen großen Hausputz, besorgt verschiedenste Nüsse und backt Plätzchen, deckt sich mit Lebensmitteln und Getränken ein und besorgt Geschenke für seine Angehörigen. Ich liebte diese Zeit.

Wir Kinder erhielten von unseren Verwandten in der Regel Geld. So gab es am Ende der Neujahrsferien stets einen Wettstreit darum, wer am meisten bekommen hatte und was man damit alles machen konnte. Nikta und ich erhielten unser größtes Geschenk immer von Großvater Karim. Er sammelte schon lange vorher neue Banknoten, die er einrollte und mit einer Schnur umwickelte, bis es so weit war. Er verriet uns nicht, wie viel die Rolle enthielt, sondern ließ uns raten. Wer zuerst den richtigen Betrag herausfand, konnte einen Bonus sein Eigen nennen. Nikta besiegte mich immer, aber mein Vater glich mir dann den Fehlbetrag aus.

Den Urlaub teilte unsere Familie immer auf: Eine Woche besuchten wir unsere Verwandten und Freunde in Schiraz und die andere fuhren wir an einen anderen Ort. Mein Vater mochte das Meer, und da die iranische Südküste am Persischen Golf wegen des Krieges nicht mehr zugänglich war, ging es jetzt jedes Jahr nach Norden ans Kaspische Meer. Dort stiegen wir immer im Hotel Hyatt ab, mit dem meine Eltern Erinnerungen an die »gute alte Zeit« verbanden. Es war nicht gerade billig, daher gab es normalerweise auch in der Hochsaison noch freie Zimmer. Also machte sich mein Vater nie die Mühe, im Voraus zu reservieren, denn wir bekamen immer noch eine Suite.

In einem Jahr aber, ich war vielleicht in der zweiten oder dritten Klasse, stellten wir bei der Ankunft nach der mehr als tausend Kilometer langen Fahrt überrascht fest, dass der Hotelparkplatz ungewöhnlich voll war und die Gäste anders aussahen, als wir es gewohnt waren. Meine Eltern ließen Nikta und mich mit dem Gepäck im Wagen und gingen nachsehen. Nach wenigen Minuten kam meine Mutter mit zornrotem Gesicht zurück. Man hatte sie nicht eingelassen, ihr Kopftuch habe nicht vorschriftsmäßig gesessen.

»Warum bist du wütend auf mich?«, fragte mein Vater sie, als die beiden wieder im Wagen saßen.

»Du hast nur dabeigestanden und nichts gesagt!«

»Was hätte ich denn sagen sollen? Es hätte doch nichts geholfen.«

»Darum geht es nicht. Du hast einfach zugelassen, dass dieser junge Kerl so unhöflich zu mir war.«

»Wenn ich mich eingeschaltet hätte, wäre es nur schlimmer geworden, das weißt du doch auch. Mein Gott, hast du die Eingangshalle gesehen? Sie sah aus wie in einer billigen Absteige.«

»Und jetzt? Wo sollen wir unterkommen? Alle Hotels und Villen sind längst ausgebucht und vermietet.«

»Ach«, bemühte sich mein Vater, sie zu beruhigen, »ich finde schon ein nettes Plätzchen für uns. Das Hotel müssen wir denen überlassen, wie so vieles andere auch. Da kann man nichts machen.«

Wie sich herausstellte, hatte eine Regierungsorganisation das Luxushotel in ein Erholungsheim für »die Ärmsten der Armen« umgewandelt. Es war für die Allgemeinheit geschlossen, und wir konnten dort nicht mehr unterkommen. »Man fragt sich ja schon, wieso diese armen Leute neue Autos fahren und recht wohlgenährt aussehen«, grummelte mein Vater.

Hier sahen wir die Anfänge einer neuen Klasse im Iran, die im Namen der islamischen Republik das Land für sich selbst ausbeutete. Unser Urlaub, auf den wir uns so gefreut hatten, mit exklusivem Hotelstrand und üppigem Frühstücksbüffet war uns auf jeden Fall verdorben, und unsere Eltern hatten Mühe, überhaupt eine Unterkunft zu finden.

Als wir nach Schiraz zurückkehrten, war dort alles noch schlimmer. Während unserer Reise hatte sich im Haus meiner Großeltern ein dramatischer Familienstreit zwischen meinen drei Onkeln zugetragen, die alle noch dort wohnten. Der älteste Sohn war ganz der rebellische Intellektuelle. Inzwischen zeigte er sich von der Entwicklung der islamischen Revolution völlig desillusioniert. Er stöhnte, so hätte das Ganze nicht ablaufen dürfen, vergrub sich zu Hause, las Bücher über Philosophie und Soziologie, machte sich Notizen und schrieb dann Artikel, die angesichts der strengen Zensur durch die Regierung niemals die Chance hatten, veröffentlicht zu werden.

Der zweite Sohn, Mohammad, Niktas und mein Lieblingsonkel, litt nur still vor sich hin. Er hatte sich nicht zum Pflichtwehrdienst gemeldet und musste sich unauffällig verhalten und aufpassen, denn junge Männer wurden zu dieser Zeit auf der Straße ständig kontrolliert. Konnte einer nicht nachweisen, dass er aktiver Soldat war oder den Dienst an der Waffe bereits abgeleistet hatte, wurde er verhaftet und direkt an die Front geschickt. Zur Strafe wurde sein zweijähriger Dienst noch um mehrere Monate verlängert. Der Krieg war in eine kritische Phase eingetreten, und die Zahl der Gefallenen und Verwundeten stieg ständig an.

Unser jüngster Onkel hieß Hossein, er war ein athletischer Bursche und hegte nur einen Wunsch: endlich wie sein ältester Bruder in die USA gehen zu können. Er hatte es geschafft, für untauglich erklärt zu werden, musste also nicht zur Armee und hätte daher auch das Land verlassen dürfen. Doch mein Großvater weigerte sich, ihm den Aufenthalt zu finanzieren, weil er es nach der Enttäuschung mit seinem ältesten Sohn für sinnlos hielt, einen weiteren auf seine Kosten in die Vereinigten Staaten zu schicken.

Was den Streit in der Familie ausgelöst hatte, weiß ich nicht mehr, aber ich erinnere mich noch gut an die Folgen. Mohammad war wutentbrannt aus dem Haus gestürmt und hatte sich auf der Stelle in der Armeeverwaltung von Schiras als Kriegsfreiwilliger gemeldet, und das, obwohl ihm eine Strafe drohte, weil er bis dahin der Meldepflicht nicht nachgekommen war. Sein unüberlegtes Handeln war nicht mehr rückgängig zu machen, und meine Großmutter war so verzweifelt, als wäre er bereits gefallen. Im Haus gingen alle nur noch auf Zehenspitzen, um den Streit bloß nicht wieder aufflammen zu lassen.

Mein Onkel bekam eine Frist von zwei Wochen, um sich vorzubereiten. Weil er sich freiwillig gemeldet hatte, musste er nicht ins Gefängnis, aber die Strafmonate blieben ihm nicht erspart. Meine Großmutter sagte immer wieder, dass sie ihn lieber im Gefängnis sähe denn als Kanonenfutter für Saddam Husseins Artillerie. Der Irak wurde vom Westen unterstützt und setzte inzwischen chemische Waffen gegen die iranische Armee ein. Das Bild sterbender Soldaten mit Blasen und Verätzungen am ganzen Körper hatte sich schon ins kollektive Gedächtnis des Landes eingebrannt. Ob man jetzt für den Krieg oder dagegen war – niemand konnte diese Szenen sehen und dabei ungerührt bleiben und keinen Zorn auf diejenigen empfinden, die solches Elend über den Iran und die Iraner brachten.

Es kam, wie es alle befürchtet hatten: Mohammad wurde in eine der schlimmsten Kampfzonen geschickt, auf die irakische Insel Madschnun, die zuerst von den Iranern besetzt und dann vom Irak zurückerobert worden war. Am Ende waren 20 000 Tote zu beklagen. Bald hörten wir nichts mehr von ihm, wir wussten nicht einmal, ob er noch am Leben war. Keine Briefe, keine Anrufe, nur die täglichen Radio- und Fernsehnachrichten über schwere Kämpfe in diesem Gebiet. Soundso viele Kinder des Islam seien gefallen, die Feinde Gottes hätten die und die Verluste erlitten, das war alles.

Eines Tages stand mein Onkel dann doch plötzlich wieder vor der Tür seines Elternhauses – er hatte Fronturlaub bekommen. Wir waren heilfroh, dass er noch alle Gliedmaßen besaß und sein Körper auch ansonsten unversehrt war. Aber er war ein anderer Mensch geworden. Wie ein Gespenst lief er im Haus umher, sprach nicht, und wenn man das Wort an ihn richtete, antwortete er so knapp wie möglich. Er spielte nicht mehr mit Nikta und mir, und er ging auch nicht mehr wie früher mit uns in den Park. Nicht einmal zu seinen alten Freunden nahm er Kontakt auf, sondern hockte die ganze Zeit zu Hause. Sein Appetit aber, so erzählte unsere Großmutter, hatte sich verdoppelt. Nach den wenigen Urlaubstagen fuhr er so stumm, wie er gekommen war, wieder an die Front zurück.

Erst als er viel später ins Krankenhaus kam, erzählte er meiner Mutter, wie er seine Kameraden hatte sterben sehen, junge Männer ohne Kampfausbildung, die skrupellos verheizt wurden. Er hatte darüber mit anderen Soldaten gesprochen, und wegen dieses »Vergehens« war er geschlagen und wohl mehrere Tage ohne Nahrung und Wasser in eine Dunkelzelle gesperrt worden. Kriegstote durften aber nur erwähnt werden, um ihr angeblich übermenschliches Heldentum zu preisen. Wer im Kampf fiel, wurde sofort zum Märtyrer erklärt und erreichte damit das höchste Maß an Wertschätzung, auf das der einfache Schiit hoffen kann. Der »Gefallene« wird dann genauso verehrt wie der Imam Hussein selbst, ein Enkel des Propheten Mohammed und der beliebteste Märtyrer des Schiismus, dessen Martyrium dieser Richtung des Islam zugrunde liegt. Wir waren zwar auch Schiiten, aber wir wollten unseren Onkel lieber lebend zurückhaben. Wie erleichtert waren wir, als er nach fast zweieinhalb Jahren endgültig nach Hause zurückkehren durfte.

In diesem Drunter und Drüber aus familiären und gesellschaftlichen Problemen verlor mein Vater auch noch seine Arbeit. Seine Firma war von einer Seilschaft übernommen worden, die von der Regierung unterstützt wurde. Alle Angestellten, die der neuen Leitung nicht islamisch genug waren, wurden gefeuert, darunter auch Vater. Das war ein harter Schlag für ihn, zum einen, weil er als Experte auf seinem Gebiet von einem seiner eigenen Untergebenen ersetzt wurde, einem jungen Mann ohne Erfahrung, der zufällig der Neffe eines einflussreichen Mullahs war. Zum anderen hatte Vater sich an den zuverlässigen Fluss seines Gehalts gewöhnt und es seit Jahren in etwa so schnell wieder ausgegeben, wie es hereingekommen war. Dadurch wirkten wir nach außen reicher als wir waren – wir hatten immer die teuerste Kleidung, die besten Lebensmittel und die schönsten Möbel und fuhren luxuriöse Autos. Erst die lauten Wortgefechte zwischen meinen Eltern sagten Nikta und mir, dass etwas nicht stimmte.

Mutter hatte Vater häufig gedrängt, Geld anzulegen und es nicht so gedankenlos auszugeben, aber er hatte ihren Rat in den Wind geschlagen und auch sie nicht von seinem Einkommen etwas sparen lassen. Jetzt war er arbeitslos, auf sich gestellt und praktisch ohne finanzielle Reserven. Er wandte sich an seine Familie, der er ständig Geld hatte zukommen lassen, aber seine Verwandten zuckten nur mit den Schultern und boten keine Hilfe an.

Auch die Beziehung meiner Eltern litt unter den finanziellen Problemen. Wie oft hatte meine Mutter meinen Vater ermahnt, vorsichtig zu sein und seinen Wohlstand nicht für selbstverständlich zu halten. Im Gegenzug hatte er sie beschuldigt, nur eifersüchtig zu sein, weil er seinen Eltern und Geschwistern Geld gab. Jetzt hatte Mutter Recht behalten, aber dass sie ihm vorhielt, wie seine Familie ihn in der Not im Stich ließ, konnte er nicht ertragen. Sie stritten sich andauernd, brüllten einander an und sprachen von Scheidung. Nikta und ich verkrochen uns in einer Ecke und berieten flüsternd, was wir wohl tun sollten, wenn es so weit kam.

Eines Morgens verkündete meine Mutter, sie werde uns jetzt verlassen. Sie packte tatsächlich einen kleinen Koffer und suchte Zuflucht in ihrem Elternhaus. Ich habe meinen Vater nie wieder so erbost gesehen, das sanfte Lamm verwandelte sich in einen wütenden Stier.

Er wartete einige Tage ab. Als meine Mutter immer noch nicht zurückgekehrt war, kaufte er drei Flugtickets, verkündete, wir zögen nach Teheran, und flog mit uns dorthin. Wir kamen zunächst bei der Familie meiner Tante unter, und mein Vater hörte sich bei seinen Freunden nach einer Arbeitsstelle um. Inzwischen hatte meine Mutter die Scheidung eingereicht. Erst an diesem Punkt ging den Eltern meines

Vaters auf, dass der Familienfrieden ernsthaft in Gefahr war, und sie beschlossen einzugreifen.

Mein Vater hatte sich darauf versteift, auf keinen Fall mehr mit meiner Mutter zusammenleben zu wollen, und verbot seiner Familie, die Verwandten seiner Frau zu kontaktieren, um diese umzustimmen. Meine Großmutter tat es trotzdem. Nikta war zwölf Jahre alt, ich zehn, und wir vermissten unsere Mutter sehr. Wir waren ja noch nie längere Zeit von ihr getrennt gewesen.

Als das Neujahrsfest kam, hatte mein Vater immer noch keine Stelle gefunden. Zusammen mit meiner Tante, ihren zwei Kindern und ihrem Mann fuhren wir mit dem Bus nach Schiras. Mein Vater verkaufte dort zwei handgewebte Teppiche, die in unserem alten Haus im Gästezimmer gelegen hatten, um uns mit dem Erlös über die nächsten Monate zu bringen. Onkel Farhad nutzte die Abwesenheit seines Bruders und fuhr mit Nikta und mir heimlich zu unserer Mutter. Sie drückte uns unter Tränen und Küssen an sich, und wir durften einige Stunden bei ihr bleiben. Als es Zeit für die Rückfahrt war, klammerte Nikta sich an sie und jammerte, sie wolle nicht weg. Ich hatte Angst vor Vaters Reaktion und wollte nicht, dass er sich einsam fühlte, also stieg ich brav zu meinem Onkel ins Auto und fuhr mit ihm zurück.

Vater reagierte dann allerdings weder enttäuscht noch wütend auf die Aktion seines Bruders. Die Familie nahm ihn noch einmal ins Gebet und forderte ihn auf, den ersten Schritt zur Versöhnung zu tun. Ich stand stumm an der Tür zwischen dem Wohnzimmer, in dem meine Cousins fernsahen, und dem Gästezimmer, in dem über die Zukunft meiner Familie entschieden wurde. Vater umarmte mich und sagte: »Nicht weinen, Granatapfelbäckchen. Du bist mein größter Schatz. Wollen wir los? Nur du und ich.«

Zuerst ging es zum Floristen, wo Vater einen Strauß gelber und weißer Narzissen erstand. Dann hielten wir vor Großvater Karims bevorzugtem Süßwarenladen und kauften eine große Schachtel Pralinen. Dreimal klingelte ich bei meinen Großeltern, das war Vaters übliches Signal. Großvater öffnete und empfing uns – sein Gesicht hellte sich auf, als er Vater sah. Die beiden Männer umarmten einander, und wir gingen hinein, um den Rest der Familie zu begrüßen. Großvater nahm mich in die Arme und meinte: »Gut gemacht, Neda!« Ich kam mir sehr wichtig vor und war ganz stolz. Mein Vater wollte gern allein mit meiner Mutter sprechen, aber sie zögerte. Noch war die Gefahr nicht gebannt. Schließlich gingen die beiden doch nach oben und tauchten erst nach einer Stunde wieder auf. Mutter wirkte entspannter und längst nicht mehr so verärgert.

»Kommst du wieder mit uns, Maman?«, fragte ich.

»Heute noch nicht, Neda, aber morgen.«

»Warum denn nicht gleich?«

»Mir geht es nicht so gut, ich muss mich ein bisschen ausruhen.«

Ich fragte sie, ob Nikta und ich dann nicht bei ihr bleiben könnten.

»Ja, natürlich«, antwortete sie.

Auch Vater war damit einverstanden.

»Und du?«, sagte ich mit bittendem Gesichtsausdruck zu ihm.

»Ich nicht. Aber ich hole euch drei morgen ab.«

In der Nacht lag ich lange wach. Nikta und ich schliefen zu beiden Seiten unserer Mutter. Ich hatte Angst, Vater würde vielleicht doch nicht kommen, um uns abzuholen, und wir würden ihn nie wiedersehen. Aber meine Befürchtungen bewahrheiteten sich nicht, und am nächsten Tag fuhren unsere Eltern einträchtig mit uns nach Teheran zurück. Es waren allerdings noch mehrere Wochen Schweigen zu überwinden, bis die Beziehung wieder im Lot war und sich unser Leben wieder wie das einer richtigen Familie anfühlte.

Bald darauf fand mein Vater Arbeit in Karadsch, 35 Kilometer nordwestlich von Teheran. Der Ort war damals noch recht klein, und wir zogen nur ungern aus der Metropole dorthin. Doch wenig später, 1987, begann der Irak wieder mit Raketenangriffen auf Teheran und andere wichtige Städte, und in Karadsch konnten wir uns sicherer fühlen. Manchmal gab es zwei Angriffe an einem Tag, einen mittags, den zweiten abends, aber meist war es nur einer am Abend. Der Iran schlug mit Raketen auf Bagdad, Basra und andere irakische Städte zurück. Hunderte von Zivilisten kamen dabei ums Leben, aber die Angriffe wollten nicht aufhören.

Zuerst freuten Nikta und ich uns über das Schauspiel, das die einschlagenden Raketen boten. Wir verstanden noch nicht, was da geschah. Wenn Verdunkelung angeordnet wurde und die Luftschutzsirenen heulten, liefen wir ans Fenster des Gästezimmers, das nach Osten in Richtung Teheran ging. Dort liegt zwischen der Hauptstadt und Karadsch ein Bergrücken. Wir starrten in die Dunkelheit hinaus zum Gipfel, hielten den Atem an und lauschten. Die Sirenen verklangen nach einer Weile und dann hörte man in der Schwärze der Nacht ein Pfeifen, dann noch eins und noch eins. Drei rote Feuerbälle zogen über den dunklen Himmel und erreichten schnell einer nach dem anderen den Gipfel. Dann dauerte es nur noch wenige Sekunden bis zum ersten Donnerschlag, dem rasch der zweite und dritte folgte. Danach war alles still.

Im staatlichen Fernsehen wurden die Angriffe nur nebenbei erwähnt. Nie gab es Bilder der Zerstörungen zu sehen. Nach der dritten Nacht schimpfte mein Vater uns aus und schickte uns mit Fernsehverbot in unser Zimmer. Das kannten wir gar nicht von ihm, wir mussten ihn wirklich geärgert haben.

»Das ist nicht lustig«, erklärte meine Mutter am nächsten Morgen. »Was euch so gefällt, bringt andere Mädchen und Jungen in eurem Alter um. Fändet ihr es vielleicht schön, wenn so eine Rakete in unser Haus einschlüge, wenn jemand von uns dabei sterben müsste?«

»Werden da richtig Leute getötet, Mutter?«, fragte ich.

»Ja, da sterben wirklich Menschen. Das ist kein Spiel. Deshalb war Vater so wütend auf euch.«

»Hat er Angst, dass eine der Raketen Tante Ranas Haus trifft und sie alle sterben?«

»Um Himmels willen, sagt das bloß nie wieder!«

Bald darauf wurde auch Karadsch mehrmals angegriffen. Eine der Raketen schlug zur Mittagszeit ein, und zwar so dicht an meiner Schule, dass die Fensterscheiben unseres Klassenzimmers barsten. Nur die breiten Klebestreifen, die für diesen Fall angebracht waren, verhinderten einen Regen von Glasscherben auf die Mädchen, die am Fenster saßen. Das ganze Gebäude bebte mehrere Sekunden lang. Wir rannten schreiend aus dem Raum. Auf den Explosionslärm folgte ein Getöse anderer Geräusche: Die Sirenen herbeirasender Feuerwehrzüge und Krankenwagen heulten, Menschen liefen schreiend in Richtung der schwarzen Rauchsäule, die in den Himmel aufstieg. Dazu kam das Weinen und Kreischen der Mädchen, die die Treppen hinunter in den Schulhof und hinaus auf die Straße liefen. Unter Schock rannte auch ich in irgendeine Richtung los. Die Lehrer waren ebenso ganz außer sich und versuchten erfolglos, ihre Schüler wieder unter Kontrolle zu bekommen.

Ich wusste überhaupt nicht mehr, wo ich war. Hinter mir krachte es wieder. Bevor ich mich umdrehen konnte, um zu sehen, was passiert war, traf mich etwas hart im Rücken. Ich verlor das Gleichgewicht, wurde von den Füßen gerissen und durch die Luft geschleudert. Als ich wieder zu mir kam, lag ich im Krankenhaus und blickte in die besorgten Gesichter meiner Eltern, die sich über mich beugten.

Später erfuhr ich, dass mich ein Auto angefahren hatte, als ich im Chaos nach dem Einschlag hinausgelaufen und dann verwirrt mitten auf der Straße stehen geblieben war. Röntgenaufnahmen ergaben, dass ich keine schweren Verletzungen davongetragen hatte, und man entließ mich nach Hause. In den folgenden anderthalb Jahren litt ich allerdings immer wieder unter Ohnmachtsanfällen. Die Ärzte erklärten, das sei ein psychosomatisches Symptom, bedingt durch die Nachwirkungen des Explosionsschocks und des Unfalls.

Bald darauf wurden die Schulen bis auf Weiteres ganz geschlossen, und zahlreiche Menschen zogen aus den Städten in die Dörfer. Auf vielen Bauernhöfen konnte man ein oder zwei Zimmer mieten. Wir aber blieben in der Stadt. Ich weiß nicht mehr, warum, doch wir flohen nicht aufs Land.

Anfang Juli schoss der amerikanische Kreuzer USS Vincennes ein iranisches Passagierflugzeug auf dem Flug nach Dubai mit zwei Lenkraketen ab. Alle 293 Menschen an Bord starben. Im Fernsehen wurde die Leiche eines Kleinkindes gezeigt, das mit dem Gesicht nach unten im Meer trieb. »Ist das etwa ein Baby?«, fragten wir unsere Mutter mit aufgerissenen Augen. »Nein, nur eine Puppe«, erwiderte die unter Tränen.

Alle Iraner waren entsetzt, als die USA bekanntgaben, die Vincennes habe die Linienmaschine versehentlich für ein F-14-Kampfflugzeug gehalten. Die US-Regierung entschuldigte sich nicht, vielmehr wurde die Mannschaft des Kreuzers sogar ausgezeichnet. Der Zwischenfall hatte gravierende Folgen: Viele Iraner glauben bis heute, dass Ajatollah Khomeini den UN-Waffenstillstandsplan nur als direkte Konsequenz dieses Abschusses akzeptierte. Der Krieg endete genauso plötzlich, wie er acht Jahre zuvor begonnen hatte.

Freuten sich die Iraner? Ich kann mich an keine besonders fröhliche Stimmung erinnern. Das Leid, die Zerstörung, die Verluste wogen so schwer, dass sich niemand mehr richtig über das Ende dieser schlimmen Kämpfe freuen konnte.

In den Monaten nach Kriegsende ließ der Staat in seinen Gefängnissen massenweise politische Dissidenten hinrichten. Darüber war natürlich weder in der Zeitung zu lesen, noch meldeten die Nachrichten dies. Man erfuhr nur durch Gerüchte davon. Freunde oder Verwandte von Freunden verschwanden plötzlich. Es hieß, die Erschossenen würden nur dann der Familie übergeben, wenn diese die verwendete Munition bezahlte. Man erzählte von Massengräbern nicht identifizierter Dissidenten. Das waren die neuen Schrecken, mit denen die Iraner von nun an leben mussten.

Ich war schon Jahre zuvor Zeugin eines solch furchtbaren Ereignisses geworden. Damals hatte ich jedoch nicht begriffen, was da geschah. Erst nach dem Krieg ging mir auf, was diese undeutliche Kindheitserinnerung zu bedeuten hatte. Und erst Jahre später verstand ich den wahren Schrecken, den sie barg.

Es geschah an einem Frühlingsabend, wir waren zu Besuch bei meinen Großeltern in Schiraz. Der Innenhof war frisch gereinigt worden. Ich mochte es, wenn sich der Geruch der feuchten Erde mit dem Duft von Jasmin und Rosen mischte. Mein Vater und sein Bruder legten zunächst zwei große Teppiche und darüber Plastikplanen aus. Meine älteren Cousins trugen ein schweres Tablett mit Geschirr und Besteck heran, dann Krüge mit frisch gepresstem Quittensirup, Joghurtgetränken mit getrockneter Pfefferminze und Rosenblütenblättern, Schüsseln mit Salat und Hüttenkäse, Körbe mit dünnen Scheiben noch warmen Brotes und Teller voller Kebab und gegrillter Tomaten. Zuerst bekamen die Kinder, dann die Erwachsenen zu essen. Meine Großmutter machte ihre übliche Runde und fragte, ob alles in Ordnung sei, setzte sich und sagte: »Nehmt euch doch bitte, bevor das Essen kalt wird.« Das Klappern von Besteck auf Porzellan setzte ein.

Aber kaum hatten wir zu essen begonnen, beendete das markerschütternde Schreien einer Frau unser friedliches Familienfest. Sie weinte und schluchzte und rief Gott um Hilfe an. Als wir die Hoftür erreicht hatten und auf die Straße traten, strömten auch schon alle Nachbarn aus den Häusern.

Ich drängte mich durch die Gruppe meiner Cousins nach vorn und blickte die Sackgasse hinunter.

Die Frau saß auf dem Asphalt, gegen die Beine ihres Mannes gelehnt. Der Mann sah seltsam aus, wie erstarrt stand er da. Warum half er seiner Frau nicht? Ich kannte die beiden, es waren die Shakibas, ein Lehrerpaar, beide um die fünfzig. Sie hatten eine Tochter, Hani, die wir sehr mochten, obwohl sie einige Jahre älter als die meisten von uns war. Frau Shakiba war ihr geblümter Tschador bis über die Schultern gerutscht. Sie schlug sich gegen Kopf und Brust und rief immer wieder weinend: »Mein Kind, mein geliebtes Kind, meine reine Blume …« Vor ihr lag eine offene Pralinenschachtel, das Konfekt war auf der Straße verstreut, dazwischen lag ein auseinandergerissener Strauß weißer Gladiolen. Bei den Shakibas stand ein Fremder. Er drehte uns den Rücken zu. Ich erinnere mich, dass er nicht sehr groß und eher stämmig war. Er trug eine Khakihose und darüber ein weites weißes Hemd. Als er sich umdrehte und zu seinem hellen Auto ging, sah ich, dass er einen buschigen schwarzen Vollbart trug. Er stieg in seinen Wagen, ließ den Motor an, wendete, fuhr zum Beginn der Sackgasse und verschwand um eine Ecke.

Ich verstand die Szene nicht. Die Erwachsenen schüttelten den Kopf; manche gingen in ihre Häuser zurück und schlossen die Tür hinter sich, andere versammelten sich um die Shakibas. Frau Shakiba weinte immer noch, aber jetzt viel leiser. Auch wir gingen wieder in unseren Innenhof, die Erwachsenen in völligem Schweigen. Wir fragten, was da passiert sei, aber meine Großmutter sagte, wir sollten still sein. Sie und meine Eltern legten förmliche Kleidung an und machten sich auf den Weg zu den Shakibas. Ich fragte meinen Onkel, wer der bärtige Mann gewesen sei.

»Der Schwiegersohn der Shakibas«, erwiderte er trocken.

»Was? Meinst du, er ist Hanis Mann? Aber sie ist doch noch in der Oberschule und will Ärztin werden. Ich wusste nicht, dass sie eine Schwester hat. Ich dachte, sie ist ein Einzelkind.«

»Um Himmels willen, Neda, jetzt gib endlich Ruhe! Hilf lieber den anderen Kindern, das Essen hineinzutragen.«

Ich ging zu meiner ältesten Cousine Minu. Sie kannte Hani von uns am besten, obwohl sie in Teheran wohnte und auch nur zu Besuch in Schiraz war.

»Wusstest du, dass Hani eine Schwester hat?«, fragte ich sie aufgeregt.

»Wer? Nein, Hani hat keine Geschwister«, erwiderte sie.

»Aber Onkel Farhad hat gesagt, dass der bärtige Mann der Schwiegersohn der Shakibas ist.«

»Er macht nur Spaß. Du weißt doch, dass er immer zu Scherzen aufgelegt ist.«

»Wann kommt Hani eigentlich?«

»Das weiß ich nicht. Ich habe sie noch nicht gesehen, seit ich hier bin.«

Ich bat sie, Hani zu fragen, was die ganze Aufregung sollte, wenn sie sie träfe. Keine von uns ahnte, dass weder sie noch ich das Mädchen je wiedersehen würde. Hani hatte wirklich keine Geschwister. Aber auch Onkel Farhad hatte Recht: Der Bärtige war tatsächlich der Schwiegersohn der Shakibas – zumindest hatte ihm die Islamische Republik das Recht gegeben, sich so zu nennen. Wie sich herausstellte, hatte sich Hani über eine Mitschülerin mit einer Gruppe politischer Untergrundaktivisten eingelassen. Eines Tages erschienen einige Agenten des Geheimdienstministeriums in der Schule, weil sie die Freundin auf frischer Tat ertappen wollten. In ihrer Panik versteckten die beiden Mädchen ihre fotokopierten Flugblätter in Hanis Schultasche. Als die Männer bei der verdächtigten Freundin nichts fanden, befahlen sie allen Schülerinnen der Klasse, ihre Taschen zu öffnen. Sie vermuteten offensichtlich schon, dass es eine Komplizin gab. Die Flugblätter wurden entdeckt, und Hani wurde auf der Stelle festgenommen und ins Gefängnis gebracht.

Nach islamischer Lehre geht eine Jungfrau, wenn sie stirbt, sofort ins Paradies ein. Um zu gewährleisten, dass die Seele einer Jungfrau wie Hani Shakiba aber auf ewig verdammt ist, wird die Frau kurz vor ihrer Hinrichtung von einem Gefängniswärter, Geheimdienstler oder einem Mitglied des Exekutionskommandos vergewaltigt. Nach außen gilt dies natürlich nicht als Vergewaltigung, im Gegenteil. Der Mann, der ihr Gewalt antun wird, sagt zuvor einige arabische Sätze, die ihn offiziell zum Ehemann des Mädchens machen. Es ist nur eine »Sighe-Ehe«, eine Ehe auf Zeit, die in diesem Fall nur für die Dauer der Vergewaltigung gilt. Die »Braut« wird kurz darauf hingerichtet. Dann stattet der »Bräutigam« den »Brauteltern« einen offiziellen Besuch ab, um sie von der Heirat und der Hinrichtung zu unterrichten – und ihnen zu sagen, dass sie die Kosten der Exekution zu tragen haben.

Im Sommer 1989 kam Ajatollah Khomeini ins Krankenhaus. Vater schaute sich regelmäßig die Nachrichten an, also sah ich in dieser Zeit jeden Abend den kranken Ajatollah, wie er im Bett lag, auf schwachen Beinen in seinem Zimmer umherging, sich mit Besuchern unterhielt oder sich Haar und Bart kämmte. Wenn er im Koran las, berührte er das Buch nur mit weißen Handschuhen. (Es heißt, man solle die gedruckten Wörter des Korans nicht mit unreinen Händen berühren.) Als Kind hatte ich mich immer vor dem alten Mann gefürchtet. Auf den meisten Bildern blickte er finster drein und zog die Augenbrauen zusammen. Außerdem sah er dem Betrachter nie in die Augen, auf allen Fotografien und im Fernsehen schaute er immer woandershin. In diesen letzten Tagen im Krankenhaus wirkte er verändert. Er war gefasst und verhielt sich wie ein normaler Mensch. Er sprach mit seiner Familie und dem Krankenhauspersonal. Ja, er lächelte sogar. Als es ihm schlechter ging, wurde die Nation aufgerufen, zu Gott um seine Genesung zu beten. Am Morgen des 3. Juni wurde dann offiziell sein Tod bekanntgegeben.

Seine Anhänger sorgten für ein wahrlich denkwürdiges Begräbnis. Sie strömten aus dem ganzen Land herbei, besonders aus den ländlichen Gebieten, und warteten Tag und Nacht, um sich persönlich von ihrem obersten Führer, dem Vater der Nation, zu verabschieden. Khomeinis Bestattung fiel zufällig mit den Abschlussprüfungen des Schuljahres zusammen. Wir warteten auf eine offizielle Bekanntmachung, und als es tatsächlich hieß, dass alle Schul- und Universitätsprüfungen bis auf Weiteres verschoben seien, machten wir uns auf Richtung Kaspisches Meer. Ein Freund von Vater hatte dort eine Villa, in der wir manchmal Ferien machen konnten. Wir waren nicht die Einzigen auf der Landstraße Richtung Norden, und viele der Nachbarvillen waren ebenfalls belegt.

Der Prüfungsstress wurde so unvermutet von einem Urlaub am Meer abgelöst, den Nikta und ich umso mehr genossen. Wir kauften frischen Fisch direkt vom Fangboot und grillten ihn im Garten. Bei schönem Wetter gingen wir mit meinem Vater im Kaspischen Meer schwimmen oder in den Wald wandern. Das Schwimmen machte Spaß, aber es gab einiges zu beachten. Frauen konnten nur in bestimmten, durch Mauern abgetrennten Strandabschnitten im Badeanzug ins Wasser gehen. Nikta und ich wollten gern bei unserem Vater bleiben, also mussten wir auch im Wasser knielange Shorts und T-Shirts tragen, eigentlich war nicht einmal das offiziell erlaubt. Meistens suchten wir uns einen einsamen Platz zum Schwimmen, wo wir ungestört waren.

Der Markt war jeden Tag ein Feuerwerk der Farben, mit frischem Gemüse, handgemachten Marmeladen und Kunsthandwerk. Das Glucksen der Hennen und Krähen der Hähne mischte sich mit dem Klatsch und Tratsch oder gelegentlichen Streit der Einheimischen. Ich ging an Vaters Hand, um ihn im Getümmel nicht zu verlieren. Es war, als ob diese Leute keine Nachrichten hörten.

Nach einer Woche kehrten wir nach Teheran zurück, damit Nikta und ich uns auf die Prüfungen vorbereiten konnten, und Vater ging wieder zur Arbeit. Nikta hatte ihre erste Prüfung im Fach »Aufsatz und Schreiben«. Normalerweise war ihre Note in diesem Fach die schlechteste in ihrem Zeugnis. Einer unserer Cousins meinte, das Thema hätte ganz sicher mit dem Tod Khomeinis zu tun. Er besaß ein Video, in dem anlässlich des Todes Schah Mohammad Reza Pahlevis zu dessen Ehren ein Gedicht rezitiert wurde. Darin hieß es, wie traurig es doch sei, dem Begräbnis des Vaters der Nation zuschauen zu müssen, wie sehr man ihn vermissen werde und so weiter. Der Cousin schrieb das Gedicht ein wenig für den neuen Anlass um und gab es Nikta zum Auswendiglernen. Tatsächlich ging es in der Prüfung genau um dieses Thema, und sie bekam zum ersten Mal eine gute Note in diesem Fach.

Meine Schwester hatte mit den Prüfungen die dreijährige Mittelschule abgeschlossen und besuchte jetzt die vierjährige Oberschule. Sie lernte unermüdlich. Von Anfang an plante sie, an den landesweiten Universitäts-Zulassungsprüfungen teilzunehmen, die im Iran mit dem französischen Wort *concours* bezeichnet werden. Sie nahm Zusatzunterricht in Mathematik, Algebra, Geometrie, Physik, Chemie, Religion, Englisch, Arabisch und persischer Literatur. Neben der Schule lernte sie regelmäßig noch fünf Stunden täglich und war entschlossen, Elektroingenieurin zu werden. Weil ich zwei Klassen unter meiner Schwester war, kannten mich die Lehrer durch sie. »Ach, du bist Niktas jüngere Schwester? Ihr seht euch aber nicht besonders ähnlich ...«, war immer die Standardbegrüßung. Ich hasste das, vor allem, wenn erwartet wurde, dass ich eine genauso gute Schülerin wäre wie Nikta. Das war ich nämlich nicht. Die Schule langweilte mich. Ich kam zwar gut mit, aber ich mochte weder den Unterricht noch die Lehrer.

Die Menge des Lehrstoffs verdoppelte sich in der Mittelschule im Vergleich zur Grundschule, und die Lehrer waren nicht mehr so geduldig. Außerdem wurden sie nicht nur schlecht, sondern auch noch unregelmäßig bezahlt und hatten dann oft finanzielle Sorgen. Die vorhandenen Schulen reichten für die Schüler nicht aus. An fast allen Einrichtungen wurde in zwei Schichten, vormittags und nachmittags, gelehrt. Ich hatte wöchentlich abwechselnd Früh- und Spätunterricht und war immer darauf bedacht, zusammen mit meinen Freundinnen in der Klasse zu sitzen. Zwei von ihnen gehörten zu Gruppen, die von der islamischen Republik als religiöse Minderheiten bezeichnet wurden – Katies Eltern waren Christen, die von Shiva Zoroastrier. Die beiden durften nicht am Religionsunterricht teilnehmen und wurden in dieser Zeit immer auf den Schulhof hinausgeschickt. Ich beneidete sie sehr um dieses Privileg, vor allem, weil der Religionsunterricht am langweiligsten von allen war: Man traktierte uns mit moralisierenden Ermahnungen, brave Mädchen zu sein, und Drohungen, andernfalls in der Hölle zu schmoren.

Aber ich wusste auch, dass meine Freundinnen es gar nicht mochten, als Mitglieder von »Minderheiten« herausgestellt zu werden. Katie und Shiva waren sehr gut in der Schule. Katie wollte nach Kanada auswandern, wo ihre ältere Schwester damals gerade studierte, und Astronomin werden. Shiva träumte davon, einmal als Ärztin zu arbeiten. Die Zukunftspläne der meisten anderen Freundinnen reichten von Apothekerin bis Anwältin, eine wollte aber auch einfach nur Hausfrau und Mutter werden. Ich war die Einzige, die zunächst nicht wusste, was sie mit ihrem Leben anfangen sollte. Aber in diesem Punkt sollte mir schon bald ein Licht aufgehen.

In der zweiten Mittelschulklasse, ich war inzwischen 13, hatten wir unseren ersten Englischunterricht. Die Lehrerin war neu an die Schule versetzt worden, also konnte mir Nikta nichts über sie erzählen. Wahrscheinlich, so spekulierten wir, war sie eine sehr schlechte Pädagogin und deshalb strafversetzt worden. Die meisten Lehrer blieben nämlich viele Jahre an derselben Schule. In der ersten Unterrichtswoche erschien sie gar nicht und wir bekamen stattdessen eine doppelte Dosis Religionsunterricht. Eine bleiche Frau mittleren Alters mit farblosen Lippen und buschigen Augenbrauen, Mutter eines »Märtyrers« und Schwester zweier weiterer, stellte sich vor die Klasse. Sie nahm ihren schwarzen Tschador nicht einmal im geschlossenen Raum mit ihren Schülerinnen ab und predigte uns in einem fort, wir müssten unbedingt unseren Körper und unser Haar bedecken. Bekäme ein männliches Wesen – außer Brüdern, Vater und Onkeln – auch nur eine einzige Strähne von uns zu sehen, so behauptete sie, würde Gott uns am Auferstehungstag an ebendieser Haarsträhne erhängen. Außerdem verlangte sie, dass unsere Schleier bis zur Hüfte reichen sollten, damit unsere Brüste, die jetzt in der Pubertät langsam wuchsen, nicht einmal erahnt werden könnten. Wir selbst seien schuld daran, wenn ein Mann die winzige Ausbuchtung unter der Kleidung sähe und wir dadurch sein sündiges Begehren weckten.

Ich verstand nicht ein Wort von dem Zusammenhang zwischen meinem Körper und dem Begehren eines Mannes, und damit war ich in meiner Klasse sicher nicht allein. Meine Eltern hatten mich so erzogen, dass mir nicht bewusst war, dass es so etwas wie Sex überhaupt gab, und hatten mich nicht aufgeklärt. Als ich meine erste Periode bekam, war ich furchtbar erschrocken über das Blut, das ich in meinem Urin erblickte, und dachte, ich sei todkrank. Meine Mutter sah an den Flecken in meiner Unterhose, was los war, und erklärte mir kurz, ich müsse davor keine Angst haben, auch wenn es manchmal wehtun könne. Diese Blutungen gehörten ab jetzt für eine lange Zeit zu meinem Leben, und ich müsse mich einfach nur gründlich waschen, das sei alles. Manche meiner Mitschülerinnen kicherten über die Ausführungen der Lehrerin, andere, so auch ich, wussten einfach nicht, was sie meinte. Allerdings ließen wir uns alle, wie seit Jahren geübt, nichts anmerken und widersprachen ihr lieber nicht.

In der zweiten Woche stand plötzlich eine große, schlanke Frau in einer hellblauen Uniform und einem etwas dunkleren Kopftuch vor uns. Wir beäugten sie misstrauisch und wussten nicht, was wir von ihr halten sollten. Wer war sie? Selbst von meinem Platz in der letzten Reihe – Katie und ich mussten meist hinten sitzen, weil wir am größten waren – konnte ich erkennen, dass sie ihre Haare blond gefärbt hatte, denn sie lugten vorn unter ihrem Kopftuch hervor. Die Frau schien unsere bewundernden Blicke zu genießen.

»Guten Tag, mein Name ist Nadia Zarin, ich bin eure Englischlehrerin. Entschuldigt bitte, dass ich letzte Woche noch nicht kommen konnte, das hatte persönliche Gründe. Ich bin neu hier an der Schule und hoffe, euch dabei helfen zu können, Englisch zu lernen. Karl der Große hat einmal gesagt: ›Man bekommt eine zweite Seele, wenn man eine zweite Sprache lernt.‹ Ich würde euch gerne helfen, damit anzufangen.«

Ich wusste nicht, wer dieser Karl sein sollte und was er mit seinem Spruch gemeint hatte, aber ich war begeistert von Frau Zarin. Das Klassenzimmer war von ihrem Magnolienduft erfüllt. Schon die bloße Tatsache, dass sie ein gutes Parfüm trug, faszinierte mich. Ich nahm meinen Füller und schrieb oben auf die erste Seite von Katies Heft: »Ich will Englischlehrerin werden!« Hier stand nach meinem Onkel der zweite lebende Beweis dafür, dass Englisch einen zu einem besonderen Menschen machte. Und so kam es, dass ich die restlichen sechs Schuljahre in allen Fächern durchschnittliche Noten hatte, nur in Englisch war ich immer die Beste.

Als ich im September 1991 in die Oberschule kam, fiel diese Veränderung in eine schwierige Zeit für unsere Familie. Mutter, die jetzt 36 Jahre alt war, wurde wieder krank. Schon einige Jahre zuvor hatte sie an schwerer Blutarmut gelitten, und wir hatten mehrere düstere Wochen verbracht, während derer Vater mit ihr zu verschiedenen Ärzten und Labors ging. Nun litt sie wieder unter Übelkeit, Appetitlosigkeit und Angstzuständen. Sie war nervös und unruhig und sprach kaum. Nikta und ich baten sie, zum Arzt zu gehen, aber sie wollte nicht. Sie sah blass aus und wenn wir uns morgens zum Frühstück setzten, hatte sie verquollene Augen. Vater überredete sie schließlich, sich von ihm zum Arzt bringen zu lassen.

Bei ihrer beider Rückkehr weinte Mutter stumm. Wir hatten damals ein großes Haus: Niktas und mein Zimmer, das Wohnzimmer, ein Bad und die große Küche lagen auf einer Seite und auf der anderen das Elternschlafzimmer, das Gästezimmer, ein unbenutzter Schlafraum, eine kleine Küche und das Gästebad. Unsere Eltern liefen grußlos an uns vorbei in ihren Teil des Hauses. Sie hatten die Tür des Gästezimmers kaum hinter sich zugeschlagen, da begannen sie schon, einander anzuschreien. Vater brüllte, es sei alles ihre Schuld und das habe sie sich selbst zuzuschreiben. Mutter schrie zurück: »Schäm dich! Schäm dich!«

Mit der Zeit hatten wir uns an ihre Streitigkeiten gewöhnt, aber sie machten uns immer noch Angst. Jetzt stand Nikta wie erstarrt in der Tür ihres Kinderzimmers mit einem blauen Füller in der einen und dem Taschenrechner in der anderen Hand, und ich saß wie gelähmt vor dem Fernseher und umklammerte den Joystick, weil ich gerade in ein Videospiel vertieft gewesen war.

»Was denkst du dir eigentlich? Ich habe die besten Jahre meines Lebens wegen Nikta und Neda an dich verschwendet. Ich habe mir gesagt, sie sind Mädchen und brauchen ihre Mutter. Aber noch mal mache ich das nicht mit. Schande über dich! Und über mich auch, weil ich nicht auf meinen Vater gehört habe. Er wollte, dass ich studiere und unabhängig werde. O Gott!«, rief unsere Mutter.

»Was ist es diesmal?«, fragte mich Nikta.

»Woher soll ich das wissen. Sie haben ja nicht einmal Hallo gesagt. Mutter hat geweint, glaube ich, aber Vater war sehr wütend. Er war rot wie eine Tomate.«

Am nächsten Morgen erfuhren wir am Frühstückstisch dann die Wahrheit. Vater war früher als sonst aus dem Haus gegangen, und Mutter hatte sich wieder völlig unter Kontrolle, jedenfalls vor uns Kindern.

»Was hat der Arzt denn gesagt?«, fragte Nikta. »Was hast du?«

»Nichts. Keine Sorge, ich bin nicht krank.«

»Und was ist es dann?«

»Ich bin schwanger.«

»Was?«

»Hast du doch gehört. Ich bin schwanger.«

»Hurra!« Nikta sprang vom Stuhl auf.

»Stell dir vor, Nikta, ein winzig kleines Mädchen. Toll!«, rief ich. »Wir nennen sie Nuscha. Nikta, Neda, Nuscha.«

»Wenn es ein Junge wird, heißt er Navid.«
»Auf keinen Fall! Es wird bestimmt ein Mädchen.«

Meine arme Mutter musste noch sechs Monate leiden. Sie
wollte eigentlich abtreiben, aber das war nicht nur illegal, es
war auch zu spät, weil sie schon im vierten Monat war. Sie
hatte nicht geglaubt, noch einmal schwanger werden zu können, sonst hätte sie die Antibabypille genommen, die es im
Iran ohne Probleme auf Rezept gab. Doch sie hatte ihre aus-
bleibende Monatsblutung als Hormonstörung abgetan. Als
sie dann unruhig wurde, hatte die Morgenübelkeit schon
eingesetzt und machte ihr Angst. Und als sie endlich einen
Frauenarzt aufsuchte, erfuhr sie, dass das Herz des Embryos
bereits schlug, was ihren inneren Konflikt noch verschärfte.
Eine Abtreibung in diesem Stadium wäre ihr wie ein Mord
vorgekommen.

Vater hielt sich heraus und ließ sie mit der Situation allein.
Ich war sehr wütend auf ihn, weil er sich nicht um sie kümmerte. Er schämte sich, in seinem Alter und mit zwei Teen-
ager-Töchtern noch ein Baby zu bekommen, und ignorierte
die Schwangerschaft seiner Frau so weit wie möglich. Auch
sie muss sich geschämt haben, denn sie erzählte nicht einmal
ihrer eigenen Mutter davon. Sie verlor ständig an Gewicht
und ihr Schwangerschaftsbauch war kaum zu sehen. Schließlich wurde er aber doch so groß, dass Tante Rana das Geheimnis entdeckte.

Nikta und ich freuten uns die ganze Zeit auf unser neues
Geschwisterchen und waren uns einig, dass wir unbedingt
noch ein Mädchen wollten. Andererseits machten wir uns
Sorgen um die Gesundheit unserer Mutter: Sie war blass und

weine nachts oft. Sie schlief jetzt in Niktas Zimmer. Vater verhielt sich weiterhin, als hätte er nichts damit zu tun. Im Haus wurde es still, Nikta und ich flüsterten nur noch. Zu Beginn des neunten Schwangerschaftsmonats war Mutter sehr schwach. Ihr Bauch war längst nicht so rund, wie er es kurz vor der Niederkunft hätte sein müssen. Auch ich hatte meine Probleme mit der neuen Situation. So sehr ich mich auf das Kind freute, brachte ich es nicht über mich, meinen Freundinnen davon zu erzählen, sondern empfand wie meine Eltern Scham und hielt die Schwangerschaft geheim. Außerdem machten Nikta und ich uns Sorgen, wie es wohl sein würde, wenn es »so weit« wäre und unsere Mutter ins Krankenhaus müsste.

»Ich glaube, wir haben einen sehr guten Vater, wahrscheinlich einen der besten unter unseren Freundinnen. Aber er ist ein furchtbarer Ehemann. Ich will nie so behandelt werden, wie er mit Mutter umgeht«, sagte ich einmal zu Nikta.

»Ich auch nicht.«

»Deshalb sagt Großvater Karim immer, dass Frauen studieren sollen. Frauen müssen einen Beruf haben und dürfen sich nicht von einem Mann abhängig machen. Da hat er recht. Wenn Mutter auf ihn gehört und fleißig studiert hätte, könnte sie jetzt ein viel schöneres Leben haben.«

»Aber Großvater Karim war eigentlich auch kein guter Ehemann. Er war nie da, wenn Großmutter ein Kind bekam.«

»Stimmt. Alle Männer sind schlechte Ehemänner, selbst die guten Väter. Ich werde nie heiraten.«

»Ich auch nicht.«

Die Geburt sollte im November stattfinden, und die Ungewissheit, ob es denn ein Mädchen werden würde, machte mich ganz nervös. Der Frauenarzt hatte meiner Mutter ein Ultraschallbild angeboten, um das Geschlecht des Kindes festzustellen, aber sie zeigte sich nicht besonders interessiert daran und kümmerte sich auch nicht um unsere Bitten. Jetzt war der Termin fast gekommen, aber nichts war vorbereitet: Es gab keine Babysachen, kein Kinderbett, keinen Wagen, und wir wussten auch nicht, was wir gegen diesen Zustand tun konnten. Eines Morgens weckte mich Mutter sehr viel früher als sonst.

»Wach auf, Neda. Es ist so weit, ich muss ins Krankenhaus. Ich habe euch den Wecker zum Aufstehen gestellt.«

»Ich möchte mitkommen, Maman, bitte!«, flehte ich. »Wo ist Nikta? Wir kommen beide mit. Du kannst doch nicht allein ins Krankenhaus gehen.«

»Ich bin ja nicht allein. Vater bringt mich hin. Wenn heute die Schule aus ist, habt ihr schon euer kleines Schwesterchen.«

Ich sah die Traurigkeit in ihren Augen. Vater hatte eigentlich kein Recht, bei der Geburt dabei zu sein. Andererseits war ich erleichtert, dass ich Mutter nicht in den Wehenschmerzen sehen musste. Als ich ihr alles Gute wünschte, sagte sie nur: »Wird schon gut gehen. Mach dir keine Sorgen.« Und fort war sie.

Es war der 22. November 1991. Vom Unterricht bekam ich an diesem Tag nichts mit. Ich hörte nicht, wenn jemand etwas zu mir sagte, ich spürte nicht einmal den Boden unter den Füßen. Ich schwebte in der Luft und war vom Parfüm meiner Mutter erfüllt. Ich trug ihre Armbanduhr, die sie mir manchmal lieh. Vater hatte sie ihr zu meiner Geburt ge-schenkt. Sie hatte ein kleines rechteckiges Zifferblatt mit dem Omega-Zeichen oben in der Mitte, trug aber keine Zif-fern, sondern war in vier Viertel eingeteilt, von denen zwei golden waren und die beiden anderen wie mit Sand bedeckt aussahen. Das winzige Uhrwerk hatte seitdem ununterbro-chen ganz leise vor sich hin getickt, genauso lange, wie ich lebte. Nur wenn ich die Uhr direkt an mein Ohr führte und den Atem anhielt, hörte ich das kleine mechanische Herz mit meinem zusammen schlagen.

An diesem Morgen hatte ich mir meinen Zwilling ausge-liehen, ohne vorher um Erlaubnis zu fragen. Ich wusste, dass Mutter nichts dagegen haben würde. Ich nahm die Augen nicht vom Zifferblatt und bedauerte jetzt, meinen Freundin-nen nichts erzählt zu haben. Ich hatte einen Kloß im Hals und hin und wieder sammelten sich Tränen in meinen Au-gen. Nur auf der Toilette hätte ich allein sein können, aber dahin wollte ich nicht, weil dort erst einige Wochen zuvor in einer der Kabinen ein toter Fötus gefunden worden war. Das Mädchen, das ihn gefunden hatte, erzählte ihren Freundin-nen, er sei so groß wie eine Hand gewesen und man habe seine geschlossenen Augen erkennen können, als er in einer Blutlache auf dem Boden lag. Die Nachricht hatte sich wie ein Lauffeuer in der Schule verbreitet und uns eine ganz neue Sicht auf uns selbst beschert: Eine von uns hatte ein richtiges Baby geboren, wie eine verheiratete Frau. Einen Embryo wie diesen zu finden war allerdings das Letzte, was ich an diesem Morgen wollte.

Endlich war es Viertel nach zwölf – Schulschluss. Nikta wartete unten an der Treppe auf mich. Während der Unterrichtszeit begegneten wir einander normalerweise nicht. Jetzt sah ich die Verzweiflung in ihren Augen. Ich verabschiedete mich schnell von meinen Freundinnen, weil ich nicht wollte, dass sie mitbekamen, was sie mir sagen wollte.

»Bist du in Ordnung?«, fragte sie mich.

»Nein, mir ist schlecht.«

»Ich habe Kopfschmerzen. Ich konnte kaum die Tafel erkennen.«

»Glaubst du, das Baby ist schon da?«

»Müsste es. Sie sind ja schon um Viertel vor fünf ins Krankenhaus gefahren.«

Als wir an den Schulbus kamen, mit dem wir jetzt immer fuhren, öffnete der Fahrer sein Seitenfenster und rief: »Euer Vater wartet vorn an der Straße auf euch. Heute fahrt ihr nicht mit mir. Geht zu ihm, er sitzt dort in seinem Auto.« Wir gingen also zurück, schlossen uns wieder der Menge unserer Mitschüler an und sahen dann unser Auto auf der anderen Seite der Hauptstraße stehen. Vater hatte beide Hände am Lenkrad und grinste triumphierend.

»Hallo, ihr zwei. Steigt ein.«

»Wie geht es Mutter?«, fragte ich.

»Ihr geht es gut.«

»Fahren wir ins Krankenhaus? Ich möchte zu ihr.«

»Nein, erst essen wir was.«

»Und das Baby?«

»Dem Baby geht es auch gut. Es ist ein bisschen größer, als wir gedacht hatten – 4800 Gramm.«

»Mädchen oder Junge?«, wollte Nikta wissen.

Mir fiel vor allem auf, wie unser Vater auf einmal sich selbst und uns mit »wir« bezeichnete und sich anscheinend nachträglich doch in die Schwangerschaft einbezog. Aber ich behielt meine Gedanken für mich. Wir gingen in ein Restaurant und bestellten etwas zu essen, aber wir hatten alle keinen großen Appetit.

»Es ist ein Junge«, erzählte Vater schließlich. »Die Geburt war nicht ganz einfach, und Mutter brauchte einen Kaiserschnitt, deswegen kann sie im Moment noch nichts essen. Wir fahren jetzt gleich ins Krankenhaus, und dann gehen wir einkaufen für das Baby.«

Und so kam mein Bruder in die Familie. Nikta und ich stritten uns über viele verschiedene Namensvorschläge. Meine Eltern schlugen sich schließlich auf meine Seite, also wurde er Nima genannt. Mit seiner starken Präsenz veränderte er unseren Familienalltag völlig, und ich vergaß meinen Wunsch nach noch einer Schwester. Bald konnte ich mir ein Leben ohne Nima nicht mehr vorstellen, er wurde zu einem der wichtigsten Menschen in meinem Leben. Dass er heute so viele tausend Kilometer von mir entfernt ist, hat sich als einer der härtesten Umstände meines Lebens im Exil herausgestellt.

Auch die Beziehung meiner Eltern verbesserte sich deutlich. Es gab keinen Ehekrach mehr, und Nikta, Nima und ich hörten fast vier Jahre lang kein Geschrei mehr von ihnen. Meine Mutter verbrachte allerdings keine einzige Nacht mehr in einem gemeinsamen Schlafzimmer mit ihrem Mann. Unser Brüderchen schlief meistens bei Nikta im Zimmer. Das lag nicht nur daran, dass auch sie völlig vernarrt in ihn war, sondern dass sie ihn als Wecker brauchte. Sie bereitete sich weiter auf die Zulassungsprüfung vor, und Nima weckte sie immer so früh auf, dass sie viel Zeit zum Lernen hatte.

4

Seltsame Tage

Als Nikta das erste Mal zum Concours antrat, erreichte sie nicht genügend gute Noten, um einen Studienplatz in Ingenieurwissenschaften zu erhalten. Dennoch blieb sie bei ihrem Wunschstudium und begnügte sich nicht mit einem einfacheren Fach. Stattdessen wollte sie noch ein Jahr zu Hause mit privaten Tutoren lernen und es dann erneut versuchen. Sie tat mir wirklich leid, weil sie dadurch unter einem so starken Druck stand. Und wenn es beim nächsten Mal wieder nicht klappte?

Jedes Jahr nahmen über eine Million Kandidaten an der staatlichen Zulassungsprüfung zum Hochschulstudium teil, um einen der wenigen Studienplätze zu ergattern, die nur für ein Viertel von ihnen ausreichten. Die Eltern hatten schon während der vier Oberschuljahre viel Geld in private Tutoren und Nachhilfekurse für ihre Kinder investiert, aber im letzten Jahr erreichte der Wahnsinn immer seinen Höhepunkt. Die achtzehnjährigen Kämpferinnen und Kämpfer saßen Stunde um Stunde an ihren Schreibtischen, auf denen sich Lehrbücher und Nachschlagewerke, Bündel von Fotokopien und Haufen von Karteikarten stapelten. Das Leben ihrer Familien kam zum Stillstand: keine Reisen, keine Partys, keine laute Musik, kein Fernsehen, nichts mehr. Alle im Haushalt schlichen auf Zehenspitzen umher, um sie nicht zu stören. So lief es überall.

Ein entscheidender Faktor bei der Auswahl der zukünftigen Studenten war allerdings gar nicht ihr Wissensstand, sondern die Herkunft, denn ein Gutteil der Studienplätze war für Kinder und enge Verwandte von Kriegsveteranen reserviert. In die erste Wahl kamen hier Ehegatten, Kinder und Geschwister der »Märtyrer des Heiligen Verteidigungskrieges«. Dann folgten die Kriegsversehrten, gestaffelt nach der Schwere ihrer Behinderung, und danach die Familien der unverwundeten Veteranen. Was dann noch an Plätzen übrig blieb, durften die gewöhnlichen Bewerber unter sich aufteilen. Nikta hatte in vier Jahren Oberschule rund 15 000 Arbeitsstunden in Unterricht und häusliches Lernen investiert, und aufgrund der Vergabepraxis konnte es durchaus sein, dass sie sich womöglich Jahr um Jahr erfolglos bewerben würde. Trotz all der Ungerechtigkeiten galt dieses Examen für iranische Jugendliche aber als wichtiges Übergangsritual ins Erwachsenenleben.

Als Nikta die erste Prüfungsrunde absolvierte, war ich gerade in der dritten Oberschulklasse und hatte schon genug Schwierigkeiten mit meinem Hauptfach, also ignorierte ich den herannahenden Concours vorerst. Ich musste unzählige Seiten an mathematischen Formeln lernen, die ich dann ohnehin nicht anzuwenden wusste. Dieselben Tutoren, die

Nikta auf ihr Examen vorbereiteten, mühten sich auch ab, mir die Regeln von Algebra, Geometrie, Physik und Mechanik verständlich zu machen, womit sie nicht viel Erfolg hatten. Ich war ständig mit den Nerven am Ende, und meine Eltern, besonders Mutter, verzweifelten an mir.

Sie war nie darüber hinweggekommen, dass sie sich nicht an den Rat ihres Vaters gehalten, studiert und selbst erfolgreich in einem Beruf gearbeitet hatte. Sie wollte, dass wir es besser machten. Nun befürchtete sie, dass aus mir nichts werden würde, dass ich irgendeinen Kerl heiraten könnte und mich ihm dann den Rest meines Lebens unterzuordnen hätte – und ihr damit den Spiegel vorhalten würde. Ironischerweise teilte mein Vater diese Befürchtungen. Sein Traum war, so erzählte er mir immer wieder, dass seine Töchter zu gebildeten, weltoffenen Frauen heranwüchsen, die ihr Leben in die eigene Hand nahmen und selbst Entscheidungen trafen. Mutter fragte mich immer wieder, was mir denn noch zum Erfolg fehle, da doch beide Elternteile stets zu meinen Diensten standen und mir alles Nötige bereitstellten, noch bevor ich darum gebeten hatte. Ich wusste darauf nichts zu antworten, schämte mich und wich Mutters Blick aus. In der Schule wurde ich dadurch auch nicht besser.

Das Jahr verging und nach einem unglaublichen Kraftakt fand sich Nikta tatsächlich im Hörsaal einer Universität wieder. Ihr Hauptfach war Informatik, und natürlich gehörte sie zu den besten Studentinnen. Jetzt wurde es Zeit, dass ich mich für ein Hauptfach entschied, aber zu Hause wurde das Thema gemieden. Mutter hatte scheinbar jede Hoffnung in mich aufgegeben, nur Vater unterstützte mich noch mit der Bezahlung von Nachhilfeunterricht. Einer meiner Cousins, der gerade seinen Magister in reiner Mathematik machte, kam hin und wieder vorbei und half mir in Algebra. Dann war es Zeit für die Anmeldung zum Concours und auf den Postämtern im ganzen Land lagen die Unterlagen aus. Jeder mit einem Oberschulabschluss oder einer Bescheinigung, dass er in diesem Jahr den Abschluss erreichen würde, konnte sich anmelden. Eines Abends brachte mein Vater mir einige Papiere mit und deponierte sie auf dem Fernseher.

»Hast du die Anmeldeformulare gesehen, die ich dir hingelegt habe?«, fragte er mich. »Hast du dich inzwischen für ein Studienfach entschieden?«

»Ich möchte Anglistik studieren.«

»Gute Idee«, meinte er und schwieg einige Minuten. »Du weißt, dass ich dir dein Studium finanzieren kann. Du bekommst von mir alle Unterstützung, die du brauchst, allerdings musst du versprechen, dann auch fleißig zu studieren. Ich will keine schlechten Bewertungen sehen. Du sagst immer, dass du in der Schule wegen Mathe so viele Probleme hast. Jetzt wirst du ein Fach studieren, in dem du gut bist, also keine Ausreden mehr!«

Meine Lehrer fanden meine Entscheidung alles andere als richtig. Der Physiklehrer, der mich auch zu Hause unterrichtete, hörte davon und sagte: »Auf keinen Fall! Nach vier Jahren Mathematik als Hauptfach und nachdem dein Vater so viel Geld in die Nachhilfe investiert hat, willst du Anglistik studieren? Wieso hast du dann Mathematik als Hauptfach in der Schule gewählt? Das ist keine gute Entscheidung, Neda. Du würdest sie bedauern. Bewirb dich unbedingt für ein Ingenieurstudium. Anglistik ist eine Verschwendung deiner Fähigkeiten. Ich rede mal mit deinen Eltern.«

Das tat er tatsächlich und versuchte sie zu überzeugen, aber er musste einsehen, dass sie beide hinter mir standen, besonders Vater. Am Abend sagte dieser zu mir: »Es kann nicht nur Ärzte, Ingenieure und Anwälte geben. Dieses Land braucht Lehrer, Krankenschwestern, Mechaniker, Schreiner und sogar Müllwerker genauso sehr wie Ärzte. Hör nicht auf die anderen, Neda. Gib deinen Talenten Raum, sich zu entfalten. Folge deinem Herzen und tu das, was du am besten kannst.«

»Das stimmt«, meinte Mutter. »Aber vielleicht sollte sie doch wenigstens ein paar Stunden am Tag für die Prüfung lernen. Niemand kommt da so einfach durch.«

»Ich muss aber erst den Oberschulabschluss schaffen«, beharrte ich.

Die Tests für den Schulabschluss und jene für die Universitätszulassung folgten kurz aufeinander. Kaum war ich mit den ersten Prüfungen fertig, da ging es schon mit dem Concours weiter. Danach hatte ich keine Ahnung, ob ich gut oder schlecht abgeschnitten hatte. Ich legte noch die Aufnahmeprüfung für die Azad-Universität ab, und dann konnte ich nichts mehr tun, als still zu leiden und auf die Ergebnisse der Schulabschlussprüfung zu warten. Sie kamen eines Morgens völlig unerwartet, als ich noch im Bett lag und Nima lauschte, der ein Kinderlied sang, das Nikta und ich ihm beigebracht hatten. Er verwechselte noch die Wörter und brachte meine Mutter damit zum Lachen. Plötzlich klingelte das Telefon. Ich setzte mich im Bett auf und warf einen Blick auf den Wecker, den ich nachts immer mit der Anzeige nach unten hinlegte. Es war erst Viertel nach acht und bevor ich mir überlegen konnte, wer wohl so früh bei uns anrufen mochte, riss meine Mutter die Tür zu meinem Zimmer auf, kniete sich an mein Bett und umarmte mich. »Das war die Schule. Dein Physiklehrer hat angerufen – du hast in allen Fächern bestanden. Gott sei Dank! Er hat gesagt, er hat sich so gefreut, dass er einfach anrufen musste, um uns die gute Nachricht sofort zu überbringen.«

Meine Eltern schenkten mir eine goldene Armbanduhr mit einem winzigen ovalen Zifferblatt. Der Albtraum des Schulabschlusses war überstanden, und das Leben konnte beginnen. So kam es mir zumindest vor. Ich genoss noch meinen neuen Status, da wurden auch schon die Ergebnisse der ersten Runde des staatlichen Auswahlverfahrens bekanntgegeben. Mein Name stand tatsächlich auf der Liste. Niemand wollte es glauben. Meine Punktzahl war zwar nicht besonders hoch und ich würde die zweite Runde wohl nicht bestehen, aber es war doch ein gutes Vorzeichen für meinen zweiten Versuch im nächsten Jahr. Ich warf alle meine Schulbücher in den Müll außer jenen für Englisch, Farsi, Arabisch und Religion, denn die würde ich für den Concours noch brauchen. Dann stürzte ich mich in die Sommerferien, schaute Filme an, hörte Musik, brachte Nima neue Spiele und Wörter bei und unternahm Ausflüge.

Im Spätsommer verbrachten Nikta und ich eine Woche bei der Familie von Tante Rana. Ich war immer gern mit meinem Cousin und meiner Cousine zusammen, obwohl sie in jenem Sommer eine schwere Zeit durchmachten. Ranas Mann litt unter akuten Herzbeschwerden und brauchte eine Bypass-Operation. Das hohe Risiko einer solchen Operation war schon schlimm genug, dazu kamen aber noch die enormen Kosten, von denen die Versicherung nur einen Bruchteil übernehmen wollte. Die Gesundheitsversorgung in den staatlichen Krankenhäusern war nicht nur schlecht, man musste oft auch monatelang auf einen Termin warten. Meine Tante war Hausfrau und mein Onkel wegen seiner Herzprobleme Frührentner. Ihre Tochter Minu arbeitete als Buchhalterin in einem Krankenhaus und ihr Sohn, der zehn Monate jünger als Nikta war, studierte noch. Also sprang Vater ein und kündigte an, die Krankenhausrechnung für seinen Schwager zu bezahlen. Der Eingriff war für den Spätsommer angesetzt. Vater, der eigentlich immer darauf bestand, dass Kinder bei ihren Eltern sein sollten, erlaubte uns, bei Tante Rana zu bleiben, um Minu und ihren Bruder ein bisschen aufzuheitern.

Minu war ein begeisterter Fan des indischen Bollywood-Kinos mit seinen klischeehaften Liebesgeschichten, die mit viel Gesang und Tanz erzählt werden. Ihr Bruder machte sich gern über sie lustig. Immer wenn er nicht da war, zog sie ihren bestickten lila Sari an und tanzte im Gästezimmer herum, dass ihre langen schwarzen Haare nur so flogen. Ihr Bruder behauptete immer, Heiratskandidaten hätten bei ihr nur eine Chance, wenn sie bewiesen, dass sie singen und tanzen könnten wie ihre Stars. Minu, ein scheues, stilles Mädchen, sah dann immer Nikta und mich an und lachte bloß. Ich bewunderte sie und wollte genauso süß sein wie sie, aber Mutter meinte, ein Mädchen solle nicht romantisch sein, sondern »wie ein Schwert, unbeugsam und mit eisernem Willen« und setzte nach einer kurzen Pause hinzu: »Mit Träumereien verschwenden Mädchen nur ihr Potenzial.«

Zum Schlafen breiteten wir vier unsere Baumwollmatratzen immer in einer Reihe im Gästezimmer auf dem Boden aus. Meine Tante blieb den größten Teil der Nacht über in der Küche und rezitierte Gebete für die Genesung ihres Mannes. Manchmal bereitete sie schon das Essen für den nächsten Tag vor. Am vierten oder fünften Morgen klingelte wieder ziemlich früh das Telefon. Ich hörte, wie Tante Rana ihre Mutter, unsere Großmutter, begrüßte. Dann öffnete sie die Tür zum Gästezimmer und fragte: »Neda, bist du wach? Großmutter möchte gerne deine Personalausweisnummer wissen.«

»Meine … was? Wozu das denn?«, fragte ich verschlafen.

»Weiß ich auch nicht.«

Ich las ihr die fünfstellige Nummer vor, und sie gab sie am Telefon weiter. Nach einer kurzen Pause sagte sie zu mir: »Neda, Großmutter hat deinen Namen in der Zeitung gefunden. Du hast die Zulassungsprüfung zur Azad-Universität bestanden.«

»Kann nicht sein!«, rief ich und brach mit Nikta und meinem Cousin, die inzwischen auch wach waren, in Gelächter aus.

»Lach nicht, sie meint es ernst. Sie hat die Zeitung vor sich und will mit dir sprechen.«

Zögernd stand ich auf und fragte mich, ob ich noch träumte. Im Wohnzimmer wartete das Telefon auf mich. Statt meine Begrüßung zu erwidern, platzte sie gleich heraus: »Herzlichen Glückwunsch, Neda!«

»Meinst du es wirklich ernst?«, fragte ich. »Woher wusstest du denn, dass die Ergebnisse heute veröffentlicht werden? Ich hatte ja selbst keine Ahnung.«

»Ich war auf meinem Weg zur Koran-Lesung, als ich ein paar junge Leute vor einem Kiosk versammelt sah. Ich fragte sie, was los sei, und sie erzählten, die Azad-Ergebnisse seien veröffentlicht worden. Ich habe sofort eine Zeitung gekauft und bin nach Hause zurückgeeilt, um deinen Namen zu suchen. Jetzt habe ich die Lesung verpasst, aber das war es wert. Du bist mein viertes Enkelkind, das studiert. Ich bin so stolz auf euch alle!«

Meine Tante schickte meinen Cousin eine Zeitung kaufen und der brachte bei seiner Rückkehr gleich meine Eltern mit, die mich umarmten und küssten. »Ich wusste, dass es die richtige Entscheidung war«, meinte Vater. »Das liegt dir so sehr, dass du ohne jede Vorbereitung bestanden hast.«

»Aber wenn ich dieses Jahr gut lerne, kann ich es nächstes Jahr auf eine Staatsuniversität schaffen«, wandte ich ein.

»Wieso denn? Du würdest nur deine Zeit verschwenden. Wo ist denn der Unterschied? An der Azad-Uni hast du es viel besser. Sie liegt ganz in der Nähe, und du musst nicht in eine andere Stadt ziehen.«

»Aber ich schaffe es bestimmt …«

»Nein, nein. Deine Mutter und ich haben das besprochen. Wir sind uns einig, dass es für uns alle gar nicht besser hätte kommen können. Du nutzt diese Chance, studierst fleißig und wirst bestimmt Erfolg haben. Ich sorge für den Rest.«

Noch am selben Tag ging mein Vater mit mir einkaufen und bezahlte alles: angefangen bei Socken und Schuhen über eine Tasche und Schreibwaren bis zu den Wörterbüchern. Es war fast wieder wie früher, als ich sieben Jahre alt war und unbedingt einen einfachen Schulranzen und ein paar rote Riemchenschuhe mit goldenen Schnallen haben wollte, wie meine Freundinnen sie hatten. Ich hätte meine Hausaufgaben gern in die einfachen Hefte mit den gelblichen Seiten und dem Einband geschrieben, der nach Holz roch. Vater kaufte mir stattdessen immer die besten Schulhefte, eine elegante Ledertasche und Sneakers, alles zwei- oder dreimal so teuer wie die Sachen, die ich eigentlich wollte. Die roten Schnallenschuhe habe ich nie bekommen, jedenfalls nicht von meinen Eltern. Dieses Mal allerdings hielt Vater sich zurück und ließ mich selbst wählen. Das letzte Mal hatte ich ihn so glücklich gesehen, als er am Tag von Nimas Geburt Nikta und mich von der Schule abgeholt hatte.

Die Seminare sollten schon zwei Wochen später beginnen, aber die Zeit bis dahin wollte einfach nicht vergehen. Ich war unruhig, als es endlich losging. Die meisten Kurse fingen direkt nach dem Wochenendfreitag am Samstag an. Ich musste noch einen langen Tag warten, weil meine erste Veranstaltung am Sonntag stattfand. Mein Vater nahm sich frei, um mich zur Uni zu fahren. Als er den Wagen vor dem Gebäude parkte, setzte er mit stolzgeschwellter Brust zu einer sentimentalen Rede an. Aber ich gab ihm keine Gelegenheit dazu und entwischte schnell aus dem Auto.

Die Fakultät für Sprach- und Literaturwissenschaften lag im zweiten Stock. Hinter dem letzten Treppenabsatz erwartete mich eine traurige Erinnerung an die Schulzeit. Es gab zwei getrennte Eingänge. Die jungen Männer gingen durch eine gewöhnliche Tür. Für uns Mädchen und Frauen gab es einen Eingang mit einer Kontrollkabine davor. Wir kamen nur durch dieses Nadelöhr in die Unterrichtsräume. Auf ein Neues, dachte ich und seufzte. In dem winzigen Raum saßen eine oder zwei Frauen, natürlich im schwarzen Tschador, und kontrollierten, ob das Äußere der Studentinnen den Vorschriften entsprach.

»Guten Morgen«, sagte ich, als ich hinter den schweren Vorhang trat.

»Sind Sie neu eingeschrieben?«

»Ja.«

»Ihren Studentenausweis.«

»Bitte schön.«

»Warum tragen Sie Nagellack?«

»Wie bitte?«

»Auf dem Universitätsgelände ist Nagellack untersagt.«

»Das ist nur Nailgloss. Farblos.«

»Ist trotzdem nicht erlaubt. Diesmal lasse ich es durchgehen, weil Sie kein Make-up tragen, aber nächstes Mal nicht mehr.«

»Ist gut.«

»Und ziehen Sie Ihr Kopftuch tiefer, man sieht Ihre Haare.«

»Ist gut.«

»Sie können passieren.«

Lektion Nummer eins, ermahnte ich mich selbst, begrüße die Wachhunde nie freundlich. Sie denken dann, du hast etwas zu verbergen.

»Hallo, Mademoiselle! Kommen Sie doch noch mal zurück!«

»Was ist denn?«

»Der Schlitz hinten in Ihrem Mantel ist zu lang, er beginnt zu weit oben.«

»Dafür kann ich nichts.«

»Nähen Sie ihn zu oder tragen Sie einen anderen Mantel.«

»Ja, ist gut.«

Ich hatte schon genug. Der einzige Unterschied zur Schule war, dass sie dir hier nicht in die Tasche schauten. Dort wurde nach verbotenen Gegenständen gesucht, wie Taschenspiegeln, Lippenstift oder Cremes – auch Handcremes waren untersagt –, nach Schmuckstücken wie Ringen und Armreifen, auch Fotos und alle Bücher außer jenen für die Schule standen auf der schwarzen Liste. Wurde man mit einem dieser Gegenstände erwischt, erhielt man eine Verwarnung. Beim zweiten Mal wurden die Eltern in die Schule bestellt und man selbst musste sich vor dem Disziplinarausschuss verantworten, einer Art Schulgericht.

Im Inneren der Fakultät sahen dann längst nicht alle Studentinnen so natürlich aus wie ich. Einige trugen Make-up, andere hatten sich die Haare blond gefärbt, und leuchtenden Nagellack sah ich auch. Ich merkte, dass sie keine Erstsemester mehr waren, und das war der entscheidende Unterschied: Es war ihnen egal. Ich fragte mich zum Institut für Anglistik durch und orientierte mich an den Kurs- und Seminarnummern, wie Nikta es mir erklärt hatte.

Mein erstes Seminar fand im Sprachlabor statt. Die Tür war noch verschlossen, und die Studentinnen drängten sich davor. Ich sah mich nach den Studenten um, aber es war eine reine Frauenveranstaltung. Das beschäftigte nicht nur mich. Zwei Kommilitoninnen in meiner Nähe sprachen über die Islamisierung der Universitäten. Auch die Azad-Universität war dabei, nach Geschlechtern getrennten Unterricht einzuführen.

»Jetzt sind wir endlich an der Uni, aber es gibt immer noch keine Jungs«, meinte eines der Mädchen.

»Aber nur in den Veranstaltungen – auf dem Campus gibt es genug von ihnen«, sagte die andere.

Die Tür zum Sprachlabor öffnete sich, und wir folgten der Professorin hinein, ich war fast die Letzte. Die schlanke Dozentin war erst um die vierzig. Sie lächelte uns freundlich an. Man sah, dass sie trotz ihres konservativen Äußeren durchaus Geschmack hatte. Ihre Handtasche, einige der Steine in ihren Ringen, das Armband ihrer Uhr und die Bügel ihrer Brille waren zueinander passend in leuchtendem Grün gehalten. Ihre Stirn war oben von ihrem schokoladenbraunen Haar gesäumt. Dann begann sie Englisch zu sprechen, fehlerlos und fließend, und ich war restlos begeistert. Ich schaute, wie meine Kommilitoninnen reagierten. Die Frau links neben mir folgte den Worten der Professorin aufmerksam, und als sie meinen Blick spürte, nickte sie mir kurz zu. Auch sie fand die Dozentin großartig. In den übrigen Veranstaltungen der ersten Woche erlebten wir teilweise ähnlich angenehme Überraschungen. Wir wurden aber auch enttäuscht, zum Beispiel von dem Dozenten in »Grammatik und Schreibpraxis«, einem ungeduldigen älteren Herrn. Er hielt den Unterricht auf Farsi, was manche Studentinnen freute, andere, wie mich, aber überhaupt nicht.

Irgendwann wurde mir klar, dass ich, um erfolgreich zu sein, alle Aspekte meines Studiums akzeptieren musste, auch die Wächterinnen am Eingang und auch den altertümlichen Professor. Schließlich wollte ich mir meinen Traum erfüllen, und das war nicht so einfach, wie ich es mir in der Schule vorgestellt hatte. Die Arbeitsbelastung durch die regulären Seminare war nicht unbeträchtlich, doch ich lernte noch zusätzlich, um mit den Studenten gleichziehen zu können, die an einer Sprachenschule Englisch gelernt hatten und es daher viel besser sprachen als ich.

Nach etwa einem Monat hatte ich schon einen Kreis von Freundinnen, der während der vier Jahre des Grundstu-

diums bis zum Bachelorabschluss fest zusammenhalten
sollte. Meine engste Freundin war Sepideh, die als Letzte da-
zugekommen war. Sie war einige Jahre älter als ich und
sprach sehr gut Englisch. Wir hörten beide gern Celine Dion
und Mariah Carey, und sie brachte mir immer CDs, Kassetten und fotokopierte Songtexte mit, die sie von ihrem Freund
Kasra hatte, der an einem anderen Institut unserer Uni Chemie studierte. Er war einer der fröhlichsten Menschen, die
ich kannte. Sepidehs Mutter mochte Kasra und machte ihr
seinetwegen keine Schwierigkeiten. Ihr Vater jedoch war gegen die Beziehung, weshalb meine Freundin sich immer
wieder mit ihm stritt. Für mich waren Sepideh und Kasra
ganz besondere Freunde. Wie tief unsere Freundschaft war,
sollte sich Jahre später zeigen, als sie bereit waren, ihr Leben
für meine Rettung zu riskieren.

Auch meine anderen Freundinnen hatten feste Freunde,
nur ich war weiterhin allein. Einige Kommilitonen sprachen
mich zwar unter diesem oder jenem Vorwand an, aber von
ihnen schien mir keiner eine Auseinandersetzung mit meinen
Eltern wert zu sein. Also tat ich einfach gelangweilt. Meine
Eltern hatten mir zwar nie verboten, eine Beziehung anzufangen, aber nur, weil sie voraussetzten, Nikta und ich wüssten
auch so, dass sie es nicht dulden würden. Ich lernte inzwischen mehr als meine Schwester, aber meine Arbeit sah anders aus als ihre. Ich hörte Chris de Burgh und Phil Collins,
sang die Texte laut mit und versuchte ihre Aussprache nach-
zuahmen, um mein Englisch zu verbessern. Ich stand stun-
denlang vor dem Spiegel und unterhielt mich mit mir selbst.
Sepideh und ich sprachen, wenn wir miteinander telefonierten, so gut es ging Englisch, was am Anfang nicht einfach war.

Ich hatte meiner Mutter zwar erklärt, dass all das nur der Verbesserung meiner Sprachkenntnisse diente, aber angesichts meiner dunklen Vorgeschichte als schlechte Schülerin wollte sie es nicht recht glauben. Vor allem verdächtigte sie mich, ihr mit den englischen Telefongesprächen etwas verheimlichen zu wollen. Warum sprach ich nicht Farsi? Sie ging mir damit auf die Nerven, aber als ich dann nach dem ersten Semester ein Zeugnis mit der Bestnote A nach Hause brachte, waren meine Eltern beruhigt. Darüber hinaus merkten sie bald, dass ich wirklich keinen Freund hatte, weil ich nach der Uni immer sofort nach Hause kam. Als Sepideh mich fragte, warum ich allen potenziellen Beziehungen aus dem Weg ging und stattdessen immer mit dem ersten Bus nach Hause fuhr, redete ich mich damit heraus, dass unsere Wohnung so nahe an der Universität lag. »Wo ein Wille ist, da ist auch ein Weg, Mademoiselle. Das ist einfach eine Ausrede«, sagte sie. »Du bist zu stolz, das ist der Grund.« Selbst wenn ich mich verliebte, so widersprach ich, würde mein Vater mich sowieso nicht heiraten lassen, bevor ich den Abschluss hätte. »Wieso denn gleich heiraten?«, sagte Sepideh nur.

Mein Vater hatte Nikta und mir nie explizit verboten, vor dem Universitätsabschluss zu heiraten. Er teilte es uns indirekt mit, indem er unsere Mutter so laut anwies, bis dahin alle Bewerber fortzuschicken, dass wir es mitbekommen mussten. Wir konnten uns also nicht binden, solange wir studierten, Punkt. Das schlug mir zwar nicht wirklich aufs Gemüt, doch in den kommenden Jahren hatte ich es immer im Hinterkopf. Und schließlich nahm die Botschaft eine andere Form an. Ich würde nicht heiraten, da ich durch die Ehe mit einem Mann, den ich schließlich noch nicht kannte, wesentliche Elemente in meinem Leben aufs Spiel setzen würde: meine Individualität und Freiheit. Einen Mann zu heiraten, den ich kannte, wäre auch nicht möglich, denn dazu hätte ich ja eine Beziehung haben müssen. Und so sah ich mich selbst nur als die fleißige Neda, die nach dem Lernen eben noch etwas mehr lernte.

Zu Beginn des zweiten Studienjahres galt ich im Institut bereits als eine der besten Studentinnen. Meine Dozenten sagten sogar, ich sei besser als die meisten ihrer Studenten an den Staatsuniversitäten. Inzwischen konnte ich ziemlich gut Englisch und belegte jetzt eher Literaturseminare als Sprachübungen. Es ging um Literaturgeschichte, literarische Strömungen und Literaturkritik und um die verschiedenen Formen von Prosa und Lyrik. In der geschützteren Atmosphäre ihrer Büros rieten uns die Dozenten, uns mit der Bibel und der klassischen Mythologie vertraut zu machen. Diese Kenntnisse seien für das Studium der englischen Literatur essenziell. In den Seminaren selbst lasen wir ein breites Spektrum sowohl britischer wie amerikanischer Autoren, von Shakespeare bis Arthur Miller, von Dickens bis Hemingway, von Jane Austen und Emily Dickinson bis zu Sylvia Plath. Sigmund Freud, der uns bis dahin nur aus den Religionsbüchern als Verkörperung des Bösen bekannt war, wurde zum Gegenstand lebhafter Diskussionen. Die Romane *Farm der Tiere* und *1984* von George Orwell sorgten mehrfach für Unruhe, als einige Studenten ihre Inhalte auf das politische System des Iran übertrugen. Unsere Dozenten hatten mitunter Mühe, wieder für Ordnung zu sorgen. Wir wussten allerdings, dass vor allem sie den Ärger bekommen würden, wenn womöglich ein Spitzel mit im Raum saß. Einige Professoren waren allerdings ausgesprochen mutig.

In einem meiner Schreibkurse saß eine Kommilitonin, die mit einem Diplomaten verheiratet war und jahrelang in Australien gelebt hatte. Eines Tages trug sie einen Essay vor, in dem sie die in ihren Augen bestialische Unterdrückung und Verfolgung der Palästinenser durch die Israelis beklagte. Daraufhin erklärte der Dozent: »Das ist sehr schön geschrieben, vielen Dank. Allerdings müssen Sie in einer wissenschaftlichen Darstellung eine solch emotionale Subjektivität vermeiden. Die Voraussetzung aller wissenschaftlichen Arbeit ist Objektivität.«

»Aber jeder weiß doch, was für Monster die Israelis sind«, rief die Studentin.

»So? Woher wissen Sie das? Woher wissen *wir* es? Ich will gar nicht sagen, dass die Israelis gute Menschen sind. Gut und Böse sind willkürlich definierte Konzepte, die von der Betrachtungsweise abhängen. Wir Iraner haben starke Bindungen an die Palästinenser, also neigen wir dazu, sie als gut und die Israelis als böse zu sehen.«

Im Seminar war es so still geworden, dass man die sprichwörtliche Stecknadel hätte fallen hören können. Sepideh zwickte mich in den Arm und lächelte verstohlen. Mir wurde angst und bange um den Dozenten, er war einer meiner Lieblingsprofessoren und ich wollte ihn nicht verlieren.

»Wir bekommen nur die Ansichten der Palästinenser zu hören, aber glauben Sie nicht, dass die Israelis auch eine Menge vorzubringen hätten, wenn wir sie nur fragen könnten? Ich meine nicht die Politiker, sondern die einfachen Bürger. Wenn eine Rakete Ihr Haus trifft und Ihre Familie tötet, dann ist es egal, welchem Volk Sie angehören – das Leid ist für alle gleich. Aber in unseren Medien sind Palästinenser, die Israelis umbringen, immer Helden, und umgekehrt sind die Israelis, die Palästinenser töten, automatisch Feinde Gottes. Auch wenn sie es andersherum verkünden würden, wäre es für mich Propaganda. Krieg ist immer eine Katastrophe, gleich, welchen Grund er hat.«

Die Zeit war längst überzogen, an der Tür klopften schon ungeduldig die Teilnehmer des nächsten Seminars, aber niemand von uns rührte sich. Wir alle, wo auch immer wir politisch zum Nahostkonflikt oder zur islamischen Republik standen, fragten uns wohl, wie der Dozent so ungeschminkt über ein so heikles Thema reden konnte. Kleine Schweißperlen zeigten sich auf seiner Stirn und sein Gesicht war gerötet. Als er das Seminar schließlich für beendet erklärte, gingen die anderen zögernd hinaus, nur Sepideh und ich blieben sitzen und starrten ihn an. Er zwinkerte uns zu und sagte: »Falls wir uns nicht wiedersehen, beten Sie für meine verlorene Seele!«

Der Vorfall hatte zum Glück keine weiteren Folgen für ihn. Vielleicht lag es daran, dass im Iran bereits Veränderungen in der Luft lagen. Allgemein wurde angenommen, dass der freundliche Mohammad Khatami, ein stets lächelnder Mullah, den Iran zu einer utopisch-islamischen Demokratie machen würde, die er in seiner Wahlkampagne propagierte.

Ich ging nicht zum ersten Mal zur Wahl, aber diese war die erste und sollte die einzige bleiben, bei der ich den Stimmzettel tatsächlich ausfüllte. Im Iran galt bis vor einigen Jahren die Geburtsurkunde, ein passähnliches Heft, auch als Personalausweis. Neben Vordrucken für Geburt, Heirat,

Scheidung, Kinder und den Tod des Halters enthielt sie auch eine Seite, auf der die Teilnahme an Wahlen bescheinigt wurde. Die dortigen Stempel konnten für junge Leute sehr wichtig werden, denn man brauchte sie, um bei Universitätszulassungen und Behördengängen, beim Wehrdienst und anderem keine Nachteile zu riskieren. Man wurde praktisch gezwungen, zur Wahl zu gehen. Der übliche Ausweg bestand darin, pflichtschuldigst im Wahllokal zu erscheinen, einen leeren Stimmzettel abzugeben und sich so den wichtigen Stempel zu sichern.

Die Präsidentschaftswahl fand im Frühsommer 1997 statt. Nikta und ich versuchten unsere Mutter davon zu überzeugen, mit uns wählen zu gehen, aber sie weigerte sich. Vater musste am Wahltag arbeiten, obwohl es ein Freitag war, aber wir nahmen ihm das Versprechen ab, dass er zu einem Wahllokal in der Nähe seines Arbeitsplatzes gehen und dort abstimmen würde. Nikta und ich wählten in der Nähe unserer Wohnung und stellten uns in einer langen Warteschlange von Wählerinnen an. Meine Schwester summte ein altes persisches Volkslied vor sich hin, während ich neben ihr in meinem Taschenwörterbuch blätterte. Die Schlange kam nur langsam voran, und immer neue Wählerinnen stellten sich an. Besonders Frauen versprachen sich viel von Khatami, der verschiedentlich gesagt hatte, man müsse die gesellschaftliche Stellung der Iranerinnen verbessern.

Vor uns stand eine alte Dame im schwarzen Tschador, die sich immer wieder nach Nikta umdrehte, die leise vor sich hin sang. Als wir das Wahllokal fast erreicht hatten, sprach sie uns in einem ländlichen Dialekt aus dem Norden an: »Entschuldigen Sie bitte, wissen Sie, wie dieser Mullah heißt, der immer lächelt? Meine Enkelin hat mir seinen Namen gesagt, aber ich habe ihn wieder vergessen.« Ich verkniff mir das Lachen, und Nikta sprach ihr den Namen Seyed Mohammad Khatami so deutlich wie möglich vor. »Was soll ich machen?«, fuhr die Frau fort. »Ich musste meiner Enkelin versprechen, für diesen Herrn zu stimmen. Sie sagt, er werde Veränderung bringen, und ich will sie nicht enttäuschen. Aber was habe ich mit solchen Sachen zu tun? Die Entscheidungen werden in diesem Land woanders getroffen, was haben wir einfachen Leute schon zu sagen?«

»Wenn Sie möchten, kann ich Ihnen gern helfen«, erwiderte Nikta.

»Oh, Gott sei gedankt. Wenn Sie nur für mich seinen Namen auf den Wahlzettel schreiben könnten …«

Also stimmte Nikta an diesem Wahltag gleich zweimal für Khatami. Er fuhr einen Erdrutschsieg von über siebzig Prozent ein. Von offizieller Seite hieß es sogar, die meisten seiner Wählerinnen und Wähler seien Frauen gewesen. An dem Morgen, als die Ergebnisse bekanntgegeben werden sollten, wurden alle Veranstaltungen an der Universität abgesagt und die Studenten versammelten sich auf den Fluren. Als dann Khatamis Sieg verkündet wurde, brach die Menge in Jubel und Tränen aus.

Khatami versuchte ernsthaft, seine Wahlversprechen zu halten. Er stieß Reformen an und hatte auch gewisse Erfolge. Während seiner achtjährigen Präsidentschaft wurde die Zensur von Büchern, Filmen und der Presse stark gelockert und die Geschlechtertrennung an den Universitäten aufgegeben – die allerdings 2011 wieder eingeführt wurde. Die Hardliner in der Staatsführung taten jedoch alles, um grundlegende Veränderungen zu unterbinden. Im Jahr 1999 spitzte sich die Lage zu, als nach einer Studentendemonstration Angehörige der islamischen Freiwilligenarmee in Zivil die Wohnheime der Universität Teheran überfielen. Sie schlugen die Studenten, steckten ihre Zimmer in Brand und ließen nicht nur Verletzte, sondern sogar Tote zurück. In den Tagen danach glich die Innenstadt um die Universität einem Schlachtfeld. Die Studenten hatten gegen das Verbot einer reformorientierten Zeitung protestiert, die es gewagt hatte, einen Artikel über den Massenmord an den intellektuellen Dissidenten des Landes zu drucken. Der prominenteste Fall war jener des Ehepaars Dariush Forouhar und Parvaneh Eskandari. Forouhar war Minister in der provisorischen Regierung gewesen, die direkt nach der islamischen Revolution 1979 an die Macht gekommen war, und hatte sich später zu einem Kritiker des Regimes gewandelt. Die verbotene Zeitung stand Khatami nahe, und die Enttäuschung war groß, als er die Proteste nicht unterstützte. Sein Schweigen betrachteten viele Studenten als regelrechten Verrat. Er wurde zwar nach vier Jahren wiedergewählt, aber ich wusste, dass viele von uns jungen Wählern zur alten Strategie der Stimmenthaltung zurückgekehrt waren und sich wieder einfach nur den Wahlstempel holten. Die erste Reformbewegung innerhalb der Regierung hinterließ bei vielen Iranern den Eindruck der Wirkungslosigkeit. Ich ahnte nicht im Geringsten, dass die nächste Reformwelle, die Jahre später kommen sollte, einen so großen Einfluss auf mein eigenes Schicksal haben würde.

Nikta bestand 1998 ihr Bachelorexamen, aber nicht die Zulassung zum Masterstudiengang, und verließ die Universität.

Sie glaubte, dass ein Master ihr nicht helfen würde, eine bessere Stelle zu finden. Nach einigen Monaten wurde sie Mathematiklehrerin an einer Oberschule. Ich studierte im dritten Jahr und las jedes englische Buch, das ich auftreiben konnte. Das war der schwierigste Teil meines Studiums. Im Iran selbst wurden englische Texte nur in wenigen Anthologien veröffentlicht, und die Originalausgaben waren sehr teuer, also verbrachte ich viele Stunden im Kopierladen. Die Bibliotheken der Staatsuniversitäten, die auf die Zeit vor der Revolution zurückgingen, waren besser ausgestattet als die an der Azad-Uni. Dort aber waren wir Studenten der islamischen Hochschule nicht gern gesehen. Das war der größte Nachteil meiner Universität. Andererseits machte es die Jagd nach Lektüre nur spannender, und die Texte wurden umso wertvoller für mich.

Kaum hatte Nikta ihr Studium beendet, erschienen die ersten Heiratsbewerber bei uns zu Hause. Ich fragte mich, woher sie plötzlich alle kamen. Es waren so viele, dass Nikta fast jeden Donnerstagabend ein Heiratsantrag gemacht wurde. Allerdings genügten die meisten Bewerber den Ansprüchen meiner Eltern nicht: Der Bräutigam sollte nicht aus einer traditionell-religiösen Familie kommen und musste gebildet sein. Ich widersprach meiner Mutter, die ganze Sache sei doch traditionell, und welchen Unterschied mache es schon? Sie schwieg verärgert, sie war Kritik von ihren Töchtern nicht gewöhnt. Ich dachte mir: Alle iranischen Eltern sind traditionell, aber manche Eltern sind traditioneller als andere. Nikta musste sich vorkommen wie eine teure Schaufensterpuppe, die ausgestellt wurde, bis eines Tages der richtige Kunde kommen und sie in Geschenkpapier verpackt mitnehmen würde. Bald aber fand ich heraus, dass ihr das gar nichts ausmachte. Nach den ersten Anträgen gewöhnte sie sich daran und fand es einfach schmeichelhaft, so gefragt zu sein.

Wir sahen viele dieser Bewerber. Es waren Lehrer, Beamte, Ingenieure, Ärzte, Anwälte, Unternehmer, Buchhalter, Ladeninhaber und so weiter. Einige waren schüchtern, andere hochmütig. Manche kamen aus Familien, in denen die Frauen den Tschador trugen, bei anderen war es das Kopftuch. Wer keinen Hochschulabschluss hatte, schied sofort aus. Meine Eltern und Nikta hatten auch etwas gegen Bewerber, die kleiner als Nikta waren, eine Glatze bekamen oder einen Bauchansatz hatten. Auch im Ausland durfte der künftige Schwiegersohn nicht wohnen, auf keinen Fall! Dass er Geld besaß, war dagegen nicht so wichtig, solange er eine feste Arbeit hatte und den Lebensunterhalt verdienen konnte. In diesem Fall waren meine Eltern weniger traditionell, denn für viele Brauteltern war es ungeheuer wichtig, ihre Töchter reich zu verheiraten, und zwar gerade an einen Mann, der im Ausland lebte und ihre Tochter dorthin mitnahm. Mutter legte vor allem auf einen unabhängigen Schwiegersohn Wert, damit ihre Tochter nie unter die Fuchtel seiner Familie geraten würde, so wie es ihr ergangen war. Paradoxerweise stimmte mein Vater ihr ausgerechnet in diesem Punkt emphatisch zu.

Ich kritisierte die Anwärter nie offen, sondern wies mir selbst die Rolle der Hofnärrin zu: Aus jedem Namen und jeder Beschreibung bastelte ich eine Art Limerick, den ich laut vor mich hinsang. Die Familie fand das sehr witzig, besonders Nima. Nach einigen solcher Spottverse aber kam eines Donnerstags Vater zu mir ins Zimmer und ermahnte mich, ich solle mich nicht über die Bewerber lustig machen, bevor Nikta sich eine Meinung gebildet habe. Es könnte nämlich ihre Gefühle beeinflussen – am Ende würde sie sich möglicherweise schämen einzugestehen, dass sie jemanden mochte, den ich lächerlich gemacht hatte. Danach wurden die Donnerstage immer langweiliger. Keine Witze mehr, der geeignete Heiratskandidat wollte einfach nicht auftauchen, und Nikta wurde langsam frustriert. Doch meine Eltern hatten es nicht eilig und sagten ihr, sie solle ruhig auf den Richtigen warten, wie lange es auch dauere.

»Und wenn er nicht kommt? Was mache ich dann?«, fragte sie mich entnervt.

»Keine Ahnung«, antwortete ich. »Mir kommt das alles sowieso sinnlos vor.«

»Du verstehst mich nicht. Woher soll ich wissen, welcher der Richtige ist? Das ist das Problem. Vater sagt, er wird auf einer Verlobungszeit von einigen Monaten bestehen, damit ich eine Chance habe, zu prüfen, ob er es wirklich ist, aber ich habe ja keinen blassen Schimmer, wie ich überhaupt einen auswählen soll.«

»Was soll ich dir denn raten? Du weißt die Antwort selbst, du willst es dir nur nicht eingestehen. Mit dieser Form der Heirat ist es ähnlich wie mit dem Kauf einer Wassermelone. Bei der weiß man auch erst hinterher, ob sie was taugt.«

»Großmutter sagt, Geduld ist eine Tugend, Schlaumeierin. Ich warte einfach. Mal sehen, was du machst, wenn es so weit ist.«

»Ich muss nicht heiraten.«

»Geduld ist eine Tugend.«

»Mit der Haltung würde ich nicht mal den leibhaftigen Gott heiraten«, rief ich empört.

»Werden wir ja sehen«, sagte Nikta und verließ türenknallend mein Zimmer.

Traditionsgemäß kauften die Brauteltern ihrer Tochter als Mitgift eine vollständige Grundausstattung für den Haushalt, damit die junge Frau hoch erhobenen Hauptes in das Haus ihres Bräutigams einziehen konnte. Mit der Zeit war die Ausstattung allerdings immer aufwendiger geworden, weil inzwischen auch alle möglichen Luxusartikel zur Aussteuer gehörten. So konnte es den Eltern passieren, dass sie nach der Hochzeit jahrelang Schulden abbezahlen mussten. Die traditionell eingestellten Familien begannen daher schon zu einer Zeit mit dem Kauf der Aussteuer, in der die zukünftige Braut noch ein kleines Mädchen war. Meine Eltern mussten sich erst jetzt, da bei Nikta die Frage akut wurde, damit beschäftigen.

Auf diesen Punkt bezog sich mein zweiter Einwand. Eine Mitgift, so argumentierte ich, setzte den Wert der Frau als Mensch herab. War es denn nicht genug, sie aufzuziehen und auszubilden? Musste man noch Geschenke dazugeben, damit sie dem Bräutigam gleichwertig wurde? Meine Mutter war wieder verärgert, diesmal weniger über die Kritik, sondern weil sie darin Eifersucht auf meine Schwester witterte. »Wann haben wir dich je gegenüber Nikta benachteiligt? Wenn es so weit ist, bekommst du genau das Gleiche, keine Sorge!«

Zum ersten Mal fühlte ich mich von der Einstellung meiner Eltern wirklich abgestoßen, vor allem, als sie allen Ernstes verkündeten, alle Artikel der Aussteuer in doppelter Ausführung zu kaufen. Ich wurde wütend und schrie, ich würde nie heiraten, zumindest nicht so, und kein Mann habe das Recht, auf mich herabzusehen, weil ich eine Frau sei. Meine Mutter verlor die Beherrschung und gab mir eine Ohrfeige. Ich stand wie vom Donner gerührt. Es geschah in der Küche, vor den Augen der ganzen Familie. Nima schrie erschrocken auf, und ich stürmte aus dem Raum.

Meine Eltern kauften tatsächlich die Aussteuer für Nikta und für mich. Nach wenigen Monaten wartete eine Vielzahl an Gegenständen – von handgeknüpften Teppichen bis zum Speiseservice – auch auf meine Hochzeit. Am seltsamsten waren die beiden Nähmaschinen, denn weder Nikta noch ich hatten je an einer gesessen. Mutter hatte uns nicht zum Nähen oder Ähnlichem angehalten, schließlich war sie immer der Meinung gewesen, wir sollten studieren. Ich hielt den Mund und schwor mir, dass ich niemals einen dieser Artikel anrühren würde. Die Kisten kamen in den Keller, die Teppiche zusammengerollt hinter das Bett meiner Eltern. Die Möbel sollten erst kurz vor der Hochzeit angeschafft werden, weil dafür der Platz wirklich nicht mehr reichte.

Eines Morgens traf ich an der Uni zufällig einen Kommilitonen, und er erzählte mir von einem Job an einer Sprachenschule, an der auch er unterrichtete. Ich war mitten im achten Semester, was bedeutete, dass mir sowohl das Semesterabschlussexamen als auch die Aufnahmeprüfung für den Masterstudiengang noch bevorstanden. Also lehnte ich zunächst ab. »So viel zeitlicher Aufwand ist es gar nicht«, sagte mein Mitstudent jedoch. »Es ist nur ein Anfängerkurs an drei Abenden in der Woche. Frag doch erst den Institutsleiter, ob er was dagegen hat, und entscheide dich dann.«

Auf dem Heimweg entschloss ich mich, dies zum Anlass zu nehmen, mich endlich einmal gegen meine Eltern durchzusetzen. Zu meiner Überraschung fand Vater die Idee aber sogar gut und meinte, ich solle die Gelegenheit nutzen. Ich war eher überrascht als enttäuscht, hatte ich doch immer angenommen, meine Eltern würden mir alle Tätigkeiten außerhalb der Uni während des Studiums automatisch verbieten. Aber mein Vater meinte, so könne ich in den Lehrerberuf hineinschnuppern und sehen, ob er mir überhaupt gefiel. Auch wenn es nur wenig Geld gab, sollte ich die Erfahrung ruhig machen.

Also holte ich mir die Genehmigung des Institutsdirektors und nahm die Stelle an. Die Sprachenschule war recht klein und hatte nur ortsansässige Schüler. Mein Kurs bestand aus lediglich acht Schülerinnen zwischen 10 und 13 Jahren, aber mir gefiel das Unterrichten viel besser als die Seminare an der Universität. Am Ende des Semesters lud ich meine Familie stolz in ein Restaurant ein und gab dafür mehr als die Hälfte meines ersten Lohns als Lehrerin aus. Auf der Heimfahrt sagte Vater: »Das war das schönste Essen meines Lebens.«

Daraufhin versuchte ich zusätzlich an einer Sprachenschule, die einem meiner Professoren gehörte, eine Stelle als Lehrerin zu bekommen. Das Institut war eines der besten in der Umgebung und ziemlich groß, einige der Lehrer unterrichteten als Universitätsdozenten. Es war also nicht leicht, dort angenommen zu werden, und ich musste mehrere Tests bestehen und mich in Didaktik fortbilden, bevor es mir gelang. Der Beginn des Institutssemesters fiel mit meinem Bachelorabschluss im Juni 1999 zusammen, deswegen hatte ich den ganzen Sommer keine Uniseminare zu besuchen und fing gleich mit drei Kursen an. Es waren zwar auch nur Anfängerkurse, aber das machte mir nichts aus. Nach wenigen Stunden hatte ich schon das, worauf es mir ankam: Ich wurde als fähige Lehrerin anerkannt.

Am Ende des Sommers stand ich dann vor einer schwierigen Entscheidung. Ich bestand die Aufnahmeprüfung für den Masterstudiengang an unserer Universität als Fünftbeste. Aber zum einen wusste ich nicht, ob mein Vater die Studiengebühren aufbringen könnte, denn sie waren sechsmal so hoch wie jene für das Bachelorstudium. Schließlich würde mein Lehrerinnengehalt noch nicht einmal für die anzuschaffenden Bücher reichen. Zum anderen war da noch ein Vorschlag meines Lieblingsdozenten Dr. Nafisi, der selbst an einer Staatsuniversität studiert hatte. Seine Meinung hatte großes Gewicht für mich. Als ich in seine Sprechstunde kam, bat er mich, Platz zu nehmen, und lehnte sich hinter seinem Schreibtisch zurück. Sein Büro war ein einziges Chaos, weil die ganze Fakultät vor Kurzem in ein neues Gebäude umgezogen war. Überall stapelten sich Kisten und Bücher. Er freue sich für mich über die bestandene Prüfung, sagte er, doch er habe eigentlich nichts anderes von mir erwartet. Ich fragte ihn um Rat: Würde er mir empfehlen, diesen Masterstudiengang zu wählen, oder sollte ich auf den der staatlichen Universität im nächsten Jahr warten?

»Das ist eine sehr persönliche Entscheidung«, meinte er. »Außerdem kennen Sie inzwischen ja die Unterschiede, besonders, was die Bibliotheksausstattung angeht.«

»Und die Dozenten?«

»Da sind die Unterschiede weit geringer, weil unser Fach im Iran einfach nicht sehr stark vertreten ist. Die Dozenten der staatlichen Universitäten sind dieselben, die auch hier den Masterstudiengang unterrichten. Das Wichtigste an dieser Entscheidung sind die Auswirkungen auf Ihr anschließendes Promotionsstudium.«

»Glauben Sie, im Iran werden Promotionsstudiengänge für Anglistik eingeführt?«

»Das ist schon seit einiger Zeit geplant, und das Programm soll nächstes Jahr tatsächlich anlaufen. Aber es ist ja nicht Ihre einzige Option.«

»Sie meinen eine Promotion im Ausland.«

»Genau. Sie sind absolut kompetent dafür.«

»Sie schmeicheln mir.«

»Ich bin kein Mensch der Lobhudelei, Sie kennen mich. Und ich bin auch nicht der einzige Dozent hier, der so viel von Ihnen hält. Vor Ihnen liegt eine glänzende Zukunft. Wenn Sie mich fragen, warten Sie am besten wirklich noch ein Jahr und machen Ihren Master an der Staatsuni. Wenn Sie das Jahr zur Vorbereitung nutzen, ist es nicht verloren und Sie können die Studiengebühren für Ihre Zeit als Doktorandin aufsparen.«

Als ich nach Hause kam, war Vater natürlich anderer Meinung. »Geht es dir um die Studiengebühren?«, fragte er.

»Nein, Vater. Geld spielt natürlich auch eine Rolle, aber ich möchte es wirklich an der Staatsuniversität versuchen. Wenn ich nicht bestehe, kann ich es immer noch nächstes Jahr nachholen.«

»Wenn du nicht bestehst, hast du ein ganzes Jahr verloren. Vergiss das nicht.«

»Es wäre ja nicht verloren. Die Literatur ist ein grenzenloser Ozean. Selbst wenn ich das nächste Jahr Tag und Nacht nur lerne, stehe ich immer noch erst am Ufer.«

»Es ist deine Entscheidung. Ich kann dir nur sagen, mach dir um die Gebühren keine Sorgen. Für die komme ich auf.«

Dann fragte ich Dr. Milani um Rat, den Professor, für den ich arbeitete. Er hatte seinen Abschluss an der Azad-Universität gemacht und war einer der erfolgreichsten Dozenten unserer Hochschule. Damals arbeitete er gerade an seiner Dissertation im Programm »Teaching English as a Foreign Language« (TEFL). In seiner typisch scherzhaften Art meinte er: »Dein erster Fehler ist natürlich, dass du nicht TEFL studierst, sondern Literatur. Dein zweiter Fehler ist dein Idealismus. Denk doch zur Abwechslung mal praktisch. Zwischen den beiden Unis gibt es kaum einen Unterschied. Was sich unterscheidet, sind eher die Studierenden, und du bist eine der besten.«

»Ich habe neulich mit Professor …«

»Und das ist natürlich dein dritter Fehler: dass du als Idealistin dir Rat von einem anderen Idealisten holst. Dieses Land kann man nur mit Wahrscheinlichkeitsrechnung begreifen. Man weiß nie, was morgen passiert. Dein wunderbares Vorbild geht in einem Monat nach Oxford und wird nicht so dumm sein, hierher zurückzukommen, sondern sich dort eine gute Position und ein schönes Leben aufbauen. Aber du, meine Liebe, bleibst sowieso hier. Du bist nämlich ein Papakind und hältst es keinen Tag ohne deine Familie aus. Schau mich nicht so an. Dein reicher Vater versorgt dich lückenlos, und deine liebende Mutter steht rund um die Uhr zu deinen Diensten. Du hast nie die Härte und Unsicherheit des Lebens kennengelernt und nimmst das alles für selbstverständlich. Carpe diem, Neda, carpe diem! Gather ye Rosebuds while ye may!«

Als er mich mit dem Zitat von Robert Herrick verabschiedete, konnten wir beide nicht wissen, welche Härten das Leben wirklich noch für mich bereithalten sollte. Aber an diesem Tag war ich ziemlich wütend auf ihn, gerade weil ich wusste, dass er recht hatte. Ich kochte innerlich, auch weil mir klar wurde, dass ich eine Idealistin war und nichts dagegen tun konnte. Und so kam es, dass ich mich entschloss, endlich meinen eigenen Weg zu gehen, und mich nicht für den Masterstudiengang an der Azad-Universität einschrieb.

Nikta unterrichtete derweil Mathematik an einer privaten Oberschule. Das Thema Heirat schien gerade in den Hintergrund getreten zu sein, da tauchte doch wieder ein Bewerber um ihre Hand auf. Die Mutter eines ihrer Schüler hatte für einen ihrer Cousins vorgesprochen. Beim ersten Besuch kam die Schwiegermutter in spe in Begleitung der Heiratsvermittlerin zu uns. Der Vetter war acht Jahre älter als Nikta und arbeitete als Ingenieur bei einer großen Baufirma. Die Besucherinnen zeigten ein Schnappschuss-Foto von ihm, und ich dachte, damit hätte sich die Sache erledigt. Niktas Schuldirektor hatte ihr allerdings geraten, sich den jungen Mann wenigstens einmal anzusehen. Als sie das zu Hause erzählte, sagte Mutter nur: »Wenn du meinst.«

Zum zweiten offiziellen Besuch erschien der Märchenprinz persönlich mit einem riesigen Strauß roter Rosen. Ich musste arbeiten, also verpasste ich die Gelegenheit, ihn mir anzusehen. Aber als ich nach Hause kam, war es so still, dass ich mir schon denken konnte, was los war.

»Mutter?«

»Na ja, nett ist er schon.«

»Vater?«

»Ich will ihn ja nicht heiraten. Frag Nikta.«

»Aber sag ihr nicht, dass ich ihn nett finde«, rief mir Mutter hinterher.

Nikta saß in ihrem Zimmer vor dem Computer und tat gar nichts.

»Wie sieht er aus, Nikta?«

»Also, er ist groß und schlank, ein dunkler Typ. Mit Schnurrbart. Sieht eigentlich ganz normal aus. Ich weiß nicht, ob er die richtigen Marken trägt, da kennst du dich besser aus, aber ich würde sagen, er wirkt recht nett.«

»Soll ich mir also das Seidenkleid für deine Hochzeit nähen lassen?«

»Ich weiß es nicht.« Das war das erste Mal, dass Nikta zugab, dass ihr etwas an einem Mann gefiel.

»Ach, wäre ich nur dabei gewesen!«, sagte ich. Als ich ihr Zimmer verließ, fing ich an, traditionelle Hochzeitslieder zu singen, während mein kleiner Bruder so tat, als begleite er mich auf der Violine. Zum nächsten offiziellen Besuch am folgenden Donnerstag besorgte ich mir in der Schule eine Vertretung und blieb zu Hause, weil Nikta gern meine Meinung zu dem hoffnungsvollen jungen Mann hören wollte. Diesmal kam er in Begleitung seiner gesamten Familie. Ich schaute dem Einzug von der kurzen Treppe aus zu, die vom Wohnzimmer in die Schlafzimmer hinaufführte. Meine Mutter öffnete die Tür und sie marschierten herein: zuerst die Eltern, dann die beiden älteren Schwestern mit ihren Angetrauten, danach zwei junge Männer. Derjenige, dessen Gesicht über der riesigen, mit roten Rosen garnierten Torte in seinen Händen gerade noch zu erkennen war, glich der Beschreibung nicht im Mindesten. Also musste es der andere sein, der sich hinter einem gigantischen Blumengesteck verbarg. Es passte erst durch den Türrahmen, als er sich seitwärts damit hindurchschob und so für das erste Gelächter sorgte. Nikta sah ganz vergnügt aus, und ich fragte mich nicht mehr, warum sie so kitschig heiraten wollte. Es war schließlich ihr Leben.

Said stellte sich als netter Kerl heraus, und wir hatten viel Spaß mit ihm. Als er Nikta den Verlobungsring ansteckte, kamen mir zu meiner eigenen Überraschung die Tränen. Meine Eltern richteten eine Verlobungsfeier aus und setzten die Hochzeit für sechs Monate später an, vorausgesetzt, die beiden kämen gut miteinander aus. Said wurde schon bald zu einem richtigen Familienmitglied. Er kam jeden Tag nach Feierabend zu uns und ging nur zum Schlafen nach Hause.

Obwohl nicht ich es war, die heiratete, unterlief mir im Trubel der Hochzeitsvorbereitungen ein schlimmer Fehler: Ich verpasste die Anmeldefrist zur Aufnahmeprüfung für den Masterstudiengang der Staatsuniversität und konnte nicht an dem Test teilnehmen, auf den ich ein Jahr gewartet hatte. Sepideh, mit der ich weiter in Kontakt stand, hatte mir auch nicht Bescheid sagen können, weil sie nicht mehr studierte, sondern inzwischen für eine Handelsfirma arbeitete. Ich war verzweifelt, und mein Vater warf mir vor, ein ganzes kostbares Jahr verschwendet zu haben. Unsere Eltern waren stolz auf Nikta und mich, weil wir überall Anerkennung fanden, und klopften sich selbst auf die Schultern, weil sie so wunderbare Töchter aufgezogen hatten. Die meisten meiner Freundinnen waren richtig neidisch auf mich. Eine sagte mir einmal: »Ich tausche alles, was ich habe, einschließlich meines Vaters, gegen deinen Vater. Er ist wirklich ein Prachtstück.«

Aber diese Prachteltern hatten auch immer absoluten Gehorsam und widerspruchslose Akzeptanz von uns gefordert. Ich konnte mich nur an ein einziges Mal erinnern, dass ich ihnen gegenüber einen Wunsch zu äußern gewagt hatte. Ich bekam von allem, was sie mir zudachten, immer das Beste. Wenn ich einen eigenen Wunsch äußerte, kam ich mir immer so ungehörig vor wie Oliver Twist, der bei Tisch um einen Nachschlag bittet. Dieses elterliche Dekret, dass Neda ohnehin nicht heiratet, führte mich jetzt in große Versuchung, mein Studium ganz abzubrechen und es ihnen endlich einmal zu zeigen. Aber da waren einerseits meine Leidenschaft für die englische Literatur und andererseits mein Ehrgeiz. Beides überwog schließlich, ich legte erneut die Eingangsprüfung für den Masterstudiengang an der Azad-Universität ab, bestand und begann im Herbst 2000, einige Monate nach Niktas Hochzeit, mein Master-Studium.

Kaum war Nikta verheiratet, begann sie zu meinem Erstaunen und zum Schrecken unserer Eltern schon von einem Kind zu sprechen. Diese Frau war nicht mehr wiederzuerkennen. Mutter warnte sie, eine so frühe Schwangerschaft sei ein großer Fehler, weil sie noch nicht wisse, wie sich ihre Ehe mit Said entwickelte. Wie man wirklich zueinander passt, stelle sich eben erst heraus, wenn man Tag und Nacht unter einem Dach lebe. Wenn die Ehe nicht gut liefe, würde ein Kind ihre Lage nur verschlimmern. Doch ich kannte Niktas Dickköpfigkeit zur Genüge. Wenn sie sich etwas vorgenommen hatte, konnte nicht einmal der liebe Gott sie davon abhalten. Ich sagte zu Mutter, dass man den Mechanismus der traditionellen Familiengründung wohl nicht mehr stoppen könne, wenn er einmal angelaufen sei. Sie freute sich so über meinen neuen Status als Masterstudentin, dass sie sogar mein in ihren Augen »leichtfertiges Geschwätz« tolerierte und nur entgegnete: »Nur gut, dass du nicht heiraten willst!«

Vater sah die Frage gelassener. »Nikta muss ihre eigene Entscheidung treffen. Du kannst ihr nicht vorschreiben, wann sie ein Kind bekommt, sie ist schließlich verheiratet.«

»Du hast gut reden«, entgegnete Mutter. »Du musst ja nicht als Frau in dieser Hölle von Gesellschaft überleben. Wärest du eine Frau, wüsstest du, dass du aus einer schlechten Ehe nicht mehr herauskommst, sobald du Mutter geworden bist. Denn dann müsstest du entweder dich selbst oder dein Kind opfern. Und das ist ja wohl keine Alternative.«

»Die Zeiten haben sich aber geändert. Die jungen Leute im Iran sind nicht mehr wie wir, weder die Frauen noch die Männer.«

Da hat Vater Gott sei Dank recht, dachte ich bei mir, zum Teil zumindest.

5

Odyssee

Wann genau Vaters finanzielle Probleme begannen, habe ich eigentlich nie erfahren. Wir bemerkten sie erst, als es bereits zu spät war. Er zog sich allmählich immer mehr zurück und blieb nach der Arbeit meist in seinem Schlafzimmer. Zu Anfang dachten wir noch, er sei niedergeschlagen, weil Nikta nicht mehr zu Hause wohnte, obwohl sie und Said auch nach ihrer Heirat noch viel Zeit bei uns verbrachten. Mutter wurde unruhig und schleppte Vater zum Hausarzt. Er war ein starker Raucher, und das merkte man seinen Lungen an, aber das war auch nichts Neues. Sie seufzte schließlich: »Lasst ihn einfach in Ruhe. Wenn er erst einmal Großvater wird und seinen Enkel in den Armen hält, geht es ihm gleich besser.«

Nikta brachte im August 2001 einen Jungen zur Welt. Wir freuten uns alle, besonders meine Mutter, die behauptete, sie hätte nie gedacht, dass ein Enkelkind so wunderbar sein könne. Auch Vater mochte den kleinen Tirdad, aber er fand auch nach dessen Geburt nicht aus seiner Depression heraus. Er war schon immer häuslich gewesen, also fehlten ihm die Männerfreundschaften, wie sie für andere Iraner typisch sind. Meine Eltern hatten auch einige Bekannte, aber die traf er nicht ohne uns. »Wir sind eine Familie, wir gehören zusammen«, hatte er immer gesagt.

Eines Tages kehrte ich schon am frühen Nachmittag von der Universität zurück und sah, dass Vater zu Hause war. Er saß auf dem großen Sofa im Wohnzimmer, Mutter vor ihm auf dem Teppich, den Kopf gesenkt. Sie zog mit dem Finger das Blumenmuster des Teppichs nach. Meine Eltern so nah beieinander zu sehen war ein ungewohntes Bild. Sie hatten sich zwar jetzt einige Jahre lang nicht mehr offen gestritten, hielten gewöhnlich aber einen gewissen Abstand. Vater sah nicht auf, als ich die beiden begrüßte, und Mutter starrte ins Leere. Es war klar, dass etwas nicht stimmte. Als ich mich umgezogen hatte und wieder aus meinem Zimmer kam, saßen meine Eltern noch genauso da. Es war beunruhigend. Mutter war eher ein rastloser Typ und konnte normalerweise nicht still sitzen, manchmal las sie sogar im Gehen.

»Alles in Ordnung?«, fragte ich sie.

»Komm mal her, Neda, ich muss mit dir reden. Wie viele Semester hast du jetzt noch bis zum Abschluss?«

»Im nächsten Semester habe ich die letzten Seminare. Danach fange ich dann die Master-Abschlussarbeit an. Warum?«

»Frag nicht. Wie lange brauchst du dafür? Du hast mal gesagt, diese Semester sind am teuersten, richtig?«

»Um Himmels willen, Mutter, was ist los?«

Sie schaute erst zu Vater hinüber, der an die Decke starrte und ihren Blick nicht erwiderte, dann wieder zu mir. »Dein

Vater hat finanzielle Schwierigkeiten. Ich muss wissen, wie viel Geld du noch brauchst, um deinen Master zu machen.«

»Was meinst du mit finanziellen Schwierigkeiten?«

»Hör endlich auf, Fragen zu stellen!«, zischte sie.

»Ich muss erst nachsehen. Ich sage es dir dann«, erwiderte ich und zog mich in mein Zimmer zurück.

Am Abend blieb Mutters üblicher Ruf zum Abendessen aus. Nima schlich sich zu mir, als es dunkel wurde. »Neddie, ich habe Hunger und ich muss noch Hausaufgaben machen. Mutter sitzt weinend in der Küche«, sagte er und brach selbst in Tränen aus.

»Komm her, kleiner Mann, nicht weinen. Ich helfe dir bei den Hausaufgaben. Hol mal deine Schulsachen. Und ich mache uns ein paar Brote, ja?«

Nachts im Bett grübelte ich darüber, was Mutter wohl mit »finanziellen Schwierigkeiten« gemeint hatte. Wie groß mochten sie sein, wenn schon meine Studiengebühren auf dem Spiel standen? Sie macht sich bestimmt unnötig Sorgen, sprach ich mir selbst Mut zu.

Am Morgen sagte ich zu ihr: »Mach dir keine Gedanken um meine Studiengebühren. Ich kann selbst noch mehr dazuverdienen oder ein Studiendarlehen aufnehmen, das tun viele an der Uni. Und wenn es immer noch nicht reicht, verkaufe ich ein paar von meinen Schmuckstücken. Ich komme schon zurecht.«

Mutter sah mich an. Offenbar war sie gekränkt. Ich beglückwünschte mich selbst, wenigstens nicht die leidige Mitgift erwähnt zu haben. Aber Nima hatte recht, ihren verquollenen Augen nach zu urteilen musste sie lange geweint haben. Inzwischen sah sie jedoch wieder recht gefasst und entschlossen aus. Sie weinte weder an diesem Tag noch an den folgenden. Zwar standen ihr immer wieder die Tränen in den Augen, aber sie schluckte sie jedes Mal hinunter. Bald stellte sich heraus, dass wir alle unseren gesamten Schmuck verkaufen mussten. Mutter ließ mich nur mein Lieblingsarmband behalten. Das sollte ich erst einlösen, wenn ich Geld für die Studiengebühren bräuchte. Dann fragte sie mich tatsächlich, ob es schlimm für mich sei, wenn sie auch die Teppiche aus meiner Aussteuer veräußerte.

»Das ist doch ein Scherz, Mutter. Was soll mir das ausmachen? Ich brauche sie sowieso nicht.«

Doch das Verkaufen hörte mit den Teppichen nicht auf, es ging immer weiter. Irgendwann waren nicht nur meine sogenannte Aussteuer, sondern auch alle wertvollen Besitztümer aus dem Haus verschwunden. Vater saß kettenrauchend in seinem Zimmer und wurde immer dünner. Ich sah ihn kaum noch. Ich war so gelähmt vor Angst, dass ich nicht zu fragen wagte, wann es aufhören würde – und ob überhaupt. Aber ich weinte nicht, zumindest nicht bis zu dem Tag, an dem ich nach Hause kam und die Teppiche und Möbel aus Wohn- und Gästezimmer verschwunden waren. Nima machte seine Hausaufgaben auf der Picknickmatte. »Mutter hat die Teppiche in die Reinigung gegeben«, rief er, und ich wünschte mir, auch noch ein Kind zu sein wie er. Während ich noch mit den Tränen kämpfte, erreichte die Krise ihren Höhepunkt, als Mutter sagte: »Ich gehe zu meiner Mutter nach Schiraz. Nima kommt mit mir.«

»Und ich? Willst du mich allein lassen?«

»Du kannst die kleine Wohnung im Erdgeschoss nehmen. Für die Miete wird das Geld vielleicht noch eine Weile reichen.«

»Ich kann doch nicht allein hierbleiben, Mutter. Ich komme mit.«

»Unsinn! Du bleibst hier und machst deinen Abschluss. Nikta und Said sind ja da, du bist also nicht allein.«

»Warum bleibst du nicht hier?«

»Wo sollten wir denn wohnen? Und wovon leben?«

»Denk doch an Nima. Du weißt, wie sehr er an mir hängt, besonders seit Nikta verheiratet ist.«

»Tu nicht so, als sei das alles meine Schuld. Jetzt hör zu. Einen eigenen Haushalt zu führen ist nicht so leicht. In diesem Haus bist du in Gottes Hand, du bist sicher. Aber du musst ab jetzt für alles selbst sorgen.«

»Wann kommst du zurück?«

Ihre Tränen verrieten die Antwort.

»Und Vater?«

Sie sah mich an, als hätte ich sie beleidigt.

»Weißt du noch, wie ich ihm gesagt habe, dass wir nicht jünger werden und beizeiten an unser Alter denken und dafür sparen sollten? Und was hat er gemacht? Er hat nur noch mehr ausgegeben, um mir zu zeigen, dass ich unrecht hatte. Auch mir hat er verboten, von seinem Einkommen zu sparen. Als seine Eltern starben, habe ich zu ihm gesagt: ›Du warst derjenige, der das Haus eurer Eltern bezahlt hat. Von Rechts wegen ist es deines und gehört nicht in die Erbmasse.‹ Er hat geantwortet: ›Das geht dich nichts an. Ich war ja derjenige, der es bezahlt hat. Du hast alles, was du brauchst, also warum bist du neidisch, wenn meine Familie das Haus verkauft, damit meine Geschwister auch ein bisschen etwas erben?‹ Also haben seine Geschwister das Haus verkauft, mitsamt den Möbeln, und sich unter seinen wohlwollenden

Blicken den Erlös geteilt, als sei er allmächtig, obwohl er selbst schon genug Probleme hatte.«

»Wovon redest du? Seine Eltern sind doch schon seit Jahren tot.«

»Ja eben. Dein geliebter Vater hat mir gesagt, dass die Geldprobleme um diese Zeit angefangen hätten. Und du fragst mich, was aus ihm werden soll? Was soll ich denn machen? Ihn vielleicht zu meiner Mutter mitnehmen und um Obdach für ihn betteln? Soll er doch zu seinen Geschwistern gehen.«

Mir war, als täte sich der Boden unter meinen Füßen auf. Unser Familienleben, die Feiern, die Luxusmitgift für Nikta und mich, das Geld für meine Studiengebühren und für Nimas Privatschule, unsere Reisen, die verschwenderisch teure Verlobungsfeier, die Geschenke zur Geburt des Enkels – all das mussten wir jetzt mit unserer fürchterlichen Lage bezahlen, und das, weil Vater eigenmächtig entschieden hatte, uns zu opfern. Weil er sich nicht der Wahrheit stellen wollte und uns die prekäre Situation verschwiegen hatte.

Ich hätte viele Fragen an ihn gehabt. Ich wollte wissen, warum er uns ruinieren musste, um seine egoistische Illusion aufrechtzuerhalten. Wieso hatte er immer weiter Geld ausgegeben und auch uns dazu ermutigt, obwohl er immer tiefer in den Schulden versank? Warum hatte er uns alle betrogen und uns in einer Scheinwelt leben lassen? Jetzt, da die Blase geplatzt war, mussten wir uns der harten Wirklichkeit stellen – nur er versteckte sich in seinem Schlafzimmer. Es blieb an Mutter hängen, all seine Schulden zu bezahlen. So war es auch bei ihrer Schwangerschaft mit Nima gewesen.

An dem Morgen, als er ging, wohnte ich schon unten in meiner neuen Wohnung. Ich saß am Fenster und blies Trübsal angesichts der Aussicht, ohne meine Familie zurechtkommen zu müssen. Ich konnte es mir einfach nicht vorstellen. Da ging er über den Hof zum Tor hinaus, trug einen seiner gut geschnittenen Anzüge und hatte eine Aktentasche dabei, ganz so, als sei er unterwegs zu einem Geschäftstermin. Der einzige Unterschied zu früher war, dass er kein Auto mehr hatte. Ich konnte nicht glauben, dass er einfach so fortging. Am liebsten hätte ich das Fenster aufgerissen und ihn zurückgerufen. Nicht einen Blick warf er in meine Richtung. Am Tag darauf reiste Mutter mit Nima ab.

Als alle gegangen waren, rief ich Sepideh an und weinte mich bei ihr aus. Von Monat zu Monat schwand meine Hoffnung, Vater würde doch noch zurückkommen und alles in Ordnung bringen. War es nicht immer sein Motto gewesen, dass wir eine Familie seien und zusammenbleiben sollten? Immer öfter stellte ich mir die Frage, ob ich die Familie nicht wieder zusammenbringen könnte. Das Geld, das ich als Lehrerin verdiente, reichte ja kaum für das Essen und die Miete. Der Vermieter, der ein Freund der Familie war, meinte zwar, ich solle mich um die Miete nicht sorgen, es reiche, wenn ich Strom und Telefon bezahle, aber dieses Almosen anzunehmen brachte ich nicht über mich.

Ich schlief immer schlechter. In meinen Träumen verfolgten mich Unbekannte wegen Vaters Schulden. Ich konnte mir keine Besuche im Restaurant, Theater oder Kino mehr leisten, auch keine Ausflüge und Picknicks mehr mit Freunden und Kollegen, die ich immer so gerne organisiert hatte. Die Kontakte zu ihnen wurden seltener. Wenn sie fragten, warum ich mich so zurückzog, behauptete ich, ich säße an meiner Abschlussarbeit. Nur Sepideh, Kasra und eine einzige andere Mitstudentin wussten, dass und warum ich allein lebte.

Zu dieser Zeit war es für eine junge Frau ungewöhnlich, allein zu wohnen, daher wollte ich nicht unnötig Aufmerksamkeit auf mich ziehen. In unserem alten Viertel versuchte ich ein geregeltes Leben zu demonstrieren, indem ich immer zu den gleichen Zeiten kam und ging. Außerdem hörte ich auf, Kasra zu mir einzuladen, den einzigen meiner männlichen Freunde, der manchmal – allerdings nur mit Sepideh – bei uns zu Hause gewesen war. Es war klar, dass ich insgeheim beobachtet wurde, nicht nur von den Ladenbesitzern der Nachbarschaft, denen die lange Abwesenheit meiner Familie nicht entgangen war. Zum Glück hatte ich mit den Vermietern wenigstens zwei vertraute Menschen in meiner Nähe, die auch meine Familie kannten. Für eine alleinstehende Frau war es überhaupt sehr schwierig, eine Wohnung zu finden. Vermieter hatten oft etwas gegen sie, weil sie erwarteten, dass sie ihnen Ärger brächten. Studentinnen hatten gewöhnlich kein Apartment, sondern lebten im Wohnheim oder bei Verwandten.

Ich versuchte mich dadurch zu schützen, dass ich mich möglichst ernst und abweisend gab, und wollte meiner Umwelt keinerlei Blöße zeigen. Nach dem Verrat durch Vater dachte ich mir, dass ich am besten für mich bliebe, damit mich kein Mann je so hintergehen könnte wie er Mutter, meine Geschwister und mich. Sepideh und Kasra versuchten zwar, mich aus meiner Isolation herauszuholen, und meinten, ich solle mich im Gegenteil eher öffnen, aber ich wollte keine zusätzlichen Probleme.

In dieser Gemütslage befand ich mich auch noch, als ich das letzte reguläre Semester abschloss, für das ich die Studiengebühren nur aufgebracht hatte, indem ich tatsächlich mein letztes Armband verkaufte. Jetzt war es an der Zeit, sich für das Prüfungssemester einzuschreiben, für das noch höhere Gebühren erhoben wurden. Ich hatte kein Geld mehr. Mein Schwager Said wollte mir welches leihen, aber es war klar, dass ich es ihm nicht würde zurückzahlen können. Also behauptete ich, ich hätte ein Studiendarlehen beantragt, was stimmte, und es würde all meine Ausgaben decken, was nicht stimmte, denn es reichte nur für die Hälfte der Studiengebühren. Der letzte Tag für die Einschreibung rückte näher, und ich traute mich gar nicht mehr an die Universität. Erst als die Frist offiziell verstrichen war, kam ich eines frühen Morgens wieder dorthin. Auf dem Weg versuchte ich mir selbst klarzumachen, dass ich mich jetzt wohl exmatrikulieren müsste, weil ich mir den Abschluss nicht leisten konnte.

»Lange nicht gesehen, Frau Soltani«, begrüßte mich die Sekretärin, »ich habe Sie schon vermisst.«

»Ich hatte viel zu tun«, log ich. »Ich habe ein paar Probleme und würde gerne etwas fragen.«

»Aber vorher habe ich eine gute Nachricht für Sie. Die Universität hat beschlossen, die besten Studenten mit einer Ermäßigung der Studiengebühren auszuzeichnen. Im Abschlussjahrgang 2002 waren Sie im ersten Semester die Zweitbeste, das bringt Ihnen zwanzig Prozent Nachlass, und im zweiten Semester die Beste, das macht noch mal dreißig Prozent. Sie müssen für Ihr Prüfungssemester also nur die Hälfte zahlen. Ist das nicht schön?«

Ich brachte kein Wort heraus. Um nicht in Tränen auszubrechen, nickte ich nur, floh aus dem Sekretariat und lief quer durch die Halle zu den Toiletten, wo ich mich einschloss und losheulte.

Ohne die Kurse an der Universität konnte ich mehr arbeiten. Ich unterrichtete zwölf Stunden täglich an vier Wochentagen und gab zusätzlich Privatunterricht, was mir wieder zu etwas Geld verhalf. Ich erzählte überall, ich säße in meiner Freizeit an der Master-Abschlussarbeit, aber das stimmte nicht. Zwar las und lernte ich regelmäßig – wenn auch nicht mehr so viel wie zuvor –, aber statt mir ein Thema für die Arbeit zu suchen und mich darauf zu konzentrieren, flüchtete ich mich in die Kritische Theorie und verlor mich in Artikeln zu Feminismus, Kulturkritik und Dekonstruktivismus. Hier konnte ich meine Familienprobleme eine Weile vergessen.

Wir hatten uns noch nicht vom Schock der Trennung erholt, als wir eine zweite Hiobsbotschaft erhielten: Nikta sei schwer krank, hieß es. Sie hatte sich von mehreren Fachärzten untersuchen lassen, die sich aber nicht auf eine Diagnose einigen konnten. Sie litt unter massiven Darmblutungen und hatte starke Medikamente eingenommen, die aber keine Wirkung zeigten. Schließlich kristallisierte sich Darmkrebs als wahrscheinlichste Diagnose heraus.

Nikta fügte sich und sah einer Operation mit anschließender Chemotherapie entgegen. Wenige Tage, bevor sie ins Krankenhaus gehen sollte, traf ich zufällig eine ehemalige Nachbarin, deren Bruder Nikta einmal hatte heiraten wollen. Auf ihre Frage, wie es der Familie gehe, erzählte ich von der Krankheit meiner Schwester. Abends rief sie mich dann an, um mir zu sagen, dass ein Cousin ihres Mannes Internist und ein berühmter Darmspezialist sei. Normalerweise dauerte es Monate, einen Termin bei ihm zu bekommen, aber er wolle Nikta schon am kommenden Abend sehen, einen Tag, bevor sie ins Krankenhaus gehen sollte. Als ich ihr die gute Nachricht mitteilte, seufzte sie nur ergeben, was nun mich wütend machte. Sie sähe keinen Sinn in einem weiteren Facharzttermin, sie sei nun einmal zum Leiden bestimmt – so sah sie es. Ich wusste zwar, wie viel Angst sie hatte – die hatten wir alle –, doch ich erwartete von ihr, gegen die Krankheit anzukämpfen.

Mutter ging es in Schiraz nicht besonders gut, obwohl ihre Brüder sie unterstützten. Ihr jüngster Bruder war inzwischen verheiratet und hatte einen Sohn. Der zweitälteste war unverheiratet, lebte noch im Elternhaus und arbeitete für einen Cousin. Und der älteste hatte sich völlig auf seine alten Freunde und seine Bücher zurückgezogen. Mit Anfang fünfzig lebte auch er noch bei der Familie, las und schrieb und machte alles und jeden in der Welt für seine erbärmliche Lage verantwortlich. Die Gesundheit meiner Großmutter hatte sich in den letzten Jahren verschlechtert, und sie aß immer weniger. Dazu kamen jetzt Mutter und Nima mit ihren Problemen. Nima, der mit seinen zehn Jahren erleben musste, wie seine Familie von einem Tag auf den anderen zerfallen war, und mit meiner Mutter nach Schiraz umziehen musste, begann depressiv zu werden. Meine Onkel kauften ihm Spielzeug und Kleidung und nahmen ihn mit zum Fußball und ins Schwimmbad, aber er war nicht mehr das unbekümmerte Kind von früher.

Schiraz liegt 1000 Kilometer von Karadsch entfernt, also konnte ich sie nur selten besuchen. Nikta flog etwa alle zwei

Monate dorthin, manchmal auch jeden Monat, aber ich konnte mir keine Flüge leisten. Der an mehreren Wochentagen verkehrende Überlandbus war zwar günstiger, aber er brauchte 14 Stunden für eine Strecke, und da ich arbeiten musste, konnte ich mir die Reise zeitlich nicht erlauben. Nur in den Neujahrsferien konnte ich für zwei Wochen hinfahren. Doch ab dem Moment meiner Ankunft fragte Nima ununterbrochen, wie lange ich bleiben könne, wann ich wieder fort müsse und wann ich zurückkäme. Jeder Zentimeter, den er gewachsen war, zeigte mir, wie viele Tage wir voneinander getrennt gewesen waren. Das Haus, in dem ich die schönste Zeit meiner Kindheit verbracht hatte, war für ihn wie ein Gefängnis.

Vater hatte sich praktisch in Luft aufgelöst. Er hatte Nikta einige Male angerufen und ihr erzählt, dass er jetzt als leitender Buchhalter für eine große Baufirma im Südiran arbeitete. Mir kam es vor, als bestrafe er uns für seine Fehler. Ich dachte an die Traurigkeit meines Bruders, an die Sorgen meiner Mutter, die ihr ganzes Leben lang auf die eine oder andere Weise als Mensch zweiter Klasse behandelt worden war, und an mein eigenes Gefühl der Verlorenheit. In diesen Momenten war ich unfähig, mich an die Fürsorge zu erinnern, die er mir hatte zukommen lassen, während ich an seiner Seite aufwuchs. All das erschien mir in einem völlig neuen Licht, und mich ließ das Gefühl nicht mehr los, dass er all die Jahre lang nur seine eigene Großmannssucht befriedigt hatte.

Ich drängte Mutter und Said dazu, Nikta zu überreden, den Spezialisten aufzusuchen. Mutter kam über Nacht aus Schiraz, und sie und mein Schwager brachten meine Schwester zum

Arzt. Der stellte dann eine akute Darmentzündung fest. Er erklärte der Familie, das sei eine langwierige Krankheit, die manchmal lebenslange medizinische Versorgung erfordere, aber mit der richtigen Ernährung und regelmäßiger Medikation verlaufe sie in den meisten Fällen harmlos. Wir waren so erleichtert. Auch Nikta beruhigte sich allmählich, obwohl es zunächst keine Anzeichen für eine Besserung gab.

Das akademische Jahr ging zu Ende und einige meiner Mitstudenten absolvierten bereits ihre Abschlussprüfungen, während ich noch nicht einmal ein Thema für meine Arbeit hatte. Ich beantragte eine Fristverlängerung. Nach zwei erfolglosen Versuchen mit feministischen Themenstellungen versuchte ich es schließlich mit einer Arbeit zur Psychoanalyse. Mein Betreuer, dessen Vorzeigestudentin ich einmal gewesen war, verzweifelte inzwischen fast an mir. Einmal sagte er sogar: »Es ist wahrscheinlich besser für uns alle, wenn Sie sich von Ihrem Masterabschluss verabschieden. Ihnen fehlt die Selbstdisziplin für die akademische Tätigkeit.« Das entmutigte mich wirklich, auch wenn ich ihm keine Vorwürfe machen konnte. Ende des Sommers 2002 wurde ich dann zur Direktorin des Instituts für Anglistik bestellt, die mich mit den Worten begrüßte: »Lange nicht gesehen! Wo bist du gewesen?«

»Tut mir leid, aber ich hatte viel zu tun.«

»Mit deiner Abschlussarbeit?«

»Ja«, schwindelte ich.

»Das sieht man dir an. Du bist dünner geworden. Ich dachte eigentlich, du müsstest inzwischen fertig sein.«

»Wollte ich auch, aber ich hatte ein persönliches Problem. Meine Schwester war schwer krank.«

»Das tut mir leid. Aber du vertrittst dann sicher bald deine Abschlussarbeit vor der Kommission, oder?«

»Ja«, erwiderte ich, obwohl ich nicht die geringste Ahnung hatte, wann ich so weit sein würde.

»Sehr schön, dann habe ich eine kleine Überraschung für dich. Die Mikrobiologie sucht dringend einen Dozenten für ihren Einführungskurs Englisch. Ich würde gerne sehen, wie du damit zurechtkommst.«

»Ist das ein Kurs außerhalb des Curriculums?«

»Nein, er gehört zum regulären Studienplan und bringt drei Leistungspunkte.«

»Aber ich habe noch keinen Abschluss und darf noch nicht regulär unterrichten«, murmelte ich und verwünschte mich selbst für meine Unehrlichkeit.

»In ein paar Monaten schon. Wenn du es gut hinbekommst, kann ich dir im nächsten Semester einige Lehraufträge an unserer Abteilung verschaffen. Für dieses Semester beantrage ich eine Sondergenehmigung für dich. Das dürfte bei deinen guten Leistungen kein Problem darstellen. Es kann allerdings sein, dass die Uni dich nicht bezahlt. Es sind aber nur zwei Wochenstunden, das bringt ohnehin nicht viel und du brauchst es ja nicht so dringend. Sieh es als gute Einstiegsmöglichkeit.«

»Das ist es auf jeden Fall.«

An einem Sonntagmorgen Ende September sollte ich meinen ersten Unterricht als Dozentin an derselben Universität geben, an der ich mich sieben Jahre zuvor als Studentin eingeschrieben hatte. Ich drängte mich ins Sekretariat und versuchte die Raumnummer und die Namensliste meines Kurses zu bekommen. Ein einziger Angestellter sah sich einem wüsten Gedränge Studenten gegenüber, der Raum war brechend voll. Der ältere Herr war rot im Gesicht und sprach ziemlich laut, um den Lärm zu übertönen. Er sah mich verärgert an. »Haben Sie mich nicht gehört, Mademoiselle? Ich komme heute nicht dazu, Fragen zu beantworten. Versuchen Sie es nächste Woche.« Als er hörte, dass ich Dozentin war und die Namensliste meiner Studenten abholen wollte, änderte sich sein Ton. »Oh, entschuldigen Sie. Sie sehen so jung aus. Ich hatte Sie nicht für eine Professorin gehalten. Verzeihen Sie bitte.«

Kurz darauf stand ich zum ersten Mal vor meinen aufmerksam lauschenden Studenten, die mich neugierig ansahen, und wünschte mir, Mutter könnte sehen, wie ich an der Universität unterrichtete. Sie wäre so stolz gewesen.

Weniger als einen Monat nach Semesterbeginn wurde ich wieder zur Direktorin gebeten. Diesmal hatte unser Institut ein Problem. Zwei Sprachübungskurse, »Grammatik« und »Schreibpraxis« für Erstsemester, waren verwaist, weil der Dozent sich nach der dritten Semesterwoche in die USA verabschiedet hatte. Die Kursteilnehmer hatten sich direkt beim Vizepräsidenten der Universität beschwert, der unserer Direktorin einen scharfen Brief geschrieben und sie beschuldigt hatte, bei der Einstellung ihrer akademischen Fachkräfte keine gute Hand zu haben.

Dieses Mal fragte sie gar nicht erst, ob ich diese beiden Seminare übernehmen könne, sondern sagte einfach, sie habe niemand anderen als mich. »Du nimmst den Job ernst und bist kompetent, und das ist es, was diese Studenten brauchen«, schloss sie. Mir wurde heiß. Ich hatte meine Masterarbeit noch nicht einmal zur Hälfte fertiggestellt. Außerdem hatten beide Kurse jeweils vier Wochenstunden und auch der Stoff war nicht gerade einfach. Andererseits war es eine einmalige Gelegenheit, und die Vorstellung, Schreibpraxis zu unterrichten, wirkte auf mich unwiderstehlich.

Ich erzählte meinem ehemaligen Professor, jetzt mein Kollege, wie ich mich an die Sprachübungskurse im ersten Semester erinnerte. Damals waren einige von uns sehr enttäuscht von unserem Grammatik-Dozenten gewesen, aber es wäre uns nie in den Sinn gekommen, uns über ihn zu beschweren. Im Gegenteil: Als er einmal Induktion und Deduktion verwechselt hatte, versuchte ich ihn – sehr vorsichtig und höflich – darauf aufmerksam zu machen, und er fuhr mich an: »Wenn Sie mehr von Grammatik verstehen als ich, Mademoiselle, dann kommen Sie doch ans Pult und unterrichten Sie!« Und nach der Sitzung hatte ich mich sogar noch bei ihm entschuldigt. Damals zeigte sich unsere Entschlossenheit in einem ungeheuren Lerneifer. »Seit deinem ersten Semester sind nur sechs, sieben Jahre vergangen, Neda, aber die Erstsemester von heute haben sich völlig verändert. Sie werden jedes Jahr mutiger. Jeder Jahrgang ist selbstbewusster als der davor.«

»Wissen Sie noch, wie wir die Originalausgabe von *Blick zurück im Zorn* von John Osborne bei Ihnen gelesen haben? Da haben wir sie, unsere ›wütenden jungen Männer und Frauen‹.«

Obwohl ich meine neuen Lehraufträge ziemlich ängstlich und zittrig antrat, bekam ich die erste Sitzung des Grammatik- als auch des Schreibpraxis-Seminars so gut hin, dass die Teilnehmer sich danach bei der Direktorin für den Ärger entschuldigten, den sie mit ihrer Beschwerde verursacht hatten, und sich für die neue Dozentin bedankten. Ich freute mich und war sicher, alles würde weiterhin so gut laufen. Nach einigen Wochen allerdings wurde ich erneut zu einem vertraulichen Gespräch mit der Direktorin gebeten. Eine meiner Studentinnen hatte sich über mich beschwert. Sie gehörte zu den Basidsch, einer Freiwilligenmiliz, die Teil der Revolutionsgarde ist. Diese paramilitärische Hilfstruppe wurde 1979 kurz nach der islamischen Revolution gegründet. Ihre Mitglieder sind Männer und Frauen, die landesweit eine große Rolle für die sogenannte innere Sicherheit, bei der Strafverfolgung und der Unterdrückung von Unruhen spielen. Einheiten der Basidsch findet man in allen Regierungsinstitutionen, aber auch an Schulen und Universitäten, wo sie zusätzlich Mitglieder werben.

Die Studentin beklagte folgenden Umstand: Jedes Mal, wenn ich etwas an die Tafel schrieb – was in zwei Dritteln der Unterrichtszeit der Fall war –, würden meine Ärmel verrutschen und meine Unterarme fast bis zum Ellbogen entblößt. Ich wusste nicht, ob ich darüber lachen oder weinen sollte. Die Direktorin riet mir zu meinem eigenen Besten, solche Beschwerden ernst zu nehmen, denn sie könnten meine Karriere gefährden.

»Also stehe ich im Unterricht unter Beobachtung durch Big Brother, der nicht die Qualität meiner Lehre überwacht, sondern ob ich zu viel Haut zeige?« Ich versuchte so ruhig wie möglich zu klingen.

»Ich kann deine Gefühle nachempfinden, Neda. Jede von uns hat schon solch bittere Erfahrungen gemacht, aber so läuft es hier nun mal. Die Basidsch und der Sicherheitsdienst haben an dieser Universität sehr viel Macht. Ich sage dir das um deiner selbst willen.«

An der Universität zu unterrichten bedeutete mir viel, also durfte ich nichts riskieren. Die einzige Lösung war eine Bluse, deren lange Ärmel nicht verrutschten. Wenigstens war es Herbst. Ich tröstete mich, dass ich ohnehin warme Kleidung unter dem Mantel brauchte.

Doch der nächste Zwischenfall ließ nicht lange auf sich warten. Ich kam jetzt als Dozentin an die Universität und hatte für mich entschieden, dass ich daher nicht mehr die Kontrollkabine für Studentinnen passieren musste, sondern den Haupteingang benutzen konnte, der in der Hauptsache für die Männer da war. Beim ersten Mal wurde ich prompt angehalten. Der Kontrolleur war ein junger, ziemlich kleiner Mann mit dichten schwarzen Augenbrauen und einem buschigen schwarzen Vollbart, der zwei Drittel seines Gesichts bedeckte. Offensichtlich hielt er sich für den Wächter der Himmelspforte. Eigentlich konnte ich ihm deswegen nicht böse sein. Als Wachmann wurde er schlecht bezahlt und musste den ganzen Tag bei jedem Wetter am Eingang stehen. Dort sah er dann Dozenten, Verwaltungsangestellte und Studenten vorbeigehen, die allesamt in der sozialen Hierarchie über ihm standen. Er war aber nicht nur das unterste, sondern auch das verhassteste Mitglied dieser Hierarchie, denn seine Tätigkeit bestand darin, an anderen Menschen, besonders an den Studenten, herumzumäkeln. Er konnte eine Person anhalten, weil sie die falsche Kleidung, die falsche Frisur oder die falschen Farben trug. Das Schlimme war, dass er den Leuten tatsächlich Ärger machen konnte. Diese Macht genoss er und er zeigte sie gerne. Außerdem, das darf man hier nicht vergessen, war er ein Mann und ich eine Frau, daher hielt er sich ohnehin für überlegen.

Als er mich anhielt, erklärte ich, dass ich Dozentin sei. Ich sah zwar Überraschung in seinen Augen, aber er wollte sich keine Blöße geben, indem er seine Anweisung zurücknahm. Er beharrte, hier käme ich nicht durch, gleich wer ich sei. Ich erwiderte knapp, er habe keine Befugnis, mich am Betreten der Universität zu hindern, und ich könne den Eingang nehmen, der mir zusagte. Ihn ärgerte, wie ich ihn herausforderte. Erst als ein anderer Wachmann eingriff und ihm sagte, er solle sich nicht mit einem Mitglied des Lehrkörpers anlegen, ließ er mich durch.

»Und Sie heißen Mansuri?«, fragte ich, nachdem ich sein Namensschild gelesen hatte.

»Ja, ich bin *Herr* Mansuri.«

»Sehr schön, *Herr* Mansuri. Ihr Kollege hat recht. Sie sollten sich wirklich nicht mit einer Professorin anlegen«, verabschiedete ich mich knapp und ließ ihn am Tor stehen. Nur gut, dass er den Unterschied zwischen einfachen Dozenten und Professoren nicht kannte.

Später sprach ich mit einigen Kolleginnen, denen es ähnlich ergangen war. Alle beklagten sich über diesen einen Wachmann mit dem »schrecklichen schwarzen Bart«, der sie nicht durch den Haupteingang lassen wollte. Sie hatten ihm alle gehorcht und waren brav durch die Kontrollkabine für Studentinnen gegangen. Ich schrieb einen Beschwerdebrief an den Dekan der geisteswissenschaftlichen Fakultät und fragte darin, ob wir, die neue Generation junger, hochqualifizierter Dozentinnen an der Azad-Universität, uns von den Wachmännern Anweisungen geben lassen müssten. Der Brief zeigte sofort Wirkung und löste das Problem ein für alle Mal. Von da an hielt mich die nächsten sieben Jahre lang niemand mehr auf, wenn ich durch den Haupteingang kam, und wer es doch versuchte, entschuldigte sich hinterher. Herr Mansuri ging mir aus dem Weg, so gut er konnte, aber ich grüßte ihn jedes Mal mit einem triumphierenden Lächeln, wenn ich ihn sah.

Nachdem dieses Problem gelöst war, begann ich meine Tätigkeit an der Universität wirklich zu genießen. Bald zogen meine Veranstaltungen Gaststudenten an, was mich sehr freute. Später fand ich allerdings heraus, dass einige von ihnen nur in mich verknallt gewesen waren. Ihre Verliebtheit konnte mich meine Stellung kosten, das war nicht schwer auszurechnen, also beschloss ich, insbesondere gegenüber Männern eine noch ernsthaftere professionelle Haltung einzunehmen. Daraufhin galt ich unter den Studenten schnell als Feministin, was sogar stimmte, wenn auch aus anderen Gründen. Meine Seminarteilnehmerinnen waren normalerweise fleißiger und eifriger als die Männer, aber es fehlte ihnen an Selbstvertrauen. Ich ermutigte sie, so oft ich nur konnte, an sich selbst zu glauben. Die Studenten, denen ich strikt sachlich begegnete, behaupteten daraufhin, ich würde die Studentinnen bevorzugen.

Das Semester verlief zwar erfolgreich für mich, aber da ich meine schriftliche Arbeit immer noch nicht abgeschlossen hatte, musste ich das nächste Semester mit meiner Lehrtätigkeit aussetzen. Damit war das einzig Erfreuliche aus meinem anstrengenden, monotonen Leben verschwunden, und ich war ziemlich niedergeschlagen. Dann sagte mir auch noch mein Vermieter, er brauche meine Wohnung als Lagerraum für die Möbel aus seinem Büro, während dieses renoviert würde. Ich rief Mutter an und sagte ihr, ich müsse ausziehen.

Zum Glück konnte einer ihrer Cousins uns die Kaution für ein Haus in Karadsch leihen. Er war zusammen mit meinem ältesten Onkel in den USA gewesen und arbeitete jetzt als erfolgreicher Ingenieur in Schiraz.

So kamen zumindest wir drei endlich wieder zusammen und waren glücklich, wieder als Familie unter einem Dach leben zu können. Karadsch war längst zu einer Großstadt mit über einer Million Einwohnern geworden. Meine beiden arbeitenden Onkel halfen uns bei den laufenden Ausgaben, die Mutter so niedrig wie möglich hielt. Nima erholte sich langsam und wurde wieder lebhafter. Ich arbeitete so viel wie möglich in der Sprachenschule, um genug zu verdienen, daneben schrieb ich an meiner Abschlussarbeit, die endlich fertig werden sollte. Ich schaffte es tatsächlich rechtzeitig, um mich für das nächste Semester wieder für Lehraufträge anzumelden.

Als ich meine Masterarbeit über Joseph Conrad in der Disputation vertrat, saß Mutter in der ersten Reihe des Auditoriums, flankiert von Nima und Sepideh. Alle meine Freundinnen und Freunde waren gekommen und hatten Blumen mitgebracht. Zum ersten Mal seit zwei Jahren vermisste ich an diesem Tag meinen Vater. Obwohl ich immer noch wütend auf ihn war, weil er uns so übel mitgespielt hatte, hätte ich ihn, als ich Mutters glückstrahlendes Gesicht sah, gerne dabeigehabt. Ich bestand die Prüfung mit Auszeichnung. Als wir zu feiern begannen, nahm ich Mutter beiseite und dankte ihr für alles, was sie in meinem Leben für mich getan hatte. Ich versprach ihr, mit dafür zu sorgen, dass wir uns gemeinsam ein neues Leben aufbauen konnten.

Am Tag darauf standen plötzlich Nikta und Said vor der Tür und trugen ganze Stapel von Geschenkkartons in unsere

Wohnung. Vater hatte sie Nima, Mutter und mir geschickt. Wie sich herausstellte, stand Nikta schon seit mehreren Monaten wieder in Kontakt mit unserem alten Herrn. Sie hatte sogar die Geschenke mit ihm gekauft. Nima bekam eine Playstation, ein Fahrrad, Rollerblades, eine Armbanduhr und Geld, um sich mit Kleidung einzudecken. Ich erhielt gleich zwei Armbanduhren, eine zum Studienabschluss und eine, weil ich Uhren einfach mochte, dazu Parfüm, zwei Paar Schuhe, Schmuck und noch mehr. Mutter öffnete ihre Geschenke nicht und bat Nikta, sie Vater zurückzubringen.

Nach den ersten amüsanten Minuten, die hauptsächlich auf Nimas Begeisterung über die Playstation zurückzuführen waren, sah ich mich im Wohnzimmer um. Überall lagen Geschenkpapier und geöffnete Kartons herum. Ich fühlte einen Knoten im Magen. Am Abend stellte ich fest, dass ich das Gleiche gedacht hatte wie Mutter. »Er hat sich kein bisschen verändert«, meinte sie kurz vor dem Schlafengehen zu mir. »Wie kann er es wagen, uns mit materiellen Dingen entschädigen zu wollen, als könne er damit alles wieder gutmachen, was er mir und meinen Kindern angetan hat? Mehr ist ihm nicht eingefallen. Und ich habe 17 Monate lang in Schiraz gewohnt. Warum hat er Nima nichts zu seinem Geburtstag oder zu Neujahr geschenkt? Warum hat er dich nicht wenigstens angerufen und gefragt, wie es dir geht oder ob du etwas brauchst?«

»Entschuldige, Maman. Ich hätte meine Pakete auch nicht öffnen sollen.«

»Nein, das ist etwas anderes. Er ist dein Vater, und das wird immer so bleiben. Ich stehe dir oder Nima da nicht im Weg. Und wenn ihr irgendwann wieder zu ihm wollt, habe ich nichts dagegen. Aber ich werde unter keinen Umständen je wieder zu ihm zurückkehren. Sogar wenn ich putzen gehen, wenn ich hungern oder geflickte Kleider tragen muss, will ich auf eigenen Füßen stehen. Ich will frei sein.«

»Ich bleibe bei dir, Mutter. Wir drei bleiben zusammen.«

Vor Jahren hatte Mutter das Frisieren gelernt und mit dem Gedanken gespielt, einen eigenen Salon zu eröffnen. Sie war sehr talentiert, und ihre Kursleiterin hatte ihr Mut gemacht, es zu versuchen.

Vater war allerdings dagegen gewesen. Er verdiene genug Geld, hatte er gesagt, sie solle lieber zu Hause bleiben und sich um die Kinder kümmern. Als Mutter und Nima jetzt aus Schiraz zurückkehrten, vermittelte ich ihr einen Auffrischungskurs und danach fing sie in einem Schönheitssalon an. Sie musste für wenig Geld viele Stunden arbeiten, außerdem hatte sie einen langen Weg zur Arbeit. Daher war ich froh, als ich eineinhalb Jahre später einen günstigen Kredit bekam und ihr damit helfen konnte, einen eigenen Friseurladen zu eröffnen.

Ungefähr zu dieser Zeit nahm sie auch ihren Mädchennamen wieder an. Im Iran übernehmen Frauen bei der Heirat zwar nicht automatisch den Familiennamen ihres Mannes, sie werden aber oft damit angesprochen, besonders wenn sie Hausfrauen werden wollen oder müssen. Als Mutter jetzt ihr eigenes Geschäft eröffnete, erklärte sie jedem, sie wolle ab sofort nicht mehr Frau Soltani, sondern wieder Frau Schirazi genannt werden. Meine Freundinnen verwechselten das oft, und bald fanden es alle im Salon einfach nur lustig. Mutter drohte immer, dass jede, die sie Soltani nenne, die Haare so orange wie eine Karotte gefärbt bekäme.

Im September 2003 trat ich offiziell meine Stelle an der Azad-Universität von Karadsch an. Zunächst arbeitete ich nur mit einem Lehrauftrag auf Stundenhonorar-Basis, aber schon nach wenigen Monaten bekam ich eine feste Anstellung. Ich war überglücklich. Jetzt hatte ich nicht nur meinen Traumjob, sondern erhielt zum ersten Mal in meinem Leben auch noch ein festes Gehalt. Zusätzlich gab ich noch Abendkurse in drei verschiedenen Sprachenschulen, damit ich für unseren Lebensunterhalt aufkommen konnte. Ich war so stolz darauf, dass ich meine Familie unterstützen und Mutter helfen konnte, sich eine eigene Existenz aufzubauen.

Nach ein paar Monaten arbeitete ich auf einer ganzen Stelle als Dozentin und gleichberechtigtes Mitglied der Abteilung für englische Sprache und Literatur. Ich hatte nun offizielle Dienstzeiten, befasste mich mit Verwaltungsangelegenheiten und wurde bald sogar Assistentin der Direktorin. Außerdem unterstützte ich die English Language Student Society, eine neu gegründete Vereinigung, die von einer Gruppe engagierter Anglistikstudenten gegründet worden war. Schon ihre Genehmigung hatte einen schier endlosen Papierkrieg bedeutet, und jetzt wurden ihr immer neue Steine in den Weg gelegt. Eigentliche Ursache dafür war ihre fehlende Verbindung zur Islamischen Studentenvereinigung. Diese gibt es an allen iranischen Universitäten, seien sie staatliche oder Azad-Hochschulen. An unserer Uni gewährte ihnen die Verwaltung enorme Vorteile, das merkte ich schon bald. Sie konnten auf das Pressebüro der Universität zurückgreifen, erhielten beträchtliche Geldmittel und wurden bei deren Verwendung kaum überwacht.

Unsere Anglistenvereinigung dagegen wurde auf allen offiziellen Ebenen behindert. Was mit am schlimmsten war: Wegen angeblichen Platzmangels, so das Pressebüro, mussten wir uns einen Raum mit der Islamischen Studentenvereinigung teilen. Die gaben uns deutlich zu verstehen, dass sie uns genau im Auge behielten. Solche Diskriminierungen waren allerdings nicht auf die Studentengruppen beschränkt. Als wir später, im Frühjahr 2006, eine Konferenz planten, setzten wir die Kosten zunächst mit etwa 12 Millionen Toman – oder 120 Millionen Rial – an, damals etwa 10 000 Euro. (Rial sind die offizielle iranische Währung, die Bevölkerung rechnet allerdings in Toman.) Wir luden die prominentesten iranischen Anglistinnen und Anglisten ein, ließen den Aufruf zum Einreichen von Beiträgen drucken und an alle iranischen Anglistikinstitute verschicken und bereiteten uns gut auf das Ereignis vor, das im Winter stattfinden sollte. Doch als die Genehmigung von der Universitätsverwaltung vorlag, entdeckten wir zu unserem Entsetzen, dass sie uns nur ein Viertel des benötigten Budgets bewilligt hatte.

Wir wandten uns an den Dekan der Fakultät, der es nach endlosen Verhandlungen auch nur schaffte, ein Drittel zu bekommen. Wir waren ungeheuer frustriert, nicht nur, weil unsere Konferenz damit stark zusammenschmelzen musste, sondern weil wir erfuhren, dass die »Gesellschaft für islamische Kultur« etwa gleichzeitig mit uns eine zweitägige Konferenz plante, für die sie einen wichtigen Mullah eingeladen hatte und 60 Millionen Toman, rund 46 000 Euro, genehmigt bekam.

Diese islamische Tagung sollte einige Wochen vor der unseren stattfinden, und wir konnten mit stiller Schadenfreude zusehen, wie sie praktisch ins Wasser fiel. Es war nicht das erste Mal, dass eine solche Vereinigung eine riesige Summe aus dem Universitätsetat für eine Veranstaltung verfeuerte, zu der dann nicht einmal genügend Zuhörer kamen, um die 500 Plätze der ersten Ebene des Auditorium maximum auch nur halb zu füllen. So mussten die Veranstalter die einzelnen Fakultäten bitten, Vorlesungen ausfallen zu lassen, damit die Studenten stattdessen die leeren Stühle besetzten. Schlimm war es allerdings, zusehen zu müssen, wie die Haushaltmittel der Universität, die sich ausschließlich aus Studiengebühren finanzierte, wieder einmal für einen solchen Unfug verschwendet wurden. Unsere Fakultät rächte sich unausgesprochen dadurch, dass sie keine Studenten als Lückenfüller schickte, weil die Dozenten sich einstimmig weigerten, ihre Seminare deswegen ausfallen zu lassen. Der Dekan musste dafür einen Tadel wegen mangelnder Kooperationsbereitschaft einstecken.

Ich hatte keine Antwort auf die Frage meiner Studenten, warum das Budget für wirklich interessante Veranstaltungen so knapp sei, dass wir sie nicht wie geplant organisieren konnten. Als unsere Tagung stattfand, hatten wir dann allerdings die Genugtuung, beide Ebenen des Auditorium maximum – 750 Sitze – voller Zuhörer zu sehen. Und als der Hauptredner dem Kanzler der Universität für die Ausrichtung der Konferenz dankte, warfen die Lehrkräfte sich heimlich spöttische Blicke zu.

Doch ich sollte den Triumph mit unserer Tagung nicht lange genießen können. Zwischen den Vormittags- und den Nachmittagsveranstaltungen hielt ich normalerweise eine Sprechstunde ab, zu der die Studenten mich aufsuchen konnten, wenn sie Fragen und Probleme organisatorischer, inhaltlicher oder persönlicher Art hatten. Sie kamen gerne, weil ich beide Seiten des Universitätsbetriebs kannte und nicht viel älter war als sie.

Einige Tage nach der Konferenz saß ich gerade in meinem Büro und korrigierte einen Artikel, den einer meiner Studenten in der Vierteljahreszeitschrift unserer Fakultät veröffentlichen wollte. Da stürmte plötzlich eine Studentin herein und bat mich, ich möge sofort mitkommen, es gebe ein großes Problem. Ich lief hinter ihr die Treppe hinunter zur Bibliothek, wo sich eine Studentin und ein Student aus meinen Seminaren mit einem Wachmann stritten. Ein vertrautes Bild.

Den Wachmann kannte ich noch aus meiner eigenen Studienzeit. Er gehörte zu einer Abteilung des Sicherheitsdienstes, die mit der Islamischen Studentenvereinigung und dem Delegierten des Obersten Staatsführers an der Universität zusammenarbeitete, um das »moralische Verhalten« der Studenten zu überwachen. Dies bedeutete nichts anderes, als dass diese Wachleute auf dem Universitätsgelände nach Männern und Frauen suchten, die miteinander sprachen. Das ist zwar nicht einmal an iranischen Universitäten ganz untersagt, aber es darf kein freundschaftliches Gespräch sein. Es hing auch stets von der Laune des betreffenden Wachmanns ab, ob er ein Gespräch als unschicklich einstufte oder nicht. Besonders feindselig reagierten diese Zeitgenossen immer auf attraktive Frauen und Männer.

»Frau Soltani, gut, dass Sie kommen!«, rief Rosa mir entgegen.

»Was ist denn los?«, fragte ich.

»Diese beiden Studenten wurden in einer unschicklichen Situation angetroffen«, informierte mich der Wachmann.

»Unschicklich? Unsinn! Was haben wir denn Unschickliches getan, können Sie mir das mal sagen?«, rief Kamyar, der Student.

»Herr Firouzi, bitte nicht so laut«, mahnte ich ihn rasch.

»Wir haben nur unsere Projektdaten besprochen, die wir gerade von Dr. Shafi zurückbekommen haben. Wir arbeiten am selben Projekt und recherchieren die Daten gemeinsam. Was ist daran unschicklich?«

»Sie haben zusammen gelacht und standen provozierend nahe beieinander«, erklärte der Wachmann.

Ich wusste, dass Kamyar und Rosa, die auch die Konferenz mit vorbereitet hatten, ein Liebespaar waren, und als ich ihre Studentenausweise in der Hand des Wachmanns sah, war mir klar, dass sie kurz davor waren, vor den Disziplinarausschuss zitiert zu werden. Beide sahen gut aus und waren auch noch gut angezogen, was den Kontrolleur vermutlich zusätzlich gereizt hatte. Ich sagte ihm, sie seien meine Studenten und ich kenne sie als äußerst sittsame Menschen. Widerwillig gab ihnen der Wachmann daraufhin die Ausweise zurück. »Aber nur, weil Sie es sind, Frau Soltani«, meinte er. Und ich verbürgte mich ausdrücklich, dass sie sich künftig »benehmen« würden, was bald zu einem Insiderwitz zwischen Rosa, Kamyar und mir wurde. Das Problem schien gelöst.

Am Ende des Semesters erhielt Rosa allerdings einen Brief des Disziplinarausschusses, in dem es hieß, wegen ihres unschicklichen Verhaltens auf dem Universitätsgelände dürfe sie in diesem Semester nicht die Abschlussprüfung ablegen.

Auch einige andere Studentinnen bekamen solche Briefe, aber kein einziger Student. Es machte mich wütend, dass wiederum nur die Frauen bestraft werden sollten. »Das ist idiotisch, ich weiß«, kommentierte ein Kollege aus dem Institut den Vorgang. »Aber was wollen Sie machen? Dem Disziplinarausschuss schreiben, er solle doch auch Kamyar bestrafen und nicht nur Rosa?«

»Das meine ich nicht. Es ist eine offene Diskriminierung von Rosa, Pegah und den anderen Studentinnen – wegen ihres Geschlechts. Wenn sogenanntes unschickliches Verhalten bestraft werden soll, dann bitte bei allen, nicht nur bei den Frauen.«

»Im Gegenteil, wir müssen unbedingt einen Weg finden, die Maßnahme rückgängig zu machen. Rosa macht dieses Semester ihren Bachelor und will für den Master nach Kanada gehen. Diese Verzögerung würde ihre Pläne ruinieren.«

Zum Glück kam Rosas Vater ihr zu Hilfe. Er marschierte direkt ins Büro des Vizepräsidenten der Universität und drohte mit einer Klage – und zwar nicht wegen der Disziplinarmaßnahme, sondern weil die Universität seine Tochter der Unschicklichkeit beschuldigt hatte. Andere Eltern schlossen sich an, und der Ausschuss musste seine Strafmaßnahmen schließlich zurückziehen.

Bis zur Revolution von 1979 hatten an den iranischen Universitäten die griechische und die römische Mythologie zum regulären Lehrplan des Studiums der englischen Literatur gehört. Danach wurden die Studiengänge um islamische Pflichtveranstaltungen ergänzt und Kurse aus dem Curriculum gestrichen, deren Inhalt jetzt als unwesentlich oder gar sittenwidrig galt. Dazu gehörten die klassische Mythologie (weil sie blasphemisch sei) und die amerikanische Literatur (eben weil sie aus den USA stammte). Während meines Bachelorstudiums hatten uns die Professoren noch im Vertrauen geraten, selbstständig die Bibel und die antiken Sagen zu lesen, aber als ich in meinem früheren Institut zu unterrichten begann, hatte man dort gerade beschlossen, den Lehrstoff inoffiziell wieder aufzunehmen. Wir verwendeten die klassische Mythologie einfach als Stoff für ein Seminar im Fach »Mündliche Wiedergabe«.

Die Studenten reagierten darauf sehr unterschiedlich – einige begeistert, andere ablehnend. Nach einer der ersten Sitzungen kam einer meiner Studenten, der sehr religiös eingestellt war, zu mir. »Entschuldigen Sie, aber wollen Sie wirklich weiter diesen Stoff unterrichten?«

»Natürlich, warum?«

»Verzeihen Sie, Madame, aber das ist, der Himmel bewahre uns, fürchterliche Blasphemie! Wie können Sie erwarten, dass wir solche gottlosen Geschichten nacherzählen?«

»Sie haben die erste Sitzung verpasst, nicht wahr?«

»Ja, ich konnte leider nicht kommen.«

»Sehen Sie, sonst würden Sie mich das nicht fragen.«

Um die islamischen Autoritäten und Gruppierungen nicht zu provozieren, erläuterten wir zu Beginn dieses Seminars immer ausführlich, wie wichtig und grundlegend es für das Studium der englischen Literatur ist, die Bibel und die klassischen Sagen zu kennen. Der Student gehörte keiner bestimmten Gruppierung an, er war fleißig und gebildet und stammte aus einer Akademikerfamilie – seine Eltern unterrichteten beide an der Universität. Der junge Mann war allerdings ein religiöser Traditionalist, der mir zu Anfang nicht ins Gesicht schauen wollte, wenn er mich ansprach, sondern immer auf seine Hände starrte. Erst mochte ich ihn wegen seines Verhaltens nicht, aber dann entpuppte er sich als einer der aufmerksamsten und fleißigsten Studenten, die ich je hatte. Jetzt aber blieb er unnachgiebig. Nachdem ich ihm mit mehreren Beispielen erklärt hatte, warum ein Student der englischen Literatur diesen Stoff kennen müsse, um den literarischen Kontext zu verstehen, meinte er: »Ich verstehe Ihre Argumentation, aber ich kann mich nicht überwinden, diese gotteslästerlichen Dinge zu lernen. Ich kann nur hoffen, dass Sie mir verzeihen, wenn ich diesen Kurs nicht weiter besuche.«

Der Winter 2007 war gerade angebrochen, da rief meine Tante bei uns an, um Mutter mitzuteilen, dass Vater erkrankt war. Er hatte trotz seiner Lungen- und Herzprobleme keinen Arzt aufgesucht und war dann einfach für mehrere Monate verschwunden. Aufgestöbert hatte die Familie ihn schließlich über seinen Arbeitgeber, der ihn, wie sich dabei herausstellte, aus gesundheitlichen Gründen längst entlassen hatte. Meine Cousins hatten ihn in einer billigen Pension in Teheran gefunden und erst nach Schiraz ins Haus meiner jüngeren Tante gebracht. Von dort aus fuhren sie mit ihm zu mehreren Spezialisten und schließlich ins Krankenhaus. Sein Gesundheitszustand hatte sich nicht verbessert, und die Ärzte waren skeptisch, was seine Genesung anging. Er war jetzt wieder aus dem Krankenhaus entlassen worden, und die Familie meinte, seine Frau sollte davon erfahren.

Wir nahmen den nächsten Nachtflug nach Schiraz zu meiner Tante. Wir fühlten uns unbehaglich bei diesem Wiedersehen, alles und alle hatten sich in den fünf Jahren, in denen der Kontakt abgebrochen war, sehr verändert. Wir saßen nervös im Gästezimmer und versuchten zu plaudern, während mein Onkel in einem Schlafzimmer weiter hinten meinen Vater umzog. Nima saß neben mir und kicherte nervös über die Komplimente, wie sehr er doch gewachsen sei und dass man einen richtigen Mann vor sich habe. Er war zwar erst 16, aber sehr groß und breitschultrig für sein Alter. Auch ich wurde gelobt, weil ich es geschafft hatte, eine ganze Stelle als Dozentin an einem der größten Institute der Azad-Universität zu bekommen.

Von Zeit zu Zeit sah ich zu Mutter hinüber, die mit Nikta mir gegenüber auf dem Sofa saß. Sie sah gefasst aus, wenn auch mit einem Mal deutlich gealtert und ziemlich distanziert, warf aber Nima und mir einen zufriedenen Blick zu. Als mein Onkel zu uns kam und uns begrüßte, war der Moment da. Wir standen alle auf, um zu Vater zu gehen. Mir zitterten die Knie, und Angst schnürte mir die Kehle zu. Er musste sich verändert haben, aber ich wusste nicht, was uns erwartete. Nikta ging zuerst, dann Mutter, und meine Tante lächelte mir ermutigend zu, ihnen zu folgen. Nima hielt sich hinter mir. Ich trat langsam vor und blieb im Türrahmen stehen. Mutter saß auf einem Stuhl am Fußende des Bettes. Nikta hatte sich zu ihren Füßen auf den Boden gesetzt und hielt ihren Sohn Tirdad im Arm, der sich an ihren Hals klammerte und auf das Kopfende starrte, das ich nicht sehen konnte.

»Steht doch nicht so da, kommt herein!«, ermahnte unsere Tante Nima und mich. Noch zwei Schritte, dann eine leichte

Drehung nach links und ich sah Vater. Ich murmelte einen Gruß und blieb am Eingang stehen. Vor meinem inneren Auge zogen Dutzende von Erinnerungen gleichzeitig vorbei: Wie er mir dabei half, mein Zimmer aufzuräumen, wie er mich nach der Schule mit dem Auto abholte und mich zum Englischkurs fuhr, während ich mir die Banane, die Nüsse und den Fruchtsaft schmecken ließ, die er für mich mitgebracht hatte. Wie ich dabei seine englischen Fragen beantwortete und über seinen Akzent lachte. Wie er am Wochenende am Küchentisch saß und Mutter beim Kochen half. Oder wie er nur Minuten vor einem Kindergeburtstag mit der Torte nach Hause geeilt kam und dann in seinem Schlafzimmer verschwand. »Das wäre alles, aber sagt Bescheid, wenn ihr noch was braucht«, hatte er dann immer gesagt, und wir mussten ihn wieder hinauszerren, weil wir mit ihm tanzen wollten. Später lehnte er es dann mit den Worten ab: »Das ist eine Mädelsparty, ihr seid jetzt keine Kinder mehr, und da gehöre ich nicht hin. Wir können später tanzen, wenn deine Freundinnen gegangen sind.« Und jetzt lag er hier vor mir, das Gesicht hager, die leblosen Augen eingesunken. Die Distanz zwischen uns war schier unüberwindlich.

Nima atmete schwer hinter mir, und als er näherkommen sollte, damit Vater ihn erkennen konnte, fiel er fast hin. Er setzte sich schließlich doch ans Bett und wechselte einige Worte mit ihm. Dann weinte er still, und auch ich konnte meine Tränen nicht zurückhalten. Ich weinte um meinen Bruder in seinem Gefühl der Verlassenheit und um Vater in seiner Schwäche und Einsamkeit.

Als wir in Großmutters Haus zurückgekehrt waren, erklärte unsere Mutter plötzlich, sie habe sich entschieden, Vater wieder bei uns aufzunehmen. »Wenn ihm etwas geschieht, sollte er bei seinen Kindern sein.«

Nikta freute sich über diese Entscheidung und stimmte ihr zu. Ich sagte vorerst nichts, aber Nima war sichtlich verzweifelt. Später im Hof sagte er zu mir: »Findest du es etwa gut, dass er wieder zu uns kommt?«

»Er ist sehr krank.«

»Ich weiß, aber er hat kein Recht, zu uns zu kommen.«

»Er ist unser Vater, Nima, ob es uns gefällt oder nicht.«

»Für mich nicht. Für mich ist er ein Fremder.« Er schwieg einige Sekunden, dann wiederholte er entschlossen: »Er hat kein Recht, bei uns zu sein«, und ging.

Am Abend erzählte ich Mutter davon: »Nima steht sehr unter Druck. Außerdem bin ich nicht sicher, ob du Vater wirklich wieder bei uns haben willst.«

»Es geht ihm sehr schlecht. Wenn er sich nicht mehr erholt, würden wir es uns nicht verzeihen, dass wir ihn im Stich gelassen haben.«

»Nicht wir haben ihn im Stich gelassen, sondern er uns. Nima ist in einem kritischen Alter. Er braucht ein Vorbild und jetzt, nachdem ihm jahrelang der Vater gefehlt hat, wird er plötzlich mit einem schwachen, bettlägerigen Mann konfrontiert.«

»Ich glaube, dein Vater ist eher psychisch als körperlich krank. Wenn wir ihn mitnehmen, wird er sich bestimmt erholen. Wenn wir ihn aber hier lassen und zurückgehen, stirbt er, Neda. Ich kenne ihn besser als jeder andere Mensch und weiß, dass er ein Zuhause braucht.«

Also nahmen wir Vater wirklich wieder mit zu uns nach Hause. Seine Extravaganzen leistete er sich immer noch. Er hatte keinen Cent mehr, aber wenn man sich seine Kleidung, seine Schuhe und Duftwässerchen ansah, wusste man, wo das Geld geblieben war. Mutter verdiente inzwischen genug, um die Ausgaben für den Haushalt zu bestreiten. Ich kümmerte mich um die Miete und gab ihr noch etwas dazu. Die Arztkosten für Vater waren allerdings beträchtlich. Um sie zu bezahlen, musste ich an meine Ersparnisse gehen, aber es tat mir um das Geld nicht leid. Ich war froh, dass ich genug verdiente, damit ich mich um all das kümmern konnte, und freute mich, dass es Mutter so gut ging. Zu Anfang konnte sie nur noch halbtags arbeiten, meinte aber, das sei in Ordnung. Ich gab ihr ein Video des Films *Die Farbe Lila*, und er bewegte sie so sehr, dass ich anfing, sie »lila Celie« zu nennen, und ihr versprach, eines Tages ihre Geschichte aufzuschreiben.

Nima dagegen tat sich mit der Veränderung in unserem Haus schwer. Außer »Guten Morgen« sagte er kein Wort zu Vater – als Mutter darauf bestand, brachte er auch noch »Gute Nacht« heraus – und verbrachte so viel Zeit wie möglich außer Haus mit seinen Freunden. Zu Hause war er still und machte Hausaufgaben, half Mutter im Haushalt oder spielte am Computer, aber draußen wurde er immer aggressiver. Einmal sah ich ihn auf der Straße in einer offenen Schlägerei mit einem Freund. Das beunruhigte mich sehr, weil es so untypisch für ihn war.

Vater erholte sich tatsächlich schnell und sah schon viel besser aus. Als uns meine beiden Tanten mit ihren Ehemännern nach fünf Wochen besuchen kamen, blieb ihnen angeblich vor Erstaunen der Mund offen stehen. Das sagte zumindest Nima, der dabei gewesen war. »Jetzt geht es ihm wieder gut, und er kann endlich verschwinden«, schloss er.

»Er ist immer noch in ärztlicher Behandlung«, erwiderte ich.

»Die kriegt er auch woanders. Mutter wollte ihn nicht fern von der Familie sterben lassen, aber Sterben ist ja wohl nicht angesagt.«

»Du solltest dich schämen. Vater bleibt so lange wie nötig, und Mutter entscheidet, wie lange das ist«, sagte ich so entschlossen, wie ich konnte. Innerlich ging es mir allerdings wie Nima, auch mir war Vater nicht willkommen. Es gefiel mir nicht, wie selbstverständlich er im Wohnzimmer auf und ab ging, als sei er immer da gewesen, als wäre nichts geschehen, und als gäbe es keine Lücke von fünf Jahren, die unsere Familie auseinandergerissen hatte. Selbst unsere Mutter war schließlich frustriert. »Wenn die Behandlung beendet ist, schicke ich ihn wieder fort«, sagte sie. Nach einer längeren Pause fügte sie hinzu: »Er hat sich nicht im Geringsten geändert, oder?«

Also blieb Vater noch vier Wochen, bis seine Therapie abgeschlossen war, und verschwand dann tatsächlich wieder. In der Nacht danach weinte ich mich in den Schlaf. Am Morgen kam mir ein Gedicht von Alfred Tennyson in den Sinn. Ich nahm einen braunen Konturstift und schrieb auf meinen Spiegel: »Tears, idle tears.« Ja, sie waren müßig, meine Tränen.

Und doch hinterließ Vater mit seiner Abreise wieder eine große Lücke in unserer Familie. Die Geschichte wiederholte sich, aber dieses Mal machte ich ihm keine Vorwürfe, sondern empfand Mitleid mit ihm. Ich fragte mich immer wieder, ob ich alles für ihn getan hatte, was in meiner Macht stand. Hätte ich mich nicht auf seine Seite stellen müssen, statt auf die meines Bruders oder meiner Mutter? Ich grübelte wochenlang darüber, bis meine Freundinnen vom Gymnasium mir zu Hilfe kamen.

Zu dreien von ihnen hatte ich noch Kontakt, und wir standen einander immer noch sehr nahe. Sie hatten alle ihre Hauptfächer aus der Schule im Studium weiterverfolgt. Gazelle war jetzt Ingenieurin für Elektrotechnik und Sarvi für Lebensmittelverarbeitung. Champ, die eigentlich Mathematikerin werden wollte, hatte die Universität abgebrochen. Über die Gründe sprach sie nicht und deswegen fragten wir auch nicht. Champ war ihr Spitzname, den ich ihr gegeben hatte, weil sie zwar zierlich, aber ungeheuer fit und energisch war. Sie leitete jetzt die Buchhaltungsabteilung in einem großen Geschäft für Haushaltswaren. Unsere Clique traf sich mindestens einmal im Monat, und wir sprachen über alles, was uns beschäftigte.

Als ich bei unserem nächsten Treffen von meinem Kummer erzählte, beschlossen die drei, dass ich dringend eine Luftveränderung bräuchte. Innerhalb von zwei Wochen organisierten sie eine Reise nach Maschhad, eine betriebsame Stadt im Nordosten des Iran, die hauptsächlich für den Schrein des schiitischen Imams Reza berühmt ist. Wir mieteten uns einen Wagen und sahen uns die Sehenswürdigkeiten an, gingen shoppen und essen und besuchten täglich den Schrein. Dort legten wir dann über unsere Kopfschleier und Mäntel unsere Gebetstschadors an – sie hatten alle Blumenmuster, einen schwarzen besaß keine von uns – und steckten sie mit Haarnadeln und Gummiringen fest, bevor wir den Innenhof betreten durften. Heilige Stätten waren nicht gerade meine Lieblingsferienziele, aber mit meinen Freundinnen war es schön dort. Der Schrein war, wie immer, mit Pilgern überfüllt, und es war uns gar nicht möglich, bis zum Mausoleum selbst vorzudringen. Wir vier stellten uns ein wenig von der drängelnden Menge entfernt auf, hielten uns an den Händen und beteten zuerst füreinander, dann für unsere Familien und Freunde und schließlich für uns selbst. Jedes Mal, wenn ich mit meinem Gebet für mich selbst an der Reihe war, dankte ich Gott für die Ruhe, die er mir verliehen hatte, für die Freunde, die er mir gegeben hatte. Für meinen Vater und meine Schwester betete ich um Gesundheit. Und ich bat Ihn um Liebe.

»Frag doch lieber mich statt Gott«, meinte Sarvi, mit der ich ein Zimmer teilte und der ich von meinen Wünschen erzählte. »Ich habe jemanden kennengelernt, der gut zu dir passen würde. Er ist ein sehr ernsthafter Mensch, arbeitet als Assistenzprofessor und ist genauso groß wie du. Er sucht jemanden, der seine Aufsätze Korrektur liest. Sein Englisch ist ganz gut, aber wenn er seine Artikel bei Fachzeitschriften einreicht, will er sich nicht blamieren. Er ist ein bisschen wählerisch, das sollte ich vielleicht dazusagen. Ich habe ihm schon gesagt, dass ich da eine Freundin habe, die ihm vielleicht helfen kann. Ich könnte dich ihm als Lektorin vorstellen, rein beruflich, und vielleicht wird ja etwas daraus, was meinst du?«

Drei Tage nach unserer Rückkehr aus Maschhad rief Sarvi mich an, um mir Bescheid zu sagen, dass sie Siavash Rohani meine Telefonnummer gegeben hatte. Er brauchte noch eine Woche, um mich anzurufen, und bei unserem ersten Gespräch klang er so arrogant, dass ich mich regelrecht abgestoßen fühlte. Er informierte mich mit ausdrucksloser Stimme, er habe zwar bereits eine Lektorin, sei aber mit ihrer

Arbeit nicht zufrieden. »Man könnte sagen, ich bin Perfektionist. So bin ich einfach.«

Während er mir sein Fachgebiet erklärte und in allen Einzelheiten beschrieb, was seine Arbeit so einzigartig machte, überlegte ich: Sollte ich gleich ablehnen oder erst einen seiner Artikel zur Korrektur annehmen und ihn so abschrecken, dass Seine Majestät seine Lektion lernte? Vor allem wegen Sarvi entschied ich mich für die zweite Option. Er schickte mir also den Text. Ich nahm ihn regelrecht auseinander und erstellte eine lange Liste unklarer und fehlerhafter Formulierungen. Ich war ziemlich spitzfindig und kleinlich, denn zugegebenermaßen schrieb er eigentlich nicht schlecht. Ich schickte ihm die kommentierte Version mit der Bemerkung zurück, er müsse bitte folgende Punkte klarstellen, weil ich aufgrund dieser »Fehler« dem Text nicht völlig folgen könne. Vielen Dank. Ich dachte schon, so, das war's, der meldet sich nie wieder, doch er tat es und diesmal klang er ganz aufgeregt. So ein Lektorat habe er sich schon immer gewünscht, präzise und kritisch.

Wir schrieben uns ein paar E-Mails. Er versuchte seine unklaren Stellen zu berichtigen, ich blieb kritisch, und dann fragte er, ob wir den Text nicht besser persönlich besprechen sollten. Ich hatte mit meiner Kritik eigentlich kein Treffen provozieren wollen, obwohl die ganze Kontaktaufnahme ja im Zeichen eines möglichen Kennenlernens stattgefunden hatte. Jetzt aber betrachtete ich ihn als Kontrahenten, den es zu schlagen galt. Am Donnerstagnachmittag hatte ich immer meine Französischstunde, und ich gewährte ihm einen Termin direkt danach, weil sein Büro in der Nähe der Sprachenschule lag.

Wir trafen uns also einmal zu einem sachlichen Gespräch und sahen uns danach einige Monate lang nicht mehr, sondern beschränkten uns auf E-Mails und gelegentliche Telefonate. Er gab mir vier Aufsätze zum Korrekturlesen und danach verabschiedete ich mich per E-Mail von ihm, gab ihm meine Kontonummer für die Überweisung des Honorars und dachte: »So viel zu diesem Traummann.«

Die Zeit verging. Eines Tages klingelte dann plötzlich mein Handy, und sein Name stand auf dem Display. Zwei seiner Artikel, erzählte er, seien zur Veröffentlichung angenommen worden, und er wolle sich gern bei mir bedanken. Er lud mich für die darauffolgende Woche zum Essen in einem Restaurant ein, er habe Geburtstag. Ich rief Sepideh an, die gerade Urlaub in Dubai machte, und bat sie, mir eine CD mit klassischer Musik als Geschenk für ihn mitzubringen. Sepideh schaffte es tatsächlich, eine CD durch den Zoll zu schmuggeln, allerdings hatte sie eine von Leonhard Cohen gekauft. Als ich mit meinem Präsent in dem Lokal auftauchte, rechnete ich mit weiteren Gästen, aber zu meiner Überraschung gab es keine. Wir saßen einander gegenüber und redeten über dies und jenes. Als er die Cohen-CD auspackte, war er so aufgeregt, dass ich erst glaubte, er tue nur so, aber er freute sich wirklich. Er lud mich für das folgende Wochenende zu einer Wanderung in den Bergen nördlich von Teheran ein. Und so fingen wir an, einander öfter zu treffen, und lernten allmählich, einander zu vertrauen. Ich ließ mich auf ihn ein.

6

Warten auf Godot

Im Herbst 2008 wurde ich zur Leiterin des SAMA-Colleges in Karadsch ernannt, das zu unserer Universität gehörte. Mein direkter Vorgesetzter war einer der sechs Vizepräsidenten der Hochschule. Er kam, seinen eigenen Worten nach, »vom Land« und hatte seine Position erreicht, weil er als Kriegsveteran von den anderen altgedienten Soldaten an der Spitze der Universität protegiert wurde. Er hatte keine Ahnung, wie man eine Institution leitet, geschweige denn eine akademische, und mir wurde bald klar, dass er die eigentliche Ursache der Probleme war, die es in seinem Zuständigkeitsbereich gab.

Das College hatte etwa 1200 Studenten, 60 Lehrkräfte und 22 Verwaltungsangestellte. Ich freute mich sehr über meine neue Stellung, obwohl sie mich besonders in den ersten Monaten viel Zeit und Kraft kostete, die mir bei der Vorbereitung meiner Doktorarbeit und meiner Forschungsvorhaben, aber auch in meinem Privatleben fehlen sollten. Siavash, der ebenfalls eine Vollzeitstelle hatte, beklagte sich jedoch nicht, dass ich ihn nur am Wochenende und zu einem gelegentlichen Abendessen treffen konnte. Das gute Gehalt machte meine neue Stellung allerdings überaus reizvoll. Meine Einkünfte verdoppelten sich auf einen Schlag, womit ich jeden Monat eine beträchtliche Summe auf die hohe Kante legen konnte. Außerdem stand mir ein Dienstwagen samt Fahrer zur Verfügung, was mir eine Menge Zeit und Geld sparte. Durch meine Position gehörte ich jetzt zur Leitungsebene der Universität und bekam tiefere Einblicke in ihre Mechanismen. Die erstaunlichste Entdeckung – die noch vor Ablauf eines Jahres zu einem Trauma für mich werden sollte – war, dass der Sicherheitsdienst völlig unabhängig arbeitete.

Es begann mit einer Auseinandersetzung mit dem Chef des Dienstes an meinem College. Als ich mich in einem vertraulichen Brief an meinen Vorgesetzten beklagte, dieser Angestellte habe meinen direkten Anordnungen nicht Folge geleistet, schrieb der Vizepräsident zurück, er könne hier leider nichts tun, denn der Sicherheitsdienst falle nicht unter seine Weisungsbefugnis. Das war mir nicht wirklich neu, weil ich schon oft gehört hatte, dass unsere Sicherheitsleute nur dem Leiter des Dienstes der Gesamtuniversität unterstanden. Immer wenn ich nachhakte, erhielt ich nur die Antwort: »Ich muss das erst mit Herrn Riazi besprechen. Ich melde mich wieder.«

Herr Riazi war eben dieser gefürchtete Sicherheitschef. Seine Abteilung nahm ein ganzes Stockwerk im Gebäude des Kanzlers ein und wurde von eigenen Wachmännern geschützt. Man konnte nicht einfach bei ihm vorsprechen, aber er konnte einen vorladen. Bei mir war Letzteres bis zu jenem Zeitpunkt nur der Fall gewesen, als es um meine Nominierung für die Leitung des Colleges ging. Als ich seinerzeit in sein Büro gekommen war, hatte er mich in meinen dunkelblauen Jeans und schwarzen Nike-Sneakers zuerst eine ganze Weile lang abschätzig taxiert, bevor er mir einen Stuhl anbot. Er stellte ein paar Fragen, die mir ziemlich belanglos vorkamen und nichts mit der Sicherheit zu tun hatten. Später erfuhr ich, dass er nicht einmal dem Kanzler der Universität unterstand. Beide konsultierten einander und kamen auch gut miteinander aus, aber Riazi erhielt seine Anweisungen von seinen Vorgesetzten im Geheimdienstministerium. »Er ist in Wirklichkeit ein Angestellter des Ministeriums, nicht der Uni«, erklärte mir ein gut informierter Kollege. Dass ein Geheimagent den Sicherheitsdienst einer akademischen Institution leitete, beunruhigte mich, aber ich sagte mir, dass es mich oder meine Arbeit eigentlich nicht weiter berührte. Schließlich bedeutete mir der politische Aktivismus, den sie bekämpften, doch nichts.

An einem Vorfrühlingswochenende 2009 lud mich Layla, eine Freundin aus dem Masterstudium, zum Eisessen ein. Wir spazierten einen langen Boulevard entlang, freuten uns über die winzigen frischen Blätter und die farbenfrohen Blüten und unterhielten uns darüber, dass es schon wieder Frühjahr geworden war. Wie die Zeit verging und wir immer noch dieselben geblieben waren … Nach einer Weile meinte Layla: »Du klingst ein bisschen niedergeschlagen.«

»Wirklich? Na ja, ich hatte gestern eine dieser Begegnungen, die einen wahnsinnig machen können. Eine Mutter kommt mit ihrem Sohn in mein Büro, und der Sohn, ein Machotyp von höchstens zwanzig, erklärt mir allen Ernstes, seine Schwester dürfe nicht mehr weiter an die Uni kommen. Die Mutter war Mitte vierzig. Sie saß gehorsam neben ihrem Sohn und zog sich andauernd den Tschador weiter ins Gesicht. Ich fragte ihn nach dem Grund, und er meinte, seine Schwester hätte sich, seit sie studiert, sehr verändert, gäbe ihm Widerworte und würde immer ungehorsamer. Auf meine Frage, wer diese Entscheidung getroffen hätte, antwortete er, sehr von sich überzeugt, er selbst sei das gewesen.«

»Okay, den Rest kann ich mir vorstellen. Du hast den Chauvi an die Wand genagelt«, sagte Layla kichernd.

»Ich war richtig wütend, versuchte mich aber zu beherrschen. Ich habe ihm ganz ruhig gesagt: ›Ich fürchte, in dieser Frage haben Sie nichts zu sagen. Die Universität erkennt keine Weisungen von Ihnen an, junger Mann.‹ Du hättest das Gesicht seiner Mutter sehen sollen. Auf einmal saß sie gerade und lächelte mich bewundernd und dankbar an. Aber dass sie sich ihrem Sohn so untergeordnet hat, war gerade das, was mich am meisten angewidert hat. Kein Wunder, dass er sich so aufführt!« Ich war schon länger der Meinung, dass der Kampf für die Rechte der Frauen bei ihnen selbst ansetzen und man vielen von ihnen erst einmal ein bisschen Selbstachtung beibringen muss, bevor wir für unsere Befreiung kämpfen konnten. Man kann schließlich nicht für die Rechte einer Frau eintreten, die selbst aus der Perspektive der Männer denkt, sich ihrer Dominanz kleinlaut unterwirft und einer Frauenbewegung möglicherweise in den Rücken fällt.

Wir überquerten den Boulevard und steuerten auf unser Lieblingscafé zu, das neben einigen Neubauten lag, von denen die meisten noch leer standen. Ein Großteil der Fensterläden war geschlossen. Mit einem Mal flatterten von deren Lamellen lauter grüne Stoffstreifen in der Frühlingsbrise auf uns herunter. Besonders auffällig war, dass es sich um die spezielle Grünschattierung handelte, die im Islam als Farbe des Propheten Mohammed und seiner Nachkommen gilt. Schiiten, die nachweisen können, dass sie direkt vom Propheten abstammen, haben Anspruch auf den Titel Seyed und genießen bei religiösen Menschen große Hochachtung. Bei den Mullahs unterscheiden sich die Seyeds durch ihren schwarzen Turban von den gewöhnlichen Geistlichen, die einen weißen tragen. Laien besitzen keinen solchen Kopfschmuck, können dieses besondere Grün aber anlegen, um sich als Seyed zu kennzeichnen. Einige machen sich nichts daraus und werden auch nicht gerne mit dem Titel angesprochen, während andere sich bei religiösen Zeremonien durch einen seyedgrünen Schal oder eine entsprechende Schärpe zu erkennen geben. Gläubige, die von einer Pilgerfahrt zum Schrein eines der Imame zurückkehren, bringen sich gerne Stücke solcher Tücher als Andenken mit und verteilen sie an Freunde und Verwandte.

»O là là, Seyeds voraus, eine ganze Meute!«, scherzte meine Freundin. »Was soll das denn? Wie lange hat es wohl gedauert, all diese Knoten zu machen?«

Vor uns hatte sich an einem der verlassenen Gebäude eine kleine Menschenmenge versammelt, und als wir näher kamen, sahen wir, dass in einem der leeren Ladenlokale eine Zusammenkunft stattfand. Es war hell erleuchtet, und zu beiden Seiten des Eingangs standen Plakatständer mit großen Postern von Mir Hossein Moussavi. Vor einem blumendekorierten Rednerpult waren Klappstühle mit grünen Sitzflächen für das Publikum aufgestellt. Als wir neugierig hineinspähten, kam ein freundlicher Mann auf uns zu und lud uns ein, der Rede zuzuhören. »Das hier ist die allererste Veranstaltung in Herrn Moussavis Präsidentschaftswahlkampf. Nutzen Sie die Gelegenheit!« Er lächelte ermutigend. Layla und ich blickten einander an. Das Rätsel der grünen Bänder war gelöst, denn Mir Hossein Moussavi war ein Seyed. Doch Layla überrumpelte den freundlichen Mann mit der Frage: »Mir Hossein Moussavi? Der im Krieg Ministerpräsident war?«

Das Lächeln verschwand mit so verblüffender Geschwindigkeit aus dem Gesicht des Mannes, dass ich mich beherrschen musste, um nicht loszulachen. »Herr Moussavi ist ein unabhängiger Kandidat, der für Reformen eintritt«, sagte er mit betont neutraler Stimme.

Ich dankte ihm und murmelte etwas von einer dringenden Verabredung, wir würden gerne ein anderes Mal kommen. »Du hättest ja nicht gleich so aggressiv werden müssen«, meinte ich leise zu meiner Freundin, als wir weitergingen.

»Wollte ich gar nicht, es war nur das Erste, was mir in den Sinn kam, als ich den Namen hörte.«

Wir verbrachten den weiteren Nachmittag in unserem ruhigen Café, aßen Brownies, tranken Kaffee und sprachen über meine anstehende Auslandsreise. Ende 2008 hatte ich ein Vortragspaper für eine internationale Konferenz in Griechenland eingereicht, die Mitte Juli 2009 stattfinden sollte.

Es war angenommen worden, und so stand ich nicht nur vor meiner ersten internationalen Fachtagung, sondern auch vor meiner ersten Reise nach Europa. Die Universität zahlte die Teilnahmegebühr, den Flug und die Unterkunft, und ich hatte beschlossen, auf eigene Kosten noch eine oder zwei andere europäische Städte zu besuchen. Ich war aufgeregt. Als wir das Café verließen, war die Wahlkampfveranstaltung vorbei, die Lichter waren gelöscht und die Leute nach Hause gegangen.

So hörte ich zum ersten Mal von Moussavis Kandidatur. In den nächsten Wochen konnte man sich der Präsenz dieses Reformkandidaten kaum entziehen, der sich besonders gegen die Diskriminierung von Frauen wandte. Täglich kamen mehr Studenten mit grünen Armbändern an die Uni. Die Studentinnen fingen an, Haarreifen, Nagellack und Lidschatten in Grün zu tragen, die ganz Eifrigen sogar grüne Mäntel. Als ich eines Tages mit einer pistazienfarbenen Bluse, deren Ärmel zu sehen waren, in eine Veranstaltung kam, applaudierten die Teilnehmer spontan. Ich sagte ihnen nicht, dass die Farbe nur dem Zufall geschuldet war, aber ich sagte auch nicht, dass ich keine Anhängerin Moussavis war.

Selbst wenn ich es gewesen wäre, hätte ich es auf dem Universitätsgelände weder äußern noch nach außen demonstrieren dürfen. In den vierzehntägigen Treffen der Fakultäts- und Universitätsleiter wies uns der Kanzler jedes Mal eindringlich darauf hin, dass wir uns nicht offen für einen bestimmten Kandidaten aussprechen und nicht an den Diskussionen der Studenten teilnehmen sollten. In meinen Augen basierte das System als Ganzes auf einem Missbrauch der Religion durch den Staat, und man konnte keinem Kandidaten vertrauen, der innerhalb dieses Systems antrat, was auch immer er an Reformen in Aussicht stellte. Für Moussavi sprach in meinen Augen höchstens, dass er sich für fast zwei Jahrzehnte aus dem Regime zurückgezogen hatte. Andererseits waren für mich die Grausamkeiten der Kriegsjahre nicht vergessen, für die er als damaliger Ministerpräsident verantwortlich war, bevor dieses Amt abgeschafft wurde.

Je näher die zehnte Präsidentschaftswahl in der Geschichte der Islamischen Republik rückte, desto mehr durchdrang das Thema den Alltag. Alles erinnerte an Khatamis Kandidatur, doch diesmal wurde sogar auf jeder Party und in jeder Versammlung über die Kandidaten diskutiert. Eine solche Diskussion erlebte ich mit, als ich einigen Freunden dabei half, sich auf die Prüfung für das International English Language Testing System (IELTS) vorzubereiten. Die Gruppe war klein und ziemlich bunt zusammengewürfelt, zu ihr gehörten neben anderen ein Hochschulprofessor, ein Möbeldesigner und eine Hausfrau. Zusammengeführt hatte sie alle ihr Traum, den Iran zu verlassen und nach Kanada oder Australien auszuwandern. Ich brachte das Thema im Unterricht auf, um zu sehen, wie gut sie diskutieren konnten und ob sie die argumentativen Strategien, an denen wir gearbeitet hatten, gut anzuwenden wussten.

»Wir Iraner haben ein kurzes Gedächtnis. Wir denken immer nur wenige Jahre zurück«, begann einer der Teilnehmer das Gespräch.

»Also wollen Sie nicht wählen?«, fragte ich.

»Doch, schon, ich bin ja Iraner. Andererseits, wen soll man schon wählen, wenn man nur das größere und das kleinere Übel zur Auswahl hat?«

»Das sehe ich anders«, widersprach der Zweite. »Wir haben schon eine Wahl. Wir brauchen Veränderung, aber unser Land ist noch nicht bereit für eine dramatische Umwälzung. Also müssen es kleine Reformschritte sein und diese Wahl ist der erste. Jeder, der nicht für Moussavi stimmt, beteiligt sich an der Unterdrückung unserer Nation.«

»Genau«, sagte ein Dritter. »Moussavi steht für Hoffnung und eine bessere Zukunft. Wir sollten ihm um unserer Kinder und der nächsten Generation willen helfen. Sie sollten nicht das Gleiche durchmachen müssen wie wir.«

»Mir geht es wie Frau Soltani, ich werde wohl auch nicht wählen gehen. Wenn doch, dann aber auf jeden Fall Moussavi, nicht seinetwegen, sondern wegen der Veränderung, für die er steht«, kommentierte der Möbeldesigner.

»Aber die Hauptfrage ist doch: Wie soll jemand innerhalb des Systems das System verändern können?«, gab ich zu bedenken. »Geht es hier wirklich um den Kampf für Reformen oder nur um den Kampf um die Macht?«

Die Diskussion wurde bald so hitzig, dass sie über die Vor- und Nachteile der Wahl und Moussavis potenzieller Präsidentschaft debattierten und dabei völlig vergaßen, Englisch zu sprechen.

»Sie gehen also davon aus, dass er gewinnt?«, fragte ich.

»Natürlich gewinnt er«, antwortete eine Frau abschließend. Ich war überrascht, dass alle bis auf einen Teilnehmer anders dachten als ich: Alle wollten sie wählen gehen, und zwar Moussavi.

Später fuhr ich mit Siavash zu den Ausläufern des Elbrus-Gebirges nördlich von Teheran. Wir kauften uns eine Pizza zum Mitnehmen, setzten uns auf eine Bank und genossen die Aussicht. Als ich ihm von der Diskussion erzählte, meinte er: »Überrascht dich das? Es ist letztlich doch wieder das kleinere Übel, das sie wählen wollen. In jeder Wahl gibt es einen Kandidaten, der als der Böse gilt und den die Iraner hassen. Deswegen wählen sie immer den anderen. Wenn du mich fragst, sind viele weniger für Moussavi als gegen Ahmadinedschad.«

»Und wenn er sie wieder so verrät wie damals Khatami?«

»Khatami hat sein Bestes getan, Neda, aber er hatte ja längst nicht so viel Macht, wie die Massen gerne glauben. Die Politik im Iran beruht auf dem *Vali-e-Faqih* – der Staat ist in den Händen einer einzigen Person, die das letzte Wort hat. Auch der Präsident untersteht dieser Person. Khatami hatte gar keine Kontrolle über die wichtigeren Ministerien in seinem Kabinett.«

»Du klingst, als wolltest du auch für Moussavi stimmen.«

»Eigentlich nicht, aber ich werde gegen Ahmadinedschad stimmen.« Er blinzelte mir in seiner verschwörerischen Art zu. Ich biss in meine inzwischen kalte Pizza und dachte mir, dass die Idee vielleicht doch nicht so schlecht war.

»Aber jetzt lass uns die Politik mal für einen Moment vergessen. Was macht dein Vortrag für die Konferenz? Hast du ihn endlich fertig?«, fragte er.

»Ich komme einfach nicht dazu. Die Rohfassung steht, aber ich muss sie noch durchgehen und korrigieren.«

»Wann beantragst du dein Visum?«

»In zwei Wochen, aber ich habe noch kein Foto für den Antrag.«

»Das Foto ist nicht so wichtig, kümmere dich lieber um den Vortrag. Und wo feierst du eigentlich deinen Geburtstag?«

»Das ist das Beste an der Reise, finde ich. In Paris, mit der Mona Lisa.«

»Natürlich ist die Mona Lisa viel aufregender als ich.«

»Ich würde so gerne mit dir feiern, du müsstest eben auch nach Paris kommen.«

»Wenn es nicht so schwierig wäre, ein Schengen-Visum zu bekommen … Meinst du, ich kann zur französischen Botschaft gehen und einfach sagen, ich möchte am Geburtstag meiner Freundin bei ihr in Paris sein?«, meinte er lachend.

»Wenn das nur ginge …«, seufzte ich.

Die Lichter der Stadt funkelten unter uns, und die Frühlingsbrise wehte von den Bergen. Ein Gefühl tiefer Zufriedenheit ergriff mich. Nach all den Jahren der Mühen, Probleme und endlosen harten Arbeit konnte ich mich jetzt auf dieser Holzbank zurücklehnen und alles war, wie es sein sollte. Meiner Mutter und meinem Bruder ging es gut, und wir lebten zwar nicht mehr im Luxus wie früher, hatten aber unser Auskommen. Und endlich hatte ich die Beziehung gefunden, die mir entsprach. Ich liebte diesen jungen Mann, der da neben mir saß und den Moment der Stille genauso genoss wie ich. Das war das Leben, nach dem ich mich gesehnt hatte, seit ich allein in der kleinen Wohnung festgesessen hatte, und ich verdiente es. Ich verdiente die Liebe, die Freundschaft, den Respekt, die Wärme. Das alles gehörte mir. Es war eine mondlose Nacht, aber der Himmel war für eine chronisch smogbelastete Stadt wie Teheran ungewöhnlich klar, und die Sterne funkelten über uns.

In wenigen Wochen sollte sich mein Leben so dramatisch verändern, dass ich jeden Kontakt zu meinem Liebsten verlieren würde. Doch davon wusste ich nichts. Ich saß neben ihm und dankte Gott für seine Segnungen.

Auf dem ersten Bild, das ich für meinen Visumsantrag machen ließ, trug ich ein weißes Kopftuch. Als ich ins Fotostudio kam, hatte ich einen langen Tag voller Besprechungen mit dem Vizepräsidenten der Universität hinter mir und sah so erschöpft aus, dass ich mit diesem Schleier wie ein Gespenst wirkte. Ich versuchte es noch einmal mit einem schönen Seidentuch, das ich Mutter einmal zu Neujahr geschenkt hatte und mir von ihr borgte. Es hatte cremefarbene und violette Blumenornamente auf schwarzem Grund. Mit ein bisschen Make-up und dem Kontrast zu dem neuen Kopftuch sollte das Foto jetzt gelingen. Um lebendiger zu wirken, setzte ich ein leichtes Lächeln auf, kurz bevor der Blitz aufflackerte.

»Hast du ein neues Foto machen lassen?«, fragte Mutter aus dem Badezimmer, als ich nach Hause kam. Sie schnitt Nima gerade die Haare.

»Ja, habe ich.«

»Und?«

»Das neue gefällt mir auch nicht.«

»Warum?«

»Ach, ich sehe viel zu nett aus. So bin ich doch gar nicht.«

»Aber du siehst richtig schön aus«, meinte Mutter, als ich ihr einen der Abzüge gab.

»Sie blickt sonst immer so ernsthaft und finster drein, dass sie selbst nicht glaubt, wie nett sie aussehen kann«, sagte mein Bruder.

Ich schnitt eine Grimasse und fragte Mutter auf die Schere in ihrer Hand deutend: »Warum machst du das eigentlich hier und nicht im Salon?«

»Ich komme in letzter Zeit lieber ein bisschen früher nach Hause. Die Straßen sind voller Leute, man findet kein Taxi und auf den Bürgersteigen geht nichts vorwärts. Auf der einen Straßenseite jubeln sie Moussavi zu, auf der anderen singen sie Sprechchöre für Ahmadinedschad. Die Karroubi-Anhänger halten sich in der Straßenmitte.«

»Wer ist Karroubi?«, fragte Nima.

»Er war früher Parlamentsvorsitzender und hat dann die Partei *Nationales Vertrauen* gegründet«, antwortete ich. »Mein Chauffeur fährt mich auch immer durch die Seitenstraßen nach Hause. Er sagt, auf den Hauptstraßen geht es zu wie im Karneval.«

»Das ist kein Karneval«, widersprach Nima. »Man traut seinen Augen kaum, wenn man hier die vielen Basidsch und dort die modischen jungen Leute auf der anderen Seite sieht, aber es passiert gar nichts. Sie tun einander nichts und gehen ganz freundlich miteinander um.«

»Es sind aber nicht nur die modischen jungen Leute, die Moussavi unterstützen«, sagte Mutter. »Ich habe auch viele ältere Leute für ihn Wahlkampf machen sehen, Frauen mit Tschador und bärtige Männer, die ziemlich religiös aussahen.«

»Ja, aber hauptsächlich sind es doch die jungen Leute, besonders die Studenten, die für ihn sind«, erwiderte Nima.

Der Juli rückte immer näher und ich hatte Mühe, Zeit für die Fertigstellung meines Vortrags zu finden. Ein Meeting jagte das nächste. In jedem schärfte man den Dozenten ein, sich ja nicht offen für einen der Präsidentschaftskandidaten auszusprechen, und diskutierte endlos über die Sicherheitslage auf dem Universitätsgelände. Inzwischen fanden dort täglich Studentenversammlungen statt, bei denen es zuweilen recht hitzig zuging. Die Gelassenheit, wie sie die Basidsch und die Regierungsparteien anfänglich demonstriert hatten, wurde abgelöst von Razzien und Einsätzen mit Gummiknüppeln. Außerdem waren die Semesterabschlussprüfungen auf einen Termin in zwei Wochen gelegt worden, also praktisch direkt nach der Wahl. Ich war jetzt acht Monate Leiterin des Colleges und hatte mich gut in meine Position eingefunden. Die monatlichen Berichte des Hauptausschusses zeigten, wie sehr sich die Zustände dort verbessert hatten, und der Kanzler dankte mir sogar persönlich für meinen Einsatz.

Trotz der aufgeheizten Atmosphäre an der Uni wollte unsere Vereinigung der Anglistikstudenten Samuel Becketts *Warten auf Godot* in der englischen Fassung aufführen. Wir machten uns Sorgen, dass die Ahmadinedschad-Anhänger – also vor allem die Basidsch – das zweifellos bis auf den letzten Platz gefüllte Auditorium nutzen und die Vorstellung stören oder unterbrechen könnten. Der 31. Mai 2009, ein Sonntag, war ein weiterer Siegestag für unser Institut und markiert meine letzte bedeutsame Erinnerung an die Universität, die ein zweites Zuhause für mich geworden war. Immer wenn ich an diesen Tag zurückdenke, empfinde ich noch heute großen Stolz auf die vier Studenten. Nach Jahren vergeblicher Bemühungen um die Theaterarbeit, vor allem um ein nichtreligiöses Theater, führten wir tatsächlich Becketts Stück auf.

Zuvor hatten wir nicht einmal zensierte Versionen von Arthur Millers *Alle meine Söhne* und Henrik Ibsens *Nora oder Ein Puppenheim* auf die Bühne bringen dürfen. Schon zweimal hatten wir vergeblich versucht, die islamische Obrigkeit umzustimmen, die alle Aktivitäten, besonders die kulturellen, an der Universität strikt beaufsichtigte. Grundsätzlich misstraute sie der jungen Generation, besonders aber den Anglisten, weil ihnen die Sprache, die diese studierten, völlig fremd war. Diesmal hatten wir allerdings ein gutes Argument gefunden und einfach darauf hingewiesen, dass es in *Warten auf Godot* keine Frauenrollen gab.

Zum Missfallen der islamischen Autoritäten schaffte es nun also eine studentische Amateurtheatertruppe, so viele Menschen anzulocken, dass nicht nur die 750 Plätze des Auditoriums belegt waren, sondern die Zuschauer sich auch in den Zugängen zum Saal drängten. Die Vorstellung war ausgezeichnet. Es schien, als hätten die vier Studenten alle aufgestaute Energie und Frustration der Bevölkerung in sich aufgenommen, um sie auf der Bühne wieder auszustrahlen. Ihre schauspielerische Leistung wirkte absolut nicht amateurhaft, sie brachte vielmehr die emotionale Intensität zum Ausdruck, die ihre Kommilitonen in diesen Tagen erlebten – genauso wie ihre Dozenten, was dieser Aufführung einen besonderen, ironischen Unterton gab. Diesen zu erkennen fehlte dem staatlichen Big Brother allerdings der Sinn.

Es war der 2. Juni, als ich in der griechischen Botschaft in Teheran meinen Visumsantrag für meine Vortragsreise abgab. Keine der weiblichen Botschaftsangestellten, weder die Griechinnen noch die Iranerinnen, trugen Kopftuch oder

Mantel. Die Konsulatsbeamtin, die meinen Antrag entgegennahm, war eine wunderschöne junge Frau, die von allen nur Elmira genannt wurde.

Vor der Botschaft wartete Layla in ihrem Auto auf mich.

»Europa, ich komme!«, rief ich beim Einsteigen. Sie freute sich mit mir und sagte: »Hast du vielleicht noch eines von den Fotos, die du für den Antrag hast machen lassen? Ich hätte so gern ein neueres Bild von dir, und das hat mir gefallen.«

»Komisch, alle mögen das Bild, nur ich nicht. Ich sehe doch gar nicht nach mir selbst aus. Leider habe ich keinen Abzug mehr übrig.«

»Du schaust darauf nicht so ernst wie sonst. Lässt du mir noch einen machen?«

»Klar, geht in Ordnung«, erwiderte ich und dachte: Wenn es allen so gut gefällt, werde ich es auch für mein Facebook-Profil hernehmen.

So lud ich dieses Bild am 7. Juni auf Facebook hoch. Weil ich darauf ein Kopftuch trug, musste ich nicht befürchten, dass mich ein Student oder Kollege, der es sah, deswegen anschwärzen würde. Andererseits trug ich etwas Make-up und lächelte, und man sah auch mein Haar, nur ein wenig, aber das war besser als nichts. Den versprochenen Abzug konnte ich Layla allerdings nicht geben. Ich habe sie nie mehr wiedergesehen.

Der 12. Juni war nicht nur der Tag der Präsidentschaftswahlen, auf ihn fiel auch der Abgabeschluss für meinen Vortragstext. Ich saß gerade in meinem Zimmer und las ihn am Computer noch einmal durch, als eine Freundin anrief. »Neda, gehst du wirklich nicht wählen?«

»Nein, wirklich nicht.«

»Warum denn nicht? Alle gehen wählen. Morgen tut es dir leid, ich sag's dir.«

»Dieses Land und sein System ändern sich ja nicht, nur weil Moussavi Präsident wird.«

»Ach, sogar meine Mutter ist heute Morgen mit mir zusammen Moussavi wählen gegangen, aber du bist genauso ein Spielverderber wie mein Mann. Ich wollte ihn überreden, aber er meinte nur, er werde bestimmt nicht für das System stimmen.«

»Da hat er ja auch recht.«

»Morgen gehöre ich zu den Siegern und ihr habt verloren. Ha, ha!«

»In Ordnung, Siegerin, dann reden wir morgen weiter. Ich muss jetzt mit dem Vortrag fertig werden.«

Nach dem Mittagessen gingen Nima und Mutter zum Wahllokal in der nächsten Straße. Sie blieben über eine Stunde fort. Ich rief Layla an. »Meinst du, wir sollten doch wählen?«, fragte sie.

»Ehrlich gesagt werde ich langsam unsicher. Alle gehen wählen. Das ist geradezu ansteckend.«

»Falls du hingehst, sag mir Bescheid, dann komme ich mit.«

»Wenn ich gehe, dann erst spät am Abend, kurz vor Mitternacht. Die Öffnungszeiten werden ja immer verlängert, und dann ist es vielleicht nicht so voll.«

Als Mutter endlich zurückkam, sagte sie beeindruckt: »Man traut seinen Augen nicht. Was für eine Menschenmenge! Fast alle tragen grüne Bänder ums Handgelenk.« Dann fügte sie hinzu: »Kannst du eigentlich Textnachrichten verschicken?«

»Nein, seit gestern Abend ist der Service gesperrt. Telefonieren kann man noch, aber SMS kommen immer zurück. Das ist ziemlich verdächtig.«

»Ja, die Leute meinen, es ist kein gutes Zeichen, aber ich habe gesagt, es kann nichts schiefgehen. Moussavi hat klar die Mehrheit ...«

Am Abend begann es heftig zu regnen, aber das konnte die Begeisterung der Iraner nicht dämpfen. Trotz der Wolkenbrüche harrten sie in langen Schlangen vor den Wahllokalen aus. In einigen davon gingen die Stimmzettel aus, sodass die Wähler weitere Stunden warten mussten, bis neue geliefert wurden. Mit meiner Voraussage lag ich allerdings falsch: Zum ersten Mal seit der Revolution wurde die Wahl nicht bis Mitternacht verlängert. Die Wahllokale schlossen vielmehr regulär um 22 Uhr, obwohl vor vielen davon – auch das zum ersten Mal – noch Hunderte von Menschen warteten.

Ich hatte so lange auf den Bildschirm gestarrt und an meinem Text herumgebastelt, dass ich sofort ins Bett ging, nachdem ich den Vortrag abgeschickt hatte. Später sah ich auf den Facebook-Profilen meiner Freunde, dass viele von ihnen die ganze Nacht über aufgeblieben waren, um auf die ersten Ergebnisse zu warten. Sie hatten das Grauen, das darauf folgen sollte, von Anfang an mitbekommen.

Mutter stand sonst immer vor Sonnenaufgang auf, kochte für Nima, der gegen Mittag von der Schule nach Hause kam, und brachte die Küche in Ordnung. Dann trank sie zwei oder drei Tassen Tee, duschte und machte sich für die Arbeit fertig. Es war ein kleines Morgenritual für mich, vor dem

Aufstehen im Bett zu lauschen, wie sie mit dem Geschirr klapperte, und Gott um Gesundheit und Glück für sie zu bitten.

An diesem Morgen hörte ich nichts. Es war totenstill in der Wohnung. Hatte sie verschlafen? Als ich aus meinem Zimmer kam, sah ich sie am Küchentisch sitzen. Sie stützte den Kopf in die linke Hand und starrte in die leere Teetasse. »Herzlichen Glückwunsch. Dein neuer Präsident heißt Ahmadinedschad«, murmelte sie monoton. Ich lachte. »Lach nicht, es ist ernst«, sagte sie seufzend, ohne sich zu rühren. Ich lachte wieder, winkte ab und wollte ins Bad gehen.

»Sieh es dir selbst an.« Mutter schaltete den Fernseher ein. Ich stand so, dass ich den Bildschirm nicht sehen konnte, hörte aber den Sprecher, der die Wahlergebnisse verlas. Ich starrte Mutter an und sie mich.

»Das kann nicht sein«, flüsterte ich.

»Ist es aber«, erwiderte sie.

Im Bad wusch ich mein Gesicht mit kaltem Wasser, um wach zu werden. Ich war nicht die Einzige, die an diesem Tag hoffte, dass alles nur ein böser Traum war. Als ich an der Universität ankam, sprach dort niemand ein Wort. Sie war wie ausgestorben, und die wenigen Studenten, Dozenten und Verwaltungsangestellten sahen einander beim Vorübergehen in die Augen, suchten darin scheinbar etwas, fanden aber nichts und gingen dann ihres Weges. Auf meinem Schreibtisch wartete eine dicke Unterschriftenmappe. Ich rührte sie nicht an. Keiner meiner Kollegen war in seinem Büro. Nichts war zu hören.

Plötzlich stand eine Kollegin in der Tür. Ich hatte mit ihr noch nie ein privates Wort gewechselt, und wir kannten einander nicht sehr gut. Vielleicht kam sie zu mir, weil ich als Einzige in meinem Zimmer war. Sie blieb in der Tür stehen, ihr Kinn zitterte, und ihre Augen waren voller Tränen. »Was geht da vor sich?«, fragte sie. »Was machen die mit uns?«

Ich schüttelte nur den Kopf und hatte plötzlich einen Kloß im Hals. Es war dasselbe Gefühl von Wut und Verzweiflung wie vor sieben Jahren: Ich fühlte mich betrogen. Wir alle waren betrogen worden. Die Kollegin setzte sich an den Konferenztisch und schluchzte in ihr Taschentuch. Ich blieb am Computer sitzen und konnte meine Tränen auch nicht mehr zurückhalten. Es war schon seltsam. Ich hatte gar nicht abgestimmt, und Moussavi oder Karroubi waren mir eigentlich gleichgültig, aber diese gigantische Lüge, die uns hier aufgetischt wurde, machte mich wütend. »Wofür halten die uns eigentlich?«, fragte ich meine Kollegin. »Sie belügen das ganze Land mit einer Schamlosigkeit … als ob wir Idioten wären.«

Der Morgen verging in stiller Apathie, außer gelegentlichem erstaunten Geflüster hörte ich nichts. Als ich am Nachmittag gegen vier Uhr Feierabend machen wollte, klingelte mein Handy. An der Nummer sah ich, dass es ein Freund von mir war, der eine Galerie betrieb. Ich war schlecht gelaunt und drückte den Anruf weg, aber er versuchte es immer wieder, bis ich schließlich abnahm. Schockiert hörte ich schreiende Frauen, brüllende Männer, klirrendes Glas, Autohupen und Geräusche, die wie Schläge klangen.

»Was ist da los?«, rief ich mehrmals, bevor er mich verstand.

»Mein Gott, Neda, du glaubst es nicht. Die Menschen kämpfen auf offener Straße gegen die Basidsch und Polizisten in Zivil.«

»Und was hast du dabei zu suchen?«

»Ich bin ja gar nicht dabei. Ich stehe in meinem Arbeitszimmer am Fenster.«

»Aber das ist doch ganz oben im Gebäude. Wieso hört man den Lärm dann so deutlich?«

»Ich sage ja, du wirst es nicht glauben. Ganz Yusafabad ist in Aufruhr.« Ich hörte ein gewaltiges Krachen. »O Gott, jetzt kommen die Basidsch mit Gummiknüppeln! Sie schlagen Autoscheiben und Schaufenster ein. O nein, sie prügeln auf Frauen ein …«

Sein Bericht klang trotz des Hintergrundlärms irgendwie übertrieben für mich, und ich konnte ihm nicht glauben. Yusafabad war schließlich eine Mittelschichtsgegend. Ich sah friedliche Alleen mit großen Ahornbäumen vor mir. Obwohl auf den Hauptstraßen reger Verkehr herrschte, war es an sich ein ruhiges Viertel. Wenn sich dort wirklich gerade das zutrug, was mein Freund behauptete, musste sich diese Idylle in ein Schlachtfeld verwandelt haben.

»Machst du Witze?«

»Hörst du es denn nicht? Bist du noch im Büro? Geh nach Hause und schalte das Satellitenfernsehen ein. Die berichten bestimmt längst darüber.«

»Ja gut. Ich muss Schluss machen, da kommt noch ein Anruf. Pass auf dich auf, ja?« Jemand hatte versucht, mich anzurufen, und der Nummer auf meinem Display nach musste es Siavash sein.

»Wo bist du?«, rief er.

»Noch an der Uni.«

»Gut, dann geh nach Hause, Liebes. Wir sollten uns heute Abend besser nicht treffen. Auf den Straßen ist die Hölle los. Der Vanak-Platz ist eine regelrechte Kampfzone. Geh nach Hause und bleib da, ja?«

»Nein, ich will dich noch sehen, bevor du zu deinem Seminar nach Täbris fährst.«

»Ich will dich auch treffen, aber es ist jetzt einfach zu gefährlich in der Stadt. Geh nach Hause, wir telefonieren!«

Kaum hatte ich aufgelegt, als eine Freundin in mein Büro gelaufen kam. Sie war der erste lächelnde Mensch, den ich an diesem Tag sah. »Es tut sich was!«, rief sie und hüpfte geradezu vor Freude. »Mein Mann hat gerade angerufen und gesagt, dass ganz Teheran im Aufstand ist. Er sagt, er müsse vielleicht im Büro übernachten, weil es draußen zu gefährlich ist.«

»Was freut dich daran?«

Sie sah beschämt aus. »Es freut mich ja auch nicht. Ich freue mich, dass die Leute endlich ihr Recht einfordern. Wir sollten alle mitmachen. Ich habe meinem Mann gesagt, er soll auch auf die Straße gehen und mitdemonstrieren. Dieses Regime muss endlich lernen, dass wir uns nicht für dumm verkaufen lassen.«

Mutter starrte entgeistert auf den Fernsehschirm. »Um Gottes willen, nicht so fest zuschlagen«, rief sie in das Gerät. Ich setzte mich zu ihr. Unglaubliche Szenen waren zu sehen: Eine riesige aufgeregte Menschenmenge versuchte sich gegen Bereitschafts- und Zivilpolizei zu behaupten. Das Auffälligste an den rennenden und schreienden Demonstranten war, dass sie noch ihre Aktenkoffer, Einkaufstaschen und Stapel von Lehrbüchern bei sich trugen. Sie hatten sich völlig spontan versammelt und waren nicht im Geringsten organisiert, aber jetzt standen sie Seite an Seite, auch gegen die Motorradfahrer mit ihren Schlagstöcken.

In den folgenden Tagen erwuchs aus den Protesten die sogenannte Grüne Bewegung. Die Leute wollten wissen, was geschehen war. »Wo ist meine Stimme?«, hörte man überall. Selbst die Nichtwähler gingen jetzt auf die Straße, weil auch sie ihre Bürgerrechte verletzt sahen. Das Regime zögerte nicht, sich von seiner hässlichsten Seite zu zeigen. Vom ersten Tag an prügelten seine Agenten hemmungslos auf Männer wie Frauen ein und verschleppten viele von ihnen. Es entstand eine eher ironische Widerstandsform. In den ersten Jahren nach der islamischen Revolution hatte man oft Menschen von den Dächern »Allahu akbar«, arabisch für »Gott ist groß«, rufen hören. Jetzt konnte man diesen Ruf wieder vernehmen. Im Dunkel der Nacht erfüllte er die Städte als Protest gegen die Niederschlagung des Volksaufruhrs. Er war so laut, dass ich ihn bis in mein Zimmer hörte, wo ich die Semesterabschlussprüfung für meine Studenten vorbereitete.

Die Universitätsverwaltung ließ vertraulich mitteilen, dass für alle Mitglieder des Lehrkörpers die Teilnahme an Verwaltungssitzungen verpflichtend sei. Also mussten wir von morgens halb acht bis zwanzig Uhr am Abend in Bereitschaft bleiben. Außerdem sollten die Examen unbedingt wie geplant durchgeführt werden. Ich musste für einige Kollegen noch die letzte Sitzung eines IELTS-Workshops geben, also ließ ich eine Mitarbeiterin die Stellung halten und ging hinüber zur geisteswissenschaftlichen Fakultät. Dort bereitete man sich tatsächlich auf die Prüfungen vor. Überall in den Gängen und Klassenräumen standen Stühle in ordentlichen Reihen. Die Haupttreppe zur Halle, wo die Examen abgehalten wurden, war mit Brettern versperrt, sodass die Studenten nur über die Seiteneingänge hineingelangen konnten. Als ich die Anglistik im ersten Stock erreichte, sah ich den Institutsleiter aus dem Fenster zur juristischen Fakultät hinüberschauen.

»Ziemlich viele Wachleute am Eingang«, begann ich.

»Ich weiß. Heute Morgen hat sich eine große Gruppe von Studenten vor dem Büro des Kanzlers versammelt und eine Verschiebung der Prüfungen gefordert. Sie wurden zurückgewiesen, also sind sie auf das Unigelände marschiert. Jetzt sind sie drüben bei den Juristen. Wir kommen wahrscheinlich als Nächste dran.«

Wir hörten ihre Sprechchöre schon lange, bevor sie aus dem Haupteingang der juristischen Fakultät strömten. Es war eine riesige Menge von Männern und Frauen. Sie trugen grüne Chirurgenmasken und Sonnenbrillen und die typischen grünen Armbänder. Ich griff nach der Hand meines Kollegen und sah die Welle sich in unsere Richtung bewegen. Die Wachleute liefen ins Gebäude, schlossen die großen Glaspforten unseres Fakultätseingangs und postierten sich dahinter. Die Demonstranten stauten sich vor den Türen, sie pfiffen, klatschten und riefen: »Ich kämpfe, ich sterbe, ich will meine Stimme zurück«, und »Ya Hossein, Mir Hossein«, womit sie Moussavis Vornamen mit dem des berühmten schiitischen Imams und Märtyrers Hussein verbanden.

»Ich halte das nicht mehr aus«, sagte ich zu meinem Kollegen und lief zur Toilette. Unterwegs hörte ich die Menge gegen die Türen im Erdgeschoss hämmern. Die Studenten, die im Gebäude festsaßen, sahen sich beunruhigt um und fragten sich, was als Nächstes passieren würde. Einige Angehörige des Studenten-Basidsch hatten einen der Verwalter der Fakultät in die Enge getrieben und redeten heftig gestikulierend auf ihn ein. Offensichtlich drängten sie ihn, endlich etwas zu unternehmen. Ich hatte diesen charismatischen Mann noch nie so hilflos und frustriert gesehen. Als wir uns ansahen, flehte er mich mit seinem Blick geradezu um Hilfe an. Aber meine Hände waren kalt und zittrig, in meinem Kopf herrschte Leere. Mir fiel einfach nichts ein, was ich hätte tun können.

Im Waschraum drehte ich einen Wasserhahn weit auf. Ich sah mich im Spiegel an und spürte Bewunderung für diese jungen Leute, die sich so weit vorwagten, um ihr Recht einzufordern. Das Becken vor mir füllte sich immer weiter, mit der Hand auf dem Hahn wartete ich auf irgendein Zeichen. Es kam in Form eines ohrenbetäubenden Krachs von splitterndem Glas. Sie haben es getan, dachte ich mit einem zwiespältigen Gefühl der Zufriedenheit. Schnell drehte ich das Wasser ab und lief wieder hinaus. Einige meiner Studenten rannten an mir vorbei auf die Seitentreppe zu.

»Sie kommen! Sie haben die Türen eingeschlagen! Sie kommen! Von der Haupttreppe!«, rief mir ein junger Mann im Vorbeilaufen zu. Noch ein Stück weiter konnte ich in die Eingangshalle hinunterschauen. Die Demonstranten stürmten die Haupttreppe hinauf, durchbrachen die hölzerne Absperrung und übernahmen die große Halle. Einige Männer in der Menge riefen: »Lasst die Stühle in Ruhe! Nichts kaputtmachen!« Andere bildeten einen großen Kreis, erhoben die Hände und klatschten im Takt, während die Männer im Chor »Ya Hossein« skandierten und die Frauen »Mir Hossein« zurückriefen.

Die Wachleute waren den Demonstranten in die Halle gefolgt und verteilten sich an den Wänden, unternahmen aber nichts. Einige sprachen aufgeregt in ihre Funkgeräte, die anderen standen einfach nur da und sahen zu. Die Basidsch waren allerdings empört über das Spektakel und verlangten Gegenmaßnahmen vom Dekan. Die Leiterin unseres Instituts gab mir ein Zeichen, sich ihr anzuschließen. Ich ging um die Menge herum, die jetzt »O mein Schulkamerad«, einen alten revolutionären Kampfgesang von 1979, angestimmt hatte. Wir standen fast eine Viertelstunde da und schauten zu, bis die Menge sich zu zerstreuen begann. Die Demonstranten hatten alle Hindernisse beseitigt, und es gab nichts, was sie noch aufgehalten hätte. So wandten sich die Leute singend um, verstummten einer nach dem anderen und verließen schweigend die Halle.

Jetzt konnte ich dem Kollegen zu Hilfe kommen, der immer noch von wütenden Basidsch umringt war. Mit eindringlicher Stimme bat ich ihn: »Herr Farmani, könnten Sie bitte kurz mit in die Anglistik kommen? Es ist ein Notfall, wir brauchen Sie dringend.« Er entschuldigte sich, entkam dem Kreis seiner Belagerer und eilte mit mir zu unserem Institut. Ich sperrte die Tür hinter uns zu, während meine Kollegin ihm ein Glas Wasser anbot, das er in einem Zug leerte, um dann auf einen Stuhl zu sinken. »Sie haben mich gerettet, Frau Soltani. Möge Gott all Ihre Wünsche erfüllen«, seufzte er.

»Möchten Sie vielleicht etwas Süßes?«, fragte meine Kollegin. »Sie sind ziemlich blass.«

»Danke, aber ich kann jetzt nichts essen. Die haben mir gedroht, wenn so etwas noch einmal vorkomme, würden sie eingreifen. Wir müssen die Prüfungen verschieben, bevor hier alles außer Kontrolle gerät. Ich muss den Kanzler anrufen und ihm berichten.«

Er hatte recht. Mit den Basidsch war nicht zu spaßen. Am Abend, nachdem das Sekretariat des Kanzlers alle Examen um eine Woche verschoben hatte, lag die Universität fast verlassen. Da sahen meine Kollegin und ich, wie die Basidsch ganze Armladungen von Holzknüppeln ins Gebäude trugen.

Am Ende der Woche, die diese Unruhen gedauert hatten, wurde bekanntgegeben: Die Predigt nach dem Freitagsgebet am 19. Juni würde der Oberste Staatsführer persönlich halten. Es wäre zu schön gewesen, um wahr zu sein, doch glaubten viele Iraner tatsächlich, Khamenei würde die Ordnung wiederherstellen und den Konflikt aus der Welt schaffen. Selbst Mutter, Nima und ich lauschten der Predigt vor dem Fernseher. Dieser Freitagsgottesdienst mit seinen zwei Predigten war auf jeden Fall der bestbesuchte in der Geschichte der Islamischen Republik. Das Ergebnis war allerdings, dass man jetzt in den Nächten nicht nur »Gott ist groß!« von den Dächern hörte, sondern auch »Tod dem Diktator!«.

7

Albtraum ohne Erwachen

»Hallo Neda, hier ist deine alte Freundin Champ. Treffen wir uns heute Abend endlich zum Essen? Sarvi hatte vor drei Wochen Geburtstag und wir haben ihr unsere Geschenke immer noch nicht gegeben.«

»Bei dem Chaos auf den Straßen …«, fing ich an.

»Genau deshalb, denn es kann jederzeit noch schlimmer werden. Bevor eine von uns verschwindet, sollten wir uns treffen – heute noch!«

»Aber ich muss mindestens bis sieben Uhr im Büro bleiben. Können wir uns für später verabreden?«

»Sicher. Ich mache mit Gazelle etwas aus und schreibe dir eine SMS, wann wir dich abholen.«

»SMS sind doch immer noch gesperrt«, wandte ich ein.

»Zur Hölle mit diesen Politikern. Dann rufe ich dich an.«

Es war Samstag, der 20. Juni. Das Land stand noch unter Schock. Am Morgen hatte mich ein Kollege gefragt: »Haben sie bei Ihnen in der Gegend auch ›Tod dem Diktator‹ gerufen? O Gott, ich kann es gar nicht glauben! Früher, wenn mal irgendwo ›Tod für Khamenei‹ auf eine Hauswand gesprüht war, hat der Besitzer das immer in Panik abgeschrubbt oder übertüncht, damit er keinen Ärger bekam. Jetzt schreien sie es geradezu von den Dächern. Dieses Regime ist am Ende.«

»Ich fürchte, sie werden sich an den Leuten rächen«, sagte ich. »Man kann den großen Heiligen nicht beschimpfen, ohne sich selbst zu gefährden.«

»Die Menschen haben es satt, sie nehmen so etwas einfach nicht mehr hin. Jetzt sind sie bereit, den Preis der Freiheit zu bezahlen. Die Predigt gestern hat das Fass zum Überlaufen gebracht.«

Der Tag zog sich wie Kaugummi, denn es gab kaum etwas zu tun, es war, als sei jegliche Aktivität an der Universität zum Erliegen gekommen. Am Nachmittag fing ich schließlich an, den Vortrag zu proben, den ich auf der Konferenz in Athen halten wollte. Mutter rief an und ermahnte mich, ich möge vor Anbruch der Dunkelheit heimkommen. Sie war beunruhigt, als ich ihr sagte, ich träfe mich noch mit Freundinnen zum Essen. »An Abenden wie diesen solltest du besser zu Hause sein. Man weiß nie, was passiert.«

Gegen fünf Uhr kam ein Bekannter in meinem Büro vorbei. »Heute früh stand Frau Kashani weinend vor mir«, erzählte er. »Sie hat für Ahmadinedschad gestimmt und jetzt machen die Kollegen sie deswegen fertig. Die Ärmste hat sich bei mir entschuldigt, dass sie ihn gewählt hat. Wenn sie gewusst hätte, was er nach der Wahl veranstaltet, hätte sie es nie getan, hat sie gesagt. Lieber wäre sie zu Hause geblieben.« Als ich nichts entgegnete, fuhr er fort: »Mein Bruder meinte heute früh, Khameneis Predigt gestern sei in Wirklichkeit ein Ultimatum gewesen. Sie wissen schon, als er gesagt hat, die Teilnehmer an den Protesten seien für alle Konsequenzen selbst verantwortlich.«

»Es wäre nicht das erste Mal, dass sie Leute umbringen«, sagte ich.

»Ja, aber dieses Mal würden sie ganz normale Bürger auf offener Straße töten, keine politischen Dissidenten hinter hohen Gefängnismauern.«

Gazelle holte mich um acht Uhr mit ihrem winzigen weißen Kia ab. »Wir sammeln noch Champ ein und dann treffen wir Sarvi im Restaurant«, erklärte sie mir, als ich auf dem Beifahrersitz Platz nahm. »Wir gehen in ein kleines Lokal am Ende der Welt, weit weg von den Unruhen.« Und nach einer kurzen Pause schob sie nach: »Wie geht es denn deinem Freund Siavash?«

»Er jettet gerade durch die Welt, aber es läuft alles bestens zwischen uns«, antwortete ich.

»Dann hatte Sarvi also den richtigen Riecher, als sie euch miteinander bekannt gemacht hat«, meinte Gazelle schmunzelnd. Sie schaltete den CD-Player ein, und es erklang ein altes Lied aus unserer Schulzeit. »Weißt du noch, die Party zu Sarvis achtzehntem Geburtstag? Wir haben fünfmal hintereinander dazu getanzt. Mal sehen, wer von uns als Erste heiratet, dann spielen wir das Lied nonstop.«

Im Restaurant angekommen, hatten wir alle keinen großen Appetit und naschten nur kleine Stücke vom Geburtstagskuchen. Sarvi beschäftigten die politischen Ereignisse, sie wollte unbedingt darüber sprechen, aber Champ hinderte sie daran. »Wenn Geburtstag gefeiert wird, gibt es keine schlechte Laune. Carpe diem! Schaut euch lieber die Fotos von unserer Reise nach Maschhad an, die ich mitgebracht habe.« Den Rest des Abends verbrachten wir damit, über den Ausflug zu reden und den nächsten zu planen. Meine Freundinnen wollten alles über meine bevorstehende Europareise wissen. Gazelle kannte Paris – wohin ich vielleicht auch fahren wollte – und meinte, das sei die ideale Stadt, um meinen Geburtstag zu feiern. Spät in der Nacht brachte Sarvi mich in ihrem Wagen nach Hause. In unserer Straße umarmte ich sie zum Abschied und wünschte ihr noch einmal ein wundervolles neues Lebensjahr. Wir verabredeten uns für den nächsten Tag im Fitness-Studio, wo wir seit einigen Monaten gemeinsam einen Aerobic-Kurs besuchten.

Als ich unsere Wohnungstür öffnete, hörte ich Mutter mit Nima streiten. Er solle abends nicht so lange fortbleiben. Der Aufruhr ging inzwischen in die zweite Woche, und das Regime schlug unbarmherzig zurück. Mutter war verzweifelt, und ich konnte verstehen, warum.

»Irgendetwas Neues? Wieder Demonstrationen?«, fragte ich.

»Weiß ich nicht. Ich habe den Fernseher heute gar nicht erst eingeschaltet«, erwiderte sie. »Ich halte es nicht mehr aus. Unsere eigenen Sender zeigen Musiksendungen und Kochshows, und über Satellit sieht man blutüberströmte Menschen flüchten. Dass es draußen so zugeht, weiß ich auch ohne Fernsehen.«

Ich frage mich heute noch, warum sie ausgerechnet an diesem Tag keine Nachrichten gesehen hatte. Und warum musste ich gerade an diesem Abend mit meinen Freundinnen so lange ausgehen, dass es zu spät zum Fernsehen wurde?

So verpassten wir alle eine tragische Meldung, die sich als sehr folgenreich für mich erweisen sollte.

Es hatte einen Mord gegeben. Ein Basidsch hatte eine Iranerin erschossen. Eine schöne junge Frau war mitten auf der Straße in Teheran niedergestreckt worden. Ein Augenzeuge hatte ihre letzten Sekunden mit der Kamera seines Mobiltelefons festgehalten und den Film an einen iranischen Exilblogger geschickt. Der hatte die schockierende Szene ins Internet gestellt. Millionen von Menschen weltweit sahen das Video auf YouTube, Facebook und Twitter an. Nur niemand von unserer Familie. Ich frage mich, ob es einen Unterschied gemacht hätte. Ob es mich vielleicht gerettet hätte. Wenn ich das Video an jenem Abend gesehen hätte, wäre ich wie wohl die meisten anderen Zuschauer in Tränen ausgebrochen und hätte nicht einschlafen können. Trotzdem hätte ich niemals vermutet, dass dieser Tod, so schlimm er auch war, von allen 70 Millionen Iranern ausgerechnet für mich böse Folgen haben würde. Wie hätte ich es auch ahnen können?

Am nächsten Tag stand lediglich eine Besprechung auf meinem Terminplan. Sie war für zwei Uhr am Nachmittag angesetzt, aber ich fuhr schon frühmorgens an die Universität. Als ich mich auf den Rücksitz sinken ließ, sah mein Chauffeur mich im Rückspiegel an und sagte: »Das war vielleicht eine Nacht! Die Leute sind völlig verrückt. Gestern wurden auf offener Straße Menschen getötet, heißt es.« Ungläubig setzte er nach: »Ob sie wirklich Leute umgebracht haben?«

»Das kann ich mir durchaus vorstellen«, meinte ich, obwohl ich es selbst kaum glauben konnte.

Er seufzte tief und fuhr dann schweigend weiter. Ich betrachtete sein Profil und fragte mich, wie viele Iraner wohl wie er und wahrscheinlich auch seine Familie dachten – Menschen, die immer noch an die Heiligkeit der Islamischen Republik glaubten und sich weigerten, die Grausamkeiten des Regimes zu sehen.

Im Büro beschäftigte ich mich mit ein paar Papieren und Anrufen, doch nach etwa einer Stunde hatte ich die Arbeit erledigt. Die Prüfungen waren wegen der Unruhen verschoben worden und der Campus lag weiter halb verlassen. Die Eingangstüren wurden schwer bewacht, und man fragte die Studenten, was sie an der Uni wollten, bevor man sie einließ. Schließlich schaltete ich meinen Computer an, um meine E-Mails zu lesen. Ich wartete immer noch auf die Empfangsbestätigung für meinen Vortrag, den ich auf der Konferenz in Athen halten wollte. Das Schreiben musste ich der Universität vorlegen, um die Kosten für die Dienstreise nach Europa erstattet zu bekommen. Schließlich hatte ich schon Flug und Unterkunft gebucht und die Teilnahmegebühr bezahlt.

Als ich meinen Yahoo-Account öffnete, fiel mir buchstäblich die Kinnlade herunter. Der Posteingang enthielt unzählige Facebook-Freundschaftsanfragen. Es waren nicht nur ein paar, sondern, wenn ich mich richtig erinnere, 67. Einige Namen waren so fremdartig, dass ich sie gar nicht aussprechen konnte. Bis auf einen oder zwei Absender handelte es sich nicht einmal um Iraner. Es war so bizarr, dass ich mich sogar fragte, ob ich mich vielleicht aus Versehen in einen fremden Account eingeloggt hatte. Aber nein, oben stand mein Name auf der Seite. Facebook wurde von den staatlichen Stellen gefiltert, und auf meinem Rechner war keine

Anti-Zensur-Software installiert. Ich konnte mir einfach nicht vorstellen, was da vor sich ging. Warum interessierten sich schlagartig so viele Fremde für mich? Es war umso unheimlicher, als ich sah, dass die Zahl der Einladungen kontinuierlich wuchs, während ich noch auf den Bildschirm starrte.

Ich ging hinüber ins Büro meiner Sekretärin. Die schrieb gerade einige Glückwunschkarten für Kollegen, die in den nächsten Wochen Geburtstag hatten. Ihre Handschrift war schöner als meine, also hatte ich ihr den ganzen Stapel gegeben und sie gebeten, jeweils ein paar Zeilen zu verfassen, die ich dann unterschreiben konnte. Es waren nur einfache Karten, aber nachdem ich diesen Brauch eingeführt hatte, war er so beliebt geworden, dass ich eine Namensliste führen musste, um ja niemanden zu vergessen und zu enttäuschen.

Sie sah auf und lächelte, breitete die Hände aus und deutete auf die Karten. Ich versuchte, ihren freundlichen Gesichtsausdruck zu erwidern, platzte aber gleich mit den seltsamen Vorgängen auf meinem Facebook-Account heraus. Sie hörte mir zu, neigte den Kopf zur Seite und sagte: »Schönheit hat eben Folgen.« Kopfschüttelnd bat ich sie, mich in mein Büro zu begleiten. Sie sollte sich das selbst ansehen. Ich drehte den Bildschirm in ihre Richtung und wies auf meinen Account. Inzwischen waren über achtzig Freundschaftsanfragen eingetroffen. »Sie sind eine internationale Berühmtheit. Bekomme ich ein Autogramm?«, scherzte sie zuerst, aber als sie meinen ratlosen Blick sah, meinte sie beruhigend: »Das ist sicher nur ein Fehler. Auf Facebook geht es ziemlich seltsam zu. Da ist alles möglich. Ist Ihr Profil öffentlich zugänglich?«

»Natürlich nicht! Nur die Leute auf meiner Freundesliste können es einsehen«, erwiderte ich.

»Dann ist das auf jeden Fall ein Fehler.« Sie zuckte die Schultern und fügte hinzu: »Oder jemand hat sich in Ihren Account gehackt.«

»Das befürchte ich. Und ich hoffe, es stimmt nicht.«

Verzweifelt starrte ich auf die Flut von Freundschaftsanfragen, die mein Yahoo-Postfach überschwemmte. Unter ihnen entdeckte ich eine mindestens genauso seltsame E-Mail von einem meiner Studenten. Der Betreff lautete: »Nicht öffnen, wenn Sie ein schwaches Herz haben! Ab 18!« Was für ein Scherz ist das denn, fragte ich mich, als ich die Mail öffnete. Über der Nachricht stand in Farsi und Englisch noch einmal die gleiche Warnung in großer roter Schrift. Die Internetverbindung war so langsam, dass es eine Weile dauerte, bis die Fotos geladen waren, aus denen die Mail bestand.

Das erste Bild baute sich von oben nach unten auf. Es war das Foto einer jungen Frau. Sie blickte nicht in die Kamera, und ihr Gesicht war mit einer dicken roten Substanz bedeckt. Die Auflösung war schlecht. Ich ging mit den Augen näher an den Bildschirm und starrte in ihr rechtes Auge: das Einzige, was von ihren Gesichtszügen zu erkennen war. Der Rest verschwand unter dieser roten Substanz. War das etwa … Blut? Unmöglich! Ich scrollte nach unten, um eine Erklärung zu finden, aber es gab keinen Text, nur einige andere Bilder, die noch nicht fertig geladen waren, und ganz am Ende ein großes grünes Fragezeichen.

Ich minimierte das Bildschirmfenster, lehnte mich zurück und versuchte zu entscheiden, ob ich glauben sollte, was ich da gesehen hatte. Etwas an diesem Gesicht erschien mir unerträglich seltsam, aber ich konnte noch nicht genau sagen, was es war. Nach einer Weile öffnete ich das Mail-Fenster wieder und sah mir die restlichen Fotos an. Die Frau lag auf der Straße. Sie trug einen schwarzen Kurzmantel und Jeans, die offensichtlich blutbefleckt waren. Mein Magen zog sich zusammen, und mein Herz raste. Ich ertrug den Anblick nicht länger. Mit einem Klick schloss ich das Fenster und versuchte mich davon zu überzeugen, dass diese Fotos unvorstellbar waren – und daher nicht echt sein konnten. Aber ich ahnte schon, dass diese Erklärung zu einfach wäre.

Mein Postfach zeigte inzwischen etwa 150 Freundschaftsanfragen. Ich wurde wütend: Hatte jemand meinen Facebook-Account geknackt und etwas so Seltsames darauf angestellt, dass plötzlich so viele Menschen meine Freunde sein wollten? Zuerst wollte ich alle Einladungen löschen, doch ich gab bald auf. Ich brauchte dringend frische Luft. Um nicht gesehen oder angesprochen zu werden, wählte ich den Weg durch die Balkontür und die Feuerleiter hinunter in den Garten. Große Ahornbäume beschatteten den Weg angenehm vor der heißen Junisonne. Ich wünschte, ich hätte mein Mobiltelefon mitgenommen, um Siavash anrufen zu können. Doch wahrscheinlich steckte er ohnehin gerade in einer Besprechung oder einem Workshop. Ich musste mich ablenken, und dafür war er immer am besten geeignet. Ich setzte mich auf eine Parkbank und stellte mir seine wachen schwarzen Augen vor, seine geraden Augenbrauen und seine langen geschwungenen Wimpern. Die mochte er gar nicht an sich, er fand sie zu feminin. Und ich sah seine Lippen vor mir, die er immer fest zusammenpresste, wenn er nachdachte.

Ich dachte an seine Familie, in die ich womöglich bald einheiraten würde. Sein Vater war Universitätsprofessor, seine Mutter Hausfrau. Seine ältere Schwester lebte in den USA, wo ihr Mann an seiner Dissertation arbeitete. Sein jüngerer Bruder studierte noch. Der Familienname, Rohani, hatte mir anfangs nichts gesagt, aber als Siavash mir von den Regierungskontakten seines Vaters erzählte, war ich entsetzt. Auch wenn mein Liebster selbst nicht religiös war, nahm ich an, dass ein Mann wie sein Vater strenggläubig war, denn er arbeitete für die Regierung. Siavash hatte das verneint. Seine Eltern praktizierten zwar den Glauben, beteten täglich und fasteten, seien aber ansonsten liberal eingestellt und hätten ihren Kindern die Religion nie aufgezwungen. Ich hatte Fotos seiner Schwester auf Facebook gesehen und kannte ihn und seinen Bruder gut genug, um zu wissen, dass dies stimmte. Aber die Verbindung seines Vaters zum Regime bereitete mir Unbehagen. Siavash versicherte mir jedoch, sein Vater sei nur als Berater für einige Politiker tätig. Als ich Mutter das erste Mal von meinem Freund erzählt hatte, sagte sie: »Du bist alt genug, um zu wissen, was richtig und was falsch für dich ist. Wenn du dich mit Siavash triffst, ist das deine persönliche Entscheidung. Doch denke immer daran: Solltest du dich dazu entscheiden, ihn zu heiraten, wird seine Familie auch die deine – und die deiner Kinder – sein.«

Auf meinem Computer war die Zahl der Freundschaftsanfragen bei meiner Rückkehr ins Büro auf über 200 gestiegen, und es wartete auch eine Nachricht auf Facebook auf mich. Ich war erleichtert, weil sie von einer Frau stammte, die mir auch eine Freundschaftsanfrage geschickt hatte. Ihr Name war Liz Barnes. Sie würde dieses ganze Durcheinander sicher erklären können. Ich konnte die Nachricht nicht nur auf Facebook, sondern auch in meinem Yahoo-Postfach lesen. Als ich ihre Mail öffnete, fiel ich fast vom Stuhl: »Liebe Neda, ich versuche eine Neda Soltani zu identifizieren, die am 20. Juni in Teheran erschossen wurde. Das kann ich nur durch ein …«

Wie eine Schlafwandlerin ging ich zu meinen Kollegen in den Raum nebenan und sagte: »Wissen Sie was? Ich bin seit gestern eine Märtyrerin.« Sie brachen in Gelächter aus. »Warum lachen Sie denn? Das ist ernst gemeint«, rief ich, aber sie fanden die Enthüllung so lustig und kicherten so unbeschwert, dass ich schließlich mitlachen musste. Dann erzählte ich ihnen von der Facebook-Nachricht.

»Immerhin erklärt die Mail von dieser Frau den Ansturm von Freunden auf Facebook«, meinte einer der Kollegen.

»Aber warum sollte man eine Tote zur Freundin haben wollen?«, fragte der andere. Sie begannen verschiedene Theorien zu diskutieren, doch ich konnte ihnen nicht folgen. Ich dachte an all die Menschen, die mich für tot halten mussten und deren Zahl ständig stieg. Aber wie war ein solcher Fehler möglich?

Es war bald zwei Uhr, Zeit für meine Besprechung. Ich rief meine Sekretärin an und bat sie, meine Teilnahme abzusagen, ich hätte starke Kopfschmerzen. Ich wollte nach Hause gehen. Auf meinem privaten Computer war Anti-Zensur-Software installiert, und ich könnte in meinem Facebook-Account nachsehen, ob ich etwas über den Fehler herausfinden konnte. Doch meine Sekretärin erklärte, sie habe zur Antwort erhalten, meine Anwesenheit sei bei dieser wichtigen Besprechung unbedingt erforderlich.

In der Sitzung verstand ich kein Wort von dem, was gesagt wurde, und hatte die ganze Zeit ein mulmiges Gefühl. Ich hasste diese Menschen, die nur herumsaßen und redeten, während es in der Welt Menschen gab, die mich für tot hielten. Am liebsten hätte ich mit der Faust auf den Tisch gehauen und sie zum Schweigen gebracht. Ich saß dem Vizepräsidenten direkt gegenüber. Nach einer Stunde, die mir wie ein Jahrhundert vorkam, meinte er, ich sähe fiebrig aus und solle lieber nach Hause gehen. Ich murmelte eine Entschuldigung, griff nach meiner Handtasche und floh. Während ich auf meinen Wagen wartete, suchte ich mein Handy heraus, um meiner Sekretärin zu sagen, dass ich doch nach Hause fuhr. Der Display zeigte neun verpasste Anrufe an.

Es klingelte in der folgenden Stunde ohne Unterlass, doch ich war außerstande, auch nur einen der Anrufe anzunehmen. Ich war zu durcheinander. Kollegen, Freunde, Studenten riefen an. Die Nachricht meines angeblichen Todes hatte sich also schon verbreitet. Als ich nach Hause kam, lagen meine Nerven blank, ich konnte nicht mehr online gehen.

Mir war heiß. Ich öffnete den Kühlschrank, goss mir ein Glas Apfelsaft ein und warf mehrere Eiswürfel hinein. Ich wählte Siavashs Nummer, aber er nahm nicht ab. Dann rief Sepideh bei mir an.

»Was zum Teufel soll das bedeuten?«, fragte sie.

»Frag nicht mich«, erwiderte ich.

Kasra nahm ihr den Hörer ab und sagte: »Ich habe den Mullahs nie geglaubt, wenn sie gepredigt haben, dass die Märtyrer weiterlebten und unter uns seien – bis jetzt. Du bist eine lebende Märtyrerin, und ich bin ab heute ein Gläubiger.« Die beiden kommentierten das Ganze nicht weiter und stellten auch keine Fragen, wahrscheinlich, weil sie dachten, dass ich schon informiert sei.

Danach rief ich Mutter an, um zu testen, ob sie es schon wusste. Sie klang aber ganz normal und meinte, sie käme in ein paar Stunden nach Hause. Ich brachte es nicht über mich, ihr am Telefon von dem zu erzählen, was geschehen war. Die Zeit kroch förmlich dahin. Ich sagte mir selbst, dass meine Probleme sich mit jeder Minute, in der ich nichts unternahm, vervielfachten. Ich wusste, dass ich etwas tun musste, aber ich wusste nicht, was. Wie ein Tier lief ich im Wohnzimmer auf und ab und versuchte einen klaren Gedanken zu fassen. Nach einer Stunde entschloss ich mich schließlich, online zu gehen und den Irrtum zu berichtigen, bevor es zu spät war.

Als ich mich in meinen Facebook-Account einloggte, waren inzwischen fast 300 Freundschaftsanfragen aufgelaufen. Am schnellsten konnte ich wohl alle informieren, so dachte ich, wenn ich sie alle annahm und dann eine öffentliche Nachricht in mein Profil stellte, dass ich nicht die war, die sie suchten. Ich bestätigte also die Anfragen und schrieb: »An alle! Hier liegt ein ganz großes Missverständnis vor. Es ist nur eine Namensgleichheit!«

Meine neuen Facebook-Freunde waren alle schockiert und verwirrt: Sie hatten überall mein Foto gesehen, wie ich schnell aus ihren Kommentaren und privaten Nachrichten erfuhr. Das mit dem Foto schockierte wiederum mich. Ich war seit über einem Jahr bei Facebook registriert und wusste, wie man damit umging. Bei den Sicherheitseinstellungen hatte ich die höchste Stufe gewählt, damit niemand außer eingeladenen Freunden mein Profil einsehen konnte. Auf diese Weise hatte ich mich in der virtuellen Welt immer für sicher gehalten. Jetzt fand ich plötzlich so viele Anfragen von völlig Fremden in meinem Profil, mit all ihren Kommentaren und Nachrichten. Die meisten wollten mir nur helfen, aber der Ansturm machte mir Angst. Einige waren so empört über meinen angeblichen Tod, dass sie meine Nachricht übersahen und bewegende Nachrufe in mein Profil schrieben: Ich sei nicht umsonst gestorben. Mehrere andere, darunter Liz Barnes, bestanden durch eine Kontaktaufnahme außerhalb von Facebook auf einer Bestätigung, dass ich noch am Leben war, weil sie das für sicherer hielten, aber ich wollte nicht antworten.

Durch all diese Reaktionen wurde mir klar, wie weit sich mein Foto in dieser kurzen Zeit bereits verbreitet hatte. Das Missverständnis war aus dem Internet längst in andere Medien gesickert, und auch im Fernsehen war mein Gesicht zu sehen. Meine unbekannten Freunde sprachen davon, es auf Fox News, CNN und bei der BBC gesehen zu haben. Ich schaltete hastig den Satellitenreceiver ein und wählte das erste farsisprachige Auslandsprogramm, das mir einfiel, einen Sender aus Los Angeles. Auf dem Bildschirm erschien eine Frau, die eine Totenklage verlas und alle paar Sätze »Neda … Neda …« ausrief. Die rechte obere Ecke des Schirms war mit einem schwarzen Trauerband versehen. Auf allen Kanälen wurde mehr oder weniger dasselbe gezeigt. Doch ich wollte mein vermeintliches Foto mit eigenen Augen sehen, ich wollte einen Beweis, dass es kein böser Traum war. Ich zappte durch die Kanäle und ärgerte mich, dass ich nicht die Programme fand, die ich suchte. Schließlich sahen wir nicht jeden Tag fern. Erst seit der Präsidentschaftswahl schaute ich die Nachrichten.

Unterdessen verbreitete sich das Foto offensichtlich in Windeseile. Als wäre es mein Schatten, hatte jeder es schon gesehen, nur ich bekam es nicht zu fassen. Mein Handy klingelte ununterbrochen. Was sollte ich tun? Was sollte ich all diesen Menschen sagen, die eine Erklärung verlangten? Wie sollte ich etwas erklären, das ich nicht einmal gesehen hatte und eigentlich auch nicht glauben konnte?

Als ich es schließlich eine Stunde später mit eigenen Augen sah, war ich wie vom Donner gerührt – weniger weil mich mein eigenes Gesicht aus dem Fernseher ansah, sondern wegen der anderen Fotos und des Videos, die dazu ausgestrahlt wurden. Ich war so in mein eigenes Problem verstrickt gewesen, dass ich die E-Mail mit den Bildern der toten Frau auf der Straße völlig verdrängt hatte. Es war mir überhaupt nicht in den Sinn gekommen, dass sie es war, mit der ich die ganze Zeit über verwechselt wurde. Sie war die Neda, um die alle trauerten.

Ich stand vor dem Fernseher und starrte auf mein Bild, auf dem ich blass und unschuldig lächelte und das auch eine Art Trauerband trug, da klingelte es an der Wohnungstür. Das musste Mutter sein. Hastig schaltete ich den Fernseher aus und überlegte, wie ich ihr die Geschichte beibringen sollte. Ich hatte nur Nedas blutverkrustetes Gesicht vor Augen, ansonsten herrschte in meinem Kopf völlige Leere. Als ich öffnete, musste Mutter es mir angesehen haben, denn sie fragte sofort: »Alles in Ordnung?« Ich nickte abwesend, während sie mir beim Hereinkommen zwei Plastiktüten mit Pfirsichen und Kirschen in die Hand drückte, um dann den Knoten ihres schwarzen Kopftuchs zu lösen. Ich stellte mich ihr in den Weg – wie ein Kind, das verhindern will, dass seine

Eltern sehen, was es angestellt hat. Als sie die Schuhe ausgezogen hatte und sich wieder aufrichtete, stand ich immer noch direkt vor ihr.

»Mutter, ich muss dir etwas sagen«, flüsterte ich. »Man hat mich mit einer Frau verwechselt, die umgebracht worden ist. Sie ist gestern in Teheran erschossen worden. Bei einer Demonstration. Anscheinend hieß sie genauso wie ich: Neda Soltani.«

»Wie, verwechselt?«, fragte Mutter mit dem besonderen Lächeln, das ich von ihr geerbt habe. Ein Lächeln des Unglaubens.

»Jemand hat mein Foto genommen und es mit ihrem Bild verwechselt.«

»Wer denn?«

»Weiß ich nicht.«

»Wie weißt du dann überhaupt davon?«

»Weil …«, fing ich an. Ich wollte es ihr schonend beibringen, aber mir fiel nichts ein, was die Nachricht abmildern konnte. »Weil … es schon im Fernsehen kommt. Mein Foto, meine ich.«

Sie starrte mich an, das Lächeln war verschwunden. »Woher haben die dein Foto?«

»Es ist das von Facebook.«

»Du meinst das Internet?«, rief sie. Mutter ging an mir vorbei in die Küche, schenkte sich ein Glas Wasser ein und wandte sich mir über die Arbeitsfläche hinweg zu. »Ich sage meinem siebzehnjährigen Sohn ständig, er soll im Internet bloß aufpassen, weil es unsicher ist. Und dann stellt meine zweiunddreißigjährige Tochter, eine Universitätsdozentin, ihr Foto bei Facebook ein.«

»Mutter, du hörst dich an, als sei es ein Nacktfoto!«, protestierte ich.

»Dein Telefon klingelt«, meinte sie nur, als wolle sie mich loswerden, um in Ruhe nachdenken zu können. Ich hatte keine andere Wahl, als den Anruf anzunehmen. Ich wollte nicht, dass sie sah, wie durcheinander ich war. Sie hatte schon Verdacht geschöpft, weil ich so explodiert war. Ich nahm also ab.

»Hallo?«, murmelte ich in den Hörer und drehte mich von Mutter weg. Ich wollte nicht, dass sie mithörte. Einige Sekunden vergingen, und ich fragte mehrmals in den Hörer, bevor ich am anderen Ende der Leitung eine halb erstickte Stimme hörte, die in abgebrochenen Sätzen sprach. »Frau Soltani? … Sind Sie das? … Sie selbst?« Ich erkannte den Kollegen an der Stimme.

»Ja, Dr. Manafi, am Apparat«, sagte ich. Er schwieg wieder, dann hörte ich ein schwaches Schluchzen und er fuhr unbeholfen fort: »O Gott … das hat mich einfach umgehauen … ich war so schockiert … O Gott … Wie geht es Ihnen? Sind Sie gesund? Alles in Ordnung?« Ich entschuldigte mich für die Angst, die er empfunden hatte, aber er wiederholte immer wieder: »Warum entschuldigen Sie sich? Sie haben nichts Falsches getan.« Er schilderte mir, wie er am späten Nachmittag nach Hause gekommen war und das Satellitenfernsehen eingeschaltet hatte, um Nachrichten zu schauen. Noch bevor er sich hinsetzen konnte, war er von meinem Foto samt Namen und der Nachricht von der öffentlichen Trauer über meinen Tod überrascht worden. »Ich hatte solche Angst, bei Ihnen anzurufen. Ich dachte, es nimmt jemand ab und sagt mir unter Tränen, dass Sie von uns gegangen sind.«

An diesem Abend nahm ich noch viele solche Anrufe entgegen. Kollegen, Freunde und Studenten waren in Panik. Ich konnte sie wenigstens beruhigen und ihnen versichern, dass ich noch am Leben war. Es waren so viele Anrufe, dass ich nicht mehr im Einzelnen weiß, mit wem ich alles gesprochen habe. Es war eigentlich immer die gleiche Unterhaltung, ich kam mir schließlich vor wie ein Anrufbeantworter. »Hallo? … Ja, ich bin es selbst … Mir geht es gut … Tut mir wirklich leid … Nein, ich weiß auch nicht, wie das passiert ist … Nein, ich kannte sie nicht … Danke für Ihren Anruf und entschuldigen Sie bitte, dass ich Sie so erschreckt habe. Jetzt muss ich leider auflegen, es ruft noch jemand an.«

Irgendwann wurde mir schwindelig. Ich schaltete das Mobiltelefon aus, brachte es auf meinen Nachttisch und ging zurück ins Wohnzimmer. Mutter hatte den Fernseher eingeschaltet und stand entgeistert davor. Sie war aschfahl, Tränen liefen ihr über das Gesicht. Das rief mir erst ins Bewusstsein, dass in diesem Moment irgendwo in Teheran eine andere Mutter den Tod ihrer geliebten Neda beweinte. Und für sie würde es sich nicht als Irrtum herausstellen, sondern als die schreckliche Wahrheit. Genau das muss Mutter gedacht haben. »Ihre arme Mutter«, sagte sie. »Ich hoffe nur, sie schaut sich das nicht an. Ich jedenfalls kann es nicht ansehen. Wie wird die arme Frau mit einem solchen Unglück fertig?«

Als Nima nach Hause kam, schob ich ihn in mein Zimmer und erzählte ihm, was vorgefallen war. Er sah mich ungläubig an und meinte, überall werde über die Frau gesprochen, die gestern von den Basidsch umgebracht worden sei. »Einer meiner Freunde hat gesagt: ›Sie heißt genauso wie deine Schwester.‹«

Keiner von uns konnte an diesem Abend etwas essen. Ich hatte zwar den ganzen Tag noch keine Mahlzeit zu mir genommen, mochte aber nicht einmal daran denken. Mutter betete zu Gott, er möge allen Menschen gnädig sein, und ging mit einem Paket Taschentücher in der Hand zu Bett. Nima war still geworden, als er mein Foto mit dem Trauerband gesehen hatte. Er saß im Schneidersitz auf dem Sofa und sagte: »Was für eine armselige Recherche. Die wissen ja nicht mal ihren Namen – einmal heißt sie Neda Soltani, dann Soltan, dann Salehi-Soltan oder Agha-Soltan. Zur Hölle mit diesen TV-Leuten!« Er schaltete den Fernseher aus und verschwand in seinem Zimmer.

Ich blieb noch lange auf, schaltete den Apparat wieder ein und hörte zu, vermied es aber, auf den Bildschirm zu schauen. Ich wollte weder mein Foto noch dieses Video sehen, auf dem sie dalag und mit toten Augen in die Kamera starrte. Aber auch die Meldung selbst bereitete mir Kopfzerbrechen. Sie war ein Mischmasch aus unterschiedlichsten Daten.

Ich schaltete den Fernseher wieder aus und setzte mich an den Computer, um E-Mails zu schreiben, Nachrichten für Leute zu posten und den Fehler richtigzustellen. Bald erschienen Fotos demonstrierender Exil-Iraner im Netz, die Plakate mit Nedas blutüberströmtem Gesicht und meinem Foto daneben in Händen hielten, »vorher« und »nachher« sozusagen.

Einige Freunde hatten bereits vorgeschlagen, ich solle das Bild aus meinem Facebook-Profil entfernen. Als ich jetzt mein Foto auf Demonstrationsplakaten sah, dachte ich, das sei vielleicht eine gute Idee. So konnte es wenigstens nicht mehr heruntergeladen werden. Allerdings rief schon wenige Minuten später Kasra an und fragte ärgerlich: »Warum hast du dein Foto entfernt? Es werden jetzt auf Facebook überall Kopien eingestellt.« Er hatte recht. Als ich auf Facebook nach meinem Namen suchte, fand ich zu meinem Entsetzen zahlreiche Profile und Seiten, die ihn nannten – und mein Bild dazu zeigten. »Die sind schnell«, murmelte ich ungläubig. »Ich habe es erst vor fünf Minuten gelöscht.«

»Ich weiß, ich habe dein Profil immer wieder gecheckt. Und noch eins, Neda …«, sein Tonfall änderte sich, »… wenn du mit jemandem darüber sprichst, bitte ihn, die Aufmerksamkeit nicht auf dich zu lenken. Die Leute sollten nur sagen, dass es das falsche Foto ist, und nicht, dass sie dich kennen.«

»Ich habe noch niemandem irgendetwas gesagt. Alle machen, was sie wollen. Mein Gott, mir platzt gleich der Kopf.«

»Geh am besten ins Bett. In den nächsten Tagen wird sich das hoffentlich alles klären.«

Doch bevor ich ins Bett ging, musste ich noch eines tun. Viele Iraner sind Zuschauer von Voice of America Farsi, und das nicht nur im Iran, sondern auch in Europa und den Vereinigten Staaten. Ich wollte nicht, dass weltweit mit Plakaten demonstriert wurde, auf denen mein Gesicht prangte. Also schrieb ich dem Sender eine E-Mail, in der ich die Verwechslung erklärte und darauf hinwies, dass das für mich gefährliche Folgen haben könne. Dann bat ich sie, mein Bild nicht mehr zu senden. Um zu beweisen, dass ich tatsächlich die Frau auf dem Bild und keine Hochstaplerin war, hängte ich ein Schwarzweißfoto von mir an die Mail. Nima hatte es einen Monat zuvor auf einem Ausflug gemacht. Ich schrieb, ein Vergleich der beiden Bilder zeige ihnen, dass ich die fragliche Person sei. Dann klickte ich auf »Senden« und betete zu Gott, dass die Redaktion meine Nachricht in den Unmengen von E-Mails, die sie wahrscheinlich erhielt, überhaupt bemerken und den Fehler schnell berichtigen würde.

Nach einer schlaflosen Nacht konnte ich nichts frühstücken, und auch Mutters deprimiertes Gesicht und ihre verweinten Augen waren für mich kaum zu ertragen. So ging ich in die Fakultät. Es waren immer noch kaum Studenten zu sehen, und das, obwohl mehr als 22 000 eingeschrieben waren. Ich sank in meinen Stuhl und schloss die Augen. Es herrschte Totenstille, und die Zeit schien nicht zu vergehen, auch an diesem Tag zeigte sich kein einziger Kollege. Schließlich ging ich zum Büro des Dekans, weil ich hoffte, dort vielleicht auf Menschen zu treffen.

Seine Tür war geschlossen. Die Sekretärin informierte mich, dass der Dekan eine Besprechung mit einigen Kollegen habe. In diesem Moment öffnete sich die Tür und ein Kollege steckte den Kopf durch den Spalt: »Oh, guten Morgen, Frau Soltani! Wir haben Ihre Stimme gehört. Treten Sie doch bitte ein.« Drinnen war eine Gruppe von Kollegen um den Schreibtisch des Dekans versammelt. Sie unterhielten sich aufgeregt mit gedämpften Stimmen. »Wir haben gerade von Ihnen gesprochen«, erklärte einer. Alle drehten sich um und sahen mich neugierig an. Sie wollten wissen, was los war, wie alle anderen auch. Jene, die selbst bei Facebook registriert waren und denen mein Foto von dort vertraut war, hatten es sofort erkannt. Andere hatten es im Fernsehen gesehen oder waren, oft mitten in der Nacht, von Studenten und anderen Kollegen angerufen worden, die sich nach mir erkundigen wollten.

Sie fragten mich aus und beklagten den Mangel an engagierten, kompetenten Journalisten. Nachdem ich einige Minuten mit Erklärungen verbracht hatte, verlor ich den Faden. Anscheinend war ich die Einzige, die sah, wie seltsam die ganze Szenerie war. Das Büro war geräumig. Der Schreibtisch des Dekans stand gegenüber der Tür vor einer Wand aus Bücherregalen. Vor diesem waren zwei zusammengeschobene Tische mit Stühlen platziert. Hier wurden die Konferenzen abgehalten. Jetzt kamen mir die Besprechungstische wie eine Grenze zwischen mir und den anderen vor. Meine Kollegen standen zusammen am Ende des Schreibtisches und ich ihnen gegenüber auf der anderen Seite der Tische nahe der Tür. Sie sprachen mit mir, aber niemand lud mich ein, mich zu ihnen zu gesellen. Ich fühlte mich wie eine Ausgestoßene. Als in einem Moment niemand auf mich achtete, machte ich einen Schritt rückwärts und verließ den Raum. Bald darauf lief mir eine Kollegin durch die Halle hinterher und umarmte mich herzlich. »Wieso sind Sie denn plötzlich verschwunden? Ihre Hände und Wangen sind ja ganz kalt«, sagte sie. »Sie hätten zu Hause bleiben sollen. Wie geht denn Ihre Familie mit der Situation um?«

»Ich weiß es nicht. Ich habe mich eigentlich krankgemeldet. Aber zu Hause habe ich es nicht ausgehalten.«

Ich setzte mich in ihrem Büro an einen Tisch. Sie rührte zwei Tassen Instantkaffee an, schnitt mir ein Stück Kuchen ab und drängte mich, davon zu nehmen. Doch ich konnte immer noch nichts essen. Ich dachte wieder an die andere Neda.

»Machen Sie sich nicht verrückt. In spätestens zwei Tagen ist das vorbei. Ihre Familie muss doch irgendwann ein echtes Bild der armen Seele veröffentlichen, und dann ist Ihr Foto vergessen. Ganz bestimmt«, versuchte sie, mich zu beruhigen.

»Das habe ich jetzt schon hundertmal gehört. Warum unternimmt ihre Familie denn nichts?«

»Wie würden Sie sich denn an deren Stelle fühlen?«

Ich schämte mich für meine Frage. Natürlich war es egoistisch von mir, nur an mein Foto zu denken. Ich dachte an Mutter, die schon der Anblick des Trauerflors auf meinem Bild zur Verzweiflung trieb, obwohl ich nicht umgebracht worden war. Obgleich ich direkt neben ihr saß und sie wusste, dass es ein Irrtum war, konnte sie den Anblick nicht ertragen. Ja, wie musste sich die Mutter der anderen Neda erst fühlen. Ich begann zu weinen.

»Das wollte ich nicht«, entfuhr es meiner Kollegin, als sie meine Tränen sah. »Sie sind ja wirklich mit den Nerven fertig.« Und sie umarmte mich abermals.

Gegen Mittag verließ ich die Universität. Die Sonne brannte vom Himmel herunter. Trotz der Hitze wollte ich frische Luft schnappen und ging zu Fuß nach Hause. Meine Kollegin begleitete mich, auch wenn keiner von uns nach Reden zumute war. Als wir den Boulevard erreicht hatten, quietschten neben uns die Reifen eines Autos wie kurz vor einem Unfall. Wir fuhren herum. Mitten auf der Fahrbahn stand ein blauer Pkw mit offenen Türen. Zwei junge Frauen liefen auf uns zu und riefen laut weinend meinen Namen. Ich erkannte sie: Sie hatten an unserem Institut studiert und machten jetzt ihren Master. Die erste, die mich erreichte, nahm mich in die Arme, drückte mich heftig an sich und rief: »Ich habe ihnen gesagt, Sie sind nicht tot. Ich habe gesagt, dass Sie nicht tot sind! Ich war den ganzen Morgen im Krankenhaus. Ich bin ein paarmal in Ohnmacht gefallen, und sie mussten mir Spritzen geben.« Ihre hysterische Reaktion machte mich noch nervöser.

»Warum zum Teufel machen die so was?«, meinte die andere. »Die ganze Welt wird verrückt. Zum Glück sind Sie am Leben, ich meine, geht es Ihnen gut?«

Ich zwang mich zu lächeln, und bevor ich es unterdrücken konnte, bat ich schon wieder um Verzeihung. »Entschuldigen Sie sich doch nicht«, sagte die eine Studentin, »Sie haben doch nichts Falsches getan«, während die andere in den Armen meiner Kollegin weiterschluchzte. »Das weiß ich ja. Aber es ist mir so peinlich, dass so viele Leute um mich trauern und sich schlecht fühlen.«

Nachdem die beiden weitergefahren waren, gingen meine Kollegin und ich noch eine Weile schweigend nebeneinander her. Dann sagte sie: »Wissen Sie, das Foto ist nur ein Problem. Schlimmer ist wahrscheinlich, dass Ihr Unterricht jetzt nicht mehr derselbe sein kann. Die Studenten werden immer die andere Neda in Ihnen sehen.«

Als ich nach Hause kam, traf ich dort nicht nur Nima, sondern auch Mutter an. »Ich schaffe es heute einfach nicht, zur Arbeit zu gehen«, sagte sie seufzend. Nima schwieg. Er war in die stille Distanziertheit zurückgefallen, die er während der Monate in Großmutters Haus in Schiraz gezeigt hatte.

»Keine Panik. Ich bin ja am Leben, und sowie das Bild der anderen Neda veröffentlicht ist, wird meines sofort vergessen werden. Das dauert höchstens 48 Stunden«, wiederholte ich die Ermutigung, die ich überall gehört hatte – obwohl ich sie selbst nicht glaubte. Doch ich musste meine Familie und mich selbst schützen. Wir standen alle kurz vor dem Nervenzusammenbruch.

Am Nachmittag nahm ich weitere Anrufe entgegen und verschickte zahlreiche E-Mails. Facebook war inzwischen voller Seiten und Profile mit meinem Namen und Bild. Diejenigen, die ich als Freunde akzeptiert hatte, wussten zwar Bescheid, entschuldigten sich und schrieben mir, sie täten, was sie könnten, um die Weiterverbreitung des Fotos zu unterbinden. Einige machten sich Sorgen um meine Sicherheit und die meiner Familie. Die nächsten rieten mir, vorsichtig zu sein und auf meine persönlichen Daten aufzupassen.

Wieder andere schickten mir Hass-Mails, nannten mich Abschaum. Ich sei eine Hochstaplerin, die *ihre* Heldin Neda entehren wolle, »das Symbol der Freiheit und des Widerstands gegen die Unterdrückung auf der ganzen Welt«, wie es in einer der Nachrichten hieß. »Du kannst unsere Heldin nicht entweihen, du Schlampe!«, las ich in einer anderen. Solche Mails bekam ich nicht nur von Iranern, sondern von Menschen rund um den Erdball. Außerdem war ich nicht die Einzige, die angegriffen wurde. Auch Blogger und Leute, die Kommentare zu Nachrichtenmeldungen hinterließen, wurden in dieser Weise beschimpft, darunter auch Liz Barnes. Sie hatte darauf bestanden, am Telefon mit mir zu sprechen, obwohl ich ihr erklärt hatte, dass solche Unterhaltungen gefährlich für mich werden könnten. Schließlich hatte ich nachgegeben und ihr meine Nummer gemailt. Als sie anrief, war sie sehr aufgeregt. Sie war völlig überfordert damit, dass sie selbst nun Hass-Mails erhielt.

»Meine Existenz ist offenbar eine Beleidigung für die Menschheit«, sagte ich, während sie versuchte mich zu trösten. Schließlich bat ich sie, sicherheitshalber nicht wieder anzurufen, und sie wollte sich in Zukunft auf E-Mails beschränken.

Am Abend schaltete Mutter wieder den Fernseher ein. »Um Himmels willen, was willst du dir denn ansehen?«, protestierte Nima. Ich hörte, wie er an meiner Tür vorbei in sein Zimmer lief. Mutter zappte mehrfach durch die Sender und blieb schließlich bei Voice of America Farsi. Ich hörte den Nachrichtensprecher und hoffte, er würde den Irrtum endlich richtigstellen. Ich lag auf dem Rücken, umklammerte mein Handy und wartete. Ich hielt es in der Hand, weil ich auf einen Anruf wartete, der nicht kam: Siavash hatte sich nicht gemeldet. Ich hatte mehrmals versucht, ihn zu erreichen, aber vergeblich. Das trieb mich zur Verzweiflung.

Dann geschah das genaue Gegenteil von dem, was ich erwartet hatte. Mutter stieß einen langen Schrei aus und rief: »Wer zur Hölle hat ihnen dieses Foto gegeben? Neda, komm her! Möge Gott sie mit seinem Zorn strafen. Welcher Schurke hat ihnen dieses Foto gegeben?« Ich lag wie gelähmt im Bett und konnte es nicht glauben. Sie zeigten jetzt also auch das zweite Foto von mir, jenes, das ich ihnen geschickt hatte, um zu beweisen, dass ein Irrtum vorlag. Sie betrogen bewusst. Konnten sie mich missverstanden haben? Nein, ich hatte mich klar ausgedrückt. Sie missbrauchten mein Bild. Absichtlich.

»Neda, schnell!«, rief mein Bruder, der aus seinem Zimmer geeilt war, nachdem Mutter zu schreien begonnen hatte.

»Da ist noch ein Foto von dir auf Voice of America. Das eine, das ich letzten Monat in der Seilbahn aufgenommen habe, erinnerst du dich?«

Mutter starrte so wutentbrannt auf den Bildschirm, dass ich mich nicht traute, ihr zu erzählen, dass ich dem Sender in meiner Naivität ein zweites Foto von mir anvertraut hatte. Dass ich selbst die Person war, die sie verfluchte. Sie war so wütend – sie hätte nicht verstanden, dass ich damit nur der Verwirrung ein Ende machen wollte. Als sie mich fragte, woher dieses zweite Bild käme, erwiderte ich, ich hätte keine Ahnung. Einige Stunden später rief ein Freund an und warnte mich in einem fast surrealen Tonfall: »Ich habe gerade ein zweites Foto von dir auf CBS News gesehen. Irgendjemand verrät dich, Neda. Pass auf, wem du dich anvertraust.«

8

Flächenbrand

Am Montagabend veröffentlichte der Verlobte von Neda Agha-Soltan endlich ein Foto von ihr. Ich dachte, jetzt würden sich die Wogen wieder glätten, wie es viele Leute vorausgesagt hatten. Nun, da die Medien ein echtes Bild von ihr hatten, würden sie meines ohnehin nicht mehr verwenden wollen, alles würde sich beruhigen und mein Gesicht wäre bald wieder vergessen. Doch ich sollte mich wieder getäuscht haben. Am Dienstag erhielt ich einen Anruf von Amir, einem ehemaligen Kommilitonen, der jetzt in London lebte und zu dem der Kontakt nie ganz abgerissen war. Er verfügte über einen Anschluss mit Anrufweiterschaltung, die er ursprünglich für seine Mutter hatte einrichten lassen, damit sie ihn anrufen konnte, ohne sich mit langen Vorwahlnummern herumplagen zu müssen. Nachdem sie gestorben war, behielt er die Nummer, um bequem mit seinen Freunden und der Familie im Iran in Verbindung zu bleiben.

»Freut mich, mit einer echten Berühmtheit zu sprechen«, begann er. »Die *Times* bringt dein Foto auf der Titelseite. Es ist überall – in der *Times,* im *Guardian,* im *Independent.* Ich habe sie mir alle gekauft. Ich war noch nie mit jemandem befreundet, dessen Gesicht auf der Titelseite von Zeitungen steht, die mächtig genug sind, das Parlament zu stürzen.«

Ich versuchte meinen Ärger über sein leichtfertiges Gerede zu zügeln. »Und was ist mit ihrem Bild?«

»Ja, ihr Foto steht auch dabei, direkt neben deinem. Jetzt habe ich eine richtige VIP als gute alte Freundin.«

Ich antwortete nicht. Was los sei, wollte er wissen. Ich sagte nur, ich hätte es eilig und würde ihn später zurückrufen. Ich war wütend über mich selbst, weil ich ernsthaft geglaubt hatte, alles würde wieder in Ordnung kommen und die Medien würden ihren Irrtum korrigieren. Doch inzwischen hatte die Welt mein Gesicht als Symbol für Widerstand und Opposition angenommen, es hatte sich geradezu ins kollektive Bewusstsein der Menschen eingeschrieben. Dass mir dieser Anspruch gar nicht zukam, war eine Sache. Die andere war die Gefahr, in die ich dadurch geriet und die ich nicht mehr ignorieren durfte. Das iranische Regime stand am Pranger. Nedas entsetzlicher Tod hatte der Welt seine ganze Brutalität schonungslos vor Augen geführt, und der Staat würde alles tun, um diesen Eindruck wieder zu zerstreuen. Im Iran selbst hatte das kurze Video die Aufstände angefacht, die nächtlichen »Allahu akbar«-Rufe wurden lauter, die Straßen glichen einem Schlachtfeld. Jeder betrachtete Neda als Schwester. Sie wurde zur iranischen Jeanne d'Arc.

Eine andere Person, mit der ich neben Liz seit der Verwechslung des Fotos in E-Mail-Kontakt stand, war ein niederländischer Journalist und Fotograf namens Hans Kuijper. Auch ihn hatte ich zu meinen Facebook-Freunden hinzugefügt. Anders als Liz, die sich als sehr spontane Persönlichkeit erwies, war Hans ein besonnener Mensch. Er sagte mir, ich sollte mich nicht unüberlegt in eine bestimmte Richtung drängen lassen, und riet mir zu professioneller Hilfe. Er bat mich um Erlaubnis, meinen Fall an Amnesty International weiterzugeben. Ich wusste, was er meinte, als er diese Sätze schrieb. Ich brachte Hans und Liz über Facebook miteinander in Kontakt, weil sie die beiden waren, die mir offen ihre Hilfe angeboten hatten. Sie tauschten ihre Ideen aus, gerieten aber bald in Konflikt miteinander. Hans ermahnte Liz, dass ihre Spontaneität schlimme Konsequenzen für mich haben könnte und sie gut überlegen und vorsichtig agieren müsste, weil meine Situation sehr heikel sei. Er wollte mich mit Amnesty International in Kontakt bringen, damit die sich um meinen Fall kümmern konnten, falls mir etwas zustieß. Liz rief danach abermals bei mir zu Hause an, allerdings war ich nicht da. Sie schrieb daraufhin eine wütende E-Mail, in der sie mich aufforderte, den Kontakt mit Hans abzubrechen, weil sie sich gestritten hätten. Er hätte sie beschuldigt, die Lage für mich nur zu erschweren.

Hans brachte mich mit einer Mitarbeiterin des Londoner Büros von Amnesty International namens Ella Richardson zusammen. Sie war mit der Lage im Iran wohlvertraut und meinte, direkte Telefongespräche seien nie sicher. Ich brachte sie deshalb in Kontakt mit Amir, damit er sie direkt in der britischen Hauptstadt über meine Situation auf dem Laufenden halten konnte.

Layla hatte mir am Tag zuvor gesagt: »Vielleicht solltest du die griechische Botschaft informieren. An deiner Stelle würde ich ihnen ein anderes Foto zukommen lassen, bevor sie das Visum ausfertigen. Das kennt jetzt wirklich jeder und womöglich bekommst du damit Probleme am Flughafen.« Da war etwas dran. Schwierigkeiten am Flughafen waren das Letzte, was ich jetzt gebrauchen konnte. Der einzige Ansprechpartner in der Botschaft, der mir einfiel, war diese schöne Frau, die nur Elmira genannt wurde. Ich wählte ihren Anschluss und nach einigem Klingeln hob eine Frau ab.

»Hallo, könnten Sie mich bitte mit«, ich zögerte, »Frau Elmira verbinden?«

Die Frau zögerte ihrerseits. »Wer spricht da bitte?«

»Soltani«, erwiderte ich. »Ich müsste ein Problem in Zusammenhang mit meinem Visumsantrag mit ihr besprechen. Es ist wirklich wichtig, Madame. Bitte!«

»Einen Moment«, sagte sie unschlüssig.

Als Elmira den Hörer übernommen hatte, versuchte ich ihr zu erläutern, dass es eine Verwechslung gegeben hatte und mein Foto an die Presse gegangen war, das gleiche Bild, das ich bei ihr mit meinem Antrag eingereicht hatte. Sie unterbrach mich ärgerlich und erklärte, meine Anschuldigung, *sie* hätten mein Foto an die Presse gegeben, sei völlig unbegründet. Ich formulierte mein Anliegen sorgfältig neu, um deutlich zu machen, dass ich niemanden beschuldigen wollte. »Ich fürchte nur, dass ich am Flughafen Probleme bekomme. Ich brauche Hilfe. Darf ich bitte neue Fotos für meinen Visumsantrag nachreichen?« Sie schwieg wieder, während sie versuchte, meine unglaubliche Geschichte zu verdauen. Dann sagte sie, sie würde sich gleich wieder melden. Ich erinnerte sie, mein Antrag sei unter meinem offiziellen Namen Zahra eingereicht. Als sie zurückrief, klang sie auf einmal sehr verständnisvoll. Natürlich könne ich neue Fotos einreichen, ich solle sie vorbeibringen, wann es mir recht sei. Ich kündigte mich für Donnerstag an. Sie klang mitfühlend und erkundigte sich nach meinem Befinden. Sie schilderte, wie schockiert sie in der Botschaft gewesen waren, als sie das Foto auf meinem Antrag wiedererkannt hatten. Ich sagte, die Situation sei schwierig. Sie war sehr einfühlsam und meinte, das könne sie sich vorstellen.

In der Nacht wurde Mutter krank. Nima rief ein Taxi, und wir brachten sie in die Notaufnahme der nahe gelegenen Klinik. Ihr Blutdruck war zu niedrig, sie kam an den Tropf und man gab ihr einige Spritzen. Wir blieben mehrere Stunden dort. Mutter döste vor sich hin. Nima lehnte draußen in der Dunkelheit an der Wand. Am Kiosk der Klinik kaufte ich Fruchtsaft und Süßigkeiten und brachte sie den beiden, doch sie weigerten sich zu essen oder zu trinken. Mich machte das wütend. »Reiß dich zusammen, um Himmels willen«, fuhr ich Nima an. »Ist dir schon mal der Gedanke gekommen, dass ich es wirklich hätte sein können? Dass ich wirklich tot sein könnte? Was würdest du dann machen?«

Nima starrte mich an und wich einige Schritte zurück. Ich stand vor der Wand und fragte mich: Hat sie Geschwister? Einen Bruder wie den meinen? Wie geht es ihm? Diese Fragen beschäftigten mich bis zum nächsten Morgen, bis es Mutter besser ging und wir mit ihr nach Hause fahren konnten.

Ich wusste inzwischen, dass meine »Doppelgängerin« Neda Agha-Soltan geheißen hatte. Sie war etwa sechs Jahre jünger als ich gewesen, hatte Philosophie studiert und das Reisen geliebt. Ihrem Vater zufolge war sie ebenfalls nicht wählen gegangen, hatte aber, wie ihre Mutter in Interviews sagte, ab dem ersten Tag an den Protesten teilgenommen. Das Regime setzte die Familie unter Druck, ordnete ein schnelles Begräbnis an und untersagte ihr die üblichen Totenwachen für ihre Tochter.

Am Mittwochnachmittag rief mich ein Kollege aus der Fakultät an. Er versuchte seine Stimme unter Kontrolle zu halten und klang atemlos wie ein Marathonläufer auf der Ziellinie. »Frau Soltani, ich muss Ihnen etwas sagen, aber Sie dürfen sich nicht aufregen. Heute sind ein paar Männer Ihretwegen hier gewesen. Sie haben behauptet, sie seien vom Fernsehen.« Später erfuhr ich, dass eine Gruppe, die sich als Fernsehteam ausgegeben hatte, am Eingang zum Universitätsgelände aufgehalten worden war. Wegen der Studentenversammlungen und Proteste hatte der Sicherheitsdienst sie nicht eingelassen. Sicherheitschef Riazi hatte die Fakultät angerufen und wissen wollen, warum sich das Fernsehen für mich interessierte. War das vielleicht gar kein TV-Team? Wie er mich erreichen könne. Nein, war die Antwort, ich sei im Moment wohl nicht zu erreichen, man habe es bereits versucht. Die Männer hätten weder eine Drehgenehmigung noch Personalausweise vorweisen können.

Mir zitterten die Knie, ich konnte nicht antworten. Mutter und Nima wollte ich nichts erzählen. Am liebsten wäre ich unsichtbar geworden. Mir fiel wieder das Gespräch mit einer Freundin einige Tage zuvor ein. Sie hatte mir geraten, einen Anwalt zu konsultieren. Ich rief eine Mitschülerin aus meinem früheren Französischkurs an, deren Mann ein versierter Anwalt war. Wir hatten uns lange nicht gesehen, und sie hatte mein Gesicht auf dem Foto deswegen gar nicht erkannt. Jetzt war sie entsetzt über das, was mir geschehen war. Ihr Mann erklärte dann, er sei hauptsächlich in Strafrechtssachen tätig und kein Experte in solchen Angelegenheiten. Schlimmstenfalls würde ich wahrscheinlich gezwungen, in einer Fernsehreportage Rede und Antwort zu stehen. »Wenn die vom Fernsehen sind, wollen sie wohl nur ein Interview. Wichtig ist, sie nicht zu provozieren. Erzählen Sie Ihre Geschichte, wie sie passiert ist, und dann sind sie fertig mit Ihnen. Ich werde mich noch mit einem vertrauenswürdigen Kollegen beraten und melde mich wieder. Machen Sie sich keine Sorgen! Bleiben Sie immer in Kontakt mit jemandem, geben Sie Ihrer Familie einige Telefonnummern, E-Mail-Adressen, Passwörter und so weiter. Nur für alle Fälle.«

Ich erstellte also eine Liste und vertraute sie Nima an. Mutter wollte ich damit nicht belasten, weil es ihr sehr schlecht ging. Ihr wäre es wie mein Testament vorgekommen. Nima saß an seinem Schreibtisch und sah mich entsetzt an, meinte aber, er hätte verstanden und würde die Liste sicher aufbewahren. Nur für alle Fälle. Die Art meiner Telefongespräche hatte sich inzwischen verändert. Die Anrufer fragten nicht mehr, ob ich tot sei, sondern ob es mir gut gehe. Für alle Fälle.

Keine der Voraussagen hatte sich bewahrheitet. Mein Foto war immer noch überall zu sehen. Nur Wikipedia hatte auf meine Bitten reagiert. Sie war die einzige Organisation, die auf meine E-Mail antwortete. Die Leute dort baten mich, meine Behauptungen zu belegen, ersetzten aber mein Foto schon vorher durch eines von Neda Agha-Soltan. Ebenfalls als erste von allen Angeschriebenen löschte Wikipedia meinen Namen und trug Neda Agha-Soltans dafür ein. Ansonsten erreichte ich nichts. Niemand antwortete auf meine E-Mails oder tilgte mein Foto. Es stand jetzt neben jenen Neda Agha-Soltans, die ihr Verlobter und ihre Familie den Medien zur Verfügung gestellt hatte.

Mutter wurde in der Nacht erneut krank, wollte diesmal aber nicht in die Klinik. Wir ließen sie sich auf den Fußboden legen und lagerten ihre Beine hoch, gaben ihr Zuckerwasser und Schokolade. Nima saß beunruhigt zu ihren Füßen auf dem Sofa, und ich hockte an der Küchentür auf den Fliesen. Meine Kehle brannte, und mir war schwindlig. Irgendwann brachten wir Mutter schließlich ins Bett und legten uns selbst übermüdet hin.

In der Nacht hatte ich einen Albtraum: Ich wachte, in ein weißes Leichentuch gewickelt, am Boden eines engen rechteckigen Schachts auf. Ich hörte das Klagen von Trauernden wie in einem islamischen Begräbnisritual, konnte aber von dort unten niemanden sehen. Dann fielen große, schwere Zementblöcke auf mich nieder, die dicht über meinem Körper die Decke meines Grabes bildeten. Ich schrie und schrie, aber niemand hörte mich. Die Luft wurde stickiger, und das Atmen fiel mir immer schwerer, je mehr Blöcke über mir zu stehen kamen. Der letzte fiel, es wurde dunkel, und ich sprang würgend und nach Atem ringend aus dem Bett.

Am 25. Juni, einem Donnerstag, ging ich gegen neun Uhr morgens in ein Fotostudio, ließ ein neues Bild von mir machen und begab mich zur griechischen Botschaft. Ich klingelte, sagte meinen Namen in die Gegensprechanlage und die Tür öffnete sich. Drinnen waren alle Angestellten vor ihre Bürotüren getreten und blickten mir erstaunt entgegen. Anscheinend kannte jeder meine Geschichte. Frau Elmira lud mich diesmal ein, auf dem Sofa ihres Büros, in dem ich schon mein Visum beantragt hatte, Platz zu nehmen. Sie ließ den Blick auf mir ruhen und bekannte offen, einem so maß-los großen, geradezu weltweiten Irrtum fassungslos gegen-überzustehen. Auf dem Tisch lag schon meine Akte, und sie fügte die neuen Fotos hinzu, die ich mitgebracht hatte. »Wenn Sie noch etwas Zeit haben, würde der Botschafter gerne kurz mit Ihnen sprechen«, meinte sie dann. »Lassen Sie mich nur eben nachfragen, ob er uns in seinem Büro empfangen oder lieber herunterkommen möchte.«

Ich konnte mir denken, woher diese unerwartete Ehre kam. Auch er wollte das Wunder mit eigenen Augen sehen. Er brauchte einen anschaulichen Beweis, genau wie ich selbst am ersten Tag. Als Elmira hinausging, fragte ich mich, wie man einen Botschafter korrekt begrüßte, als sie auch schon wiederkam, gefolgt von einem Mann. »Unser Botschafter, Herr …«, stellte sie ihn mir vor. Den griechischen Namen verstand ich akustisch leider nicht. Ich nickte unbeholfen und gab ihm die Hand. Er war nicht ganz so groß wie ich und trug einen dunkelblauen Anzug mit weißem Hemd, blau-rosa gestreifter Krawatte und goldener Armbanduhr. Er nahm in einem Sessel rechts neben mir Platz und ent-schuldigte sich, weil er meine Geschichte immer noch nicht recht glauben konnte, obwohl er das Foto selbst gesehen hatte. »Nicht zu fassen!« Er wechselte einige griechische Sätze mit Elmira und sagte dann zu mir: »Nach allem, was Sie durchgemacht haben, brauchen Sie unbedingt Urlaub. Unser Land ist wunderschön, es wird Ihnen dort bestimmt gefallen.« Er bat Elmira, mir einige Prospekte mitzugeben, und meinte scherzhaft zu mir: »Statt vor dem Fernseher zu sitzen und hilflos zuzusehen, was mit Ihrem Foto passiert, lesen Sie lieber die Prospekte und freuen sich auf die erholsame Zeit in unserem Land. Bis Sie zurückkommen, geht hoffentlich alles wieder seinen Gang.« Er schüttelte mir zum Abschied die Hand.

Elmira informierte mich, dass meinem Antrag stattgegeben werde, sie gab mir ein Zehntagesvisum, das ich, wie sie betonte, zu jedem beliebigen Zeitpunkt innerhalb von dreißig Tagen benutzen durfte. Ich murmelte ein paar Worte des Dankes und sagte, ich würde mich melden, wenn ich es früher als geplant bräuchte.

Nach dem Besuch in der Botschaft rief ich Sepideh an, die seit Tagen darauf drängte, sich mit mir zu treffen. Ich erzählte ihr von den Männern, die gestern an der Universität nach mir gefragt hatten. Wir verabredeten uns für zwei Uhr am Nachmittag, sie wollte auch Kasra mitbringen. Ich hatte noch etwas Zeit, und weil ich mich schwach und durstig fühlte, kaufte ich eine Flasche Mineralwasser, bestellte mir in einer Eisdiele einen Energy-Shake und setzte mich an einen Tisch im hinteren Teil. Ich stützte den Kopf in die Hände und versuchte meine rasenden Gedanken zu beruhigen. Da klingelte mein Handy. An der Nummer sah ich, dass es Mutter war. Ich ließ es klingeln, aber als sie nicht aufgab, nahm ich schließlich ab. Sie war so verängstigt, dass ihr meine zitternde Stimme nicht einmal auffiel.

»Neda, wo bist du?«

»Ich komme gerade aus der Botschaft und treffe mich nachher mit Sepideh.«

»Das geht nicht, du musst sofort nach Hause kommen.«

»Warum?«

»Du darfst jetzt nicht durchdrehen, ja? Vor einer Stunde waren zwei Männer hier. Sie haben dich für vier Uhr heute Nachmittag vorgeladen. Sie waren von der Staatssicherheit.« Ich schnappte nach Luft. »Bist du noch dran? Hör zu, Liebes. Versprich mir, dass du keine Dummheiten machst. Versprich mir, dass du jetzt nach Hause kommst. Alles wird gut. Ich gehe mit dir. Sie können dir ja nichts tun, du hast keinen Grund, Angst zu haben. Hörst du? Hallo?«

»Okay, versprochen, ich komme.«

Sepideh und Kasra waren schon auf dem Weg, als ich sie anrief und ihnen Bescheid sagte.

»Du spinnst ja! Willst du denen in die Falle laufen?«, schrie Sepideh.

»Psst, nur keine Panik. Wir müssen wissen, wer sie sind und was sie wollen«, widersprach Kasra ihr.

»Ich weiß nicht recht«, sagte ich zögerlich.

»Frag deine Mutter, wohin du kommen sollst, welche Adresse das ist. Und geh auf keinen Fall allein dorthin, würde ich sagen.«

»Aber ich will nicht dahin. Ich habe so eine Angst! Mutter hat gesagt, die waren von der Staatssicherheit. Das ist der Geheimdienst!«

»Hör zu, Neda. Bloß keine Panik jetzt! Wir holen dich ab, wo immer du gerade bist, und fahren dich nach Hause. Du solltest ein paar Sachen erledigen, bevor du dorthin gehst, aber hingehen musst du. Gib denen keinen Anlass zum Misstrauen, sonst sitzt du wegen nichts in der Scheiße. Bleib jetzt, wo du bist, wir sind gleich da. Die Zeit reicht noch.«

Auf dem Heimweg hielt Kasra mehrfach an, damit ich von verschiedenen Telefonzellen aus Anrufe machen konnte. Zuerst fragte ich Mutter nach Einzelheiten der Vorladung. Sie war beunruhigt und bat mich immer wieder, vernünftig zu sein. Dann rief ich die griechische Botschaft an und erzählte, was geschehen war. Sie fragten nach der Adresse, um ausschließen zu können, dass die Vorladung gefälscht war. Als ich zurückrief, hatten sie herausgefunden, dass die Anschrift zu einem Verwaltungsgebäude des Geheimdienstministeriums gehörte. Sie rieten mir, ruhig zu bleiben und der Vorladung zu folgen. »Finden Sie heraus, was die von Ihnen wollen. Bleiben Sie ruhig und kooperieren Sie vorbehaltlos. Am wichtigsten ist, dass Sie diese Leute von Ihrer Unschuld überzeugen. Sie sind ja unschuldig, also haben Sie nichts zu verbergen.«

Dann rief ich Amir in London an. Er wurde panisch und behauptete, der Vorladung zu folgen sei Irrsinn. »Weißt du, was das bedeutet – Geheimdienstministerium? Wer da reingeht, kommt nicht mehr raus. Versteck dich sofort, und wir überlegen uns, wie wir dich außer Landes bringen können!«

Als ich zu weinen anfing, stieg Kasra aus dem Wagen und übernahm das Gespräch. »Ruf bei Amnesty an«, meinte er zu Amir, »und sag dieser Ella Richardson Bescheid. Wir melden uns dann wieder und hören, was die uns raten.«

Auch Amnesty wollte die Adresse überprüfen und einen sicheren Festnetzanschluss finden, über den Ella ungestört mit mir sprechen konnte. Nima meldete sich auf meinem Handy und flehte mich an, bloß nicht nach Hause zu kommen, sondern zu verschwinden. »Aber sag Mutter nichts davon, sie häutet mich sonst bei lebendigem Leibe.«

Ich war wie versteinert. »Ich kann da nicht hingehen. Was, wenn die mich verhaften?«

»Neda, um Himmels willen!«, brüllte Kasra. »Wenn du nicht auftauchst, spüren die dich auf. Das geht ganz schnell, und dann bist du verloren! Die wollen wahrscheinlich einfach nur das Gleiche von dir wie von dem Studenten neulich abends im Fernsehen. Du hast es wahrscheinlich nicht gesehen, aber er tauchte in einem Nachrichtenbeitrag auf, sagte seinen Namen, dass er aus dem Dorf Soundso komme, in Teheran studiere und dass er wohlauf und gesund sei. Es hätte Gerüchte gegeben, er sei bei der Erstürmung der Studentenwohnheime umgekommen. Der Reporter sagte dann noch hinterher, so verfälschten die Feinde des Islam und unserer heiligen islamischen Heimat die Wahrheit, und das war alles.«

»Blödsinn. Meinst du, ich setze mich vor eine Kamera, behaupte, ich hieße Neda Agha-Soltan und sei am Leben und alles andere sei eine Fälschung? Ich könnte für den Rest meines Lebens niemandem mehr in die Augen sehen!«

»Meinst du, irgendjemand glaubt, was dieser Student da aufgesagt hat, oder macht ihm Vorwürfe deswegen? Jeder weiß, wie solche Aussagen erzwungen werden. Lass dein Über-Ich mal einen Moment außen vor und denk an dein Überleben. Du willst doch nicht alles, was du erreicht hast, wegen einer einzigen Dummheit opfern, oder? Außerdem wissen wir ja noch gar nicht, was die von dir wollen. Vielleicht wollen sie nur nach deinem Foto fragen. Womöglich ist gar keine Kamera da.«

»Das stimmt«, erklärte Sepideh. »Natürlich hast du Angst, aber du bist, Gott sei Dank, eine starke Frau, und sie wissen, dass du keine Durchschnittsbürgerin bist, sondern eine gebildete, erfolgreiche Universitätsdozentin. Es ist ihnen doch bekannt, dass du schließlich nur ein Foto auf Facebook hochgeladen hast und dafür können sie dich nicht festnehmen.«

»Außerdem bist du gut vernetzt«, fuhr Kasra fort. »Selbst wenn sie dich festnehmen, was der Himmel verhüte, würden wir ihnen mit Amnesty International, der griechischen Botschaft und anderen Leuten, die sich um deinen Fall kümmern, die Hölle heiß machen, und was der Geheimdienst auf keinen Fall will, ist noch mehr Aufmerksamkeit für den Mord an dieser armen Seele.« Er hielt an, um mich in ein Taxi umsteigen zu lassen, das mich nach Hause bringen sollte. »Wir bleiben in der Nähe, aber man weiß nie, was man von diesen Leuten zu erwarten hat. Vielleicht observieren sie euer Haus.« Nach einer langen Pause sagte er: »Und jetzt ab mit dir!«

Sepideh wollte meine Hand nicht loslassen. »Pass auf dich auf! Wir sehen uns bald wieder.« Ich öffnete die Wagentür, stieg aus – und plötzlich wurde mir schwarz vor Augen. Als ich wieder zu mir kam, saß ich auf dem Asphalt neben dem Auto. Meine Freunde halfen mir wieder auf die Beine. Kasra war bleich und sah besorgt aus, Sepideh war in Tränen aufgelöst.

»Reiß dich zusammen, Lady. Lass diese Schweine dich nicht so sehen. Zeig ihnen, wer du wirklich bist. Kopf hoch und lass dich nicht unterkriegen. Nimm deine Mutter mit und sag ihr, sie soll ruhig bleiben, in jeder Hinsicht.«

Als Kasra mir ins Taxi half, beobachtete mich der Fahrer misstrauisch im Rückspiegel. Vor unserer Haustür zahlte ich und überließ ihm das ganze Wechselgeld. Mutter war so glücklich mich zu sehen, dass ihr mein unsicherer Gang gar nicht auffiel. Vielleicht ignorierte sie ihn auch, damit es nicht noch schlimmer wurde. Ich legte mich auf das Wohnzimmersofa. Während sie mir gekühlte Limonade zubereitete, wiederholte sie gebetsmühlenartig, es sei die vernünftigste Entscheidung, die ich je getroffen habe. Ich würde schon keinen Ärger bekommen. Nima öffnete die Tür zu seinem Zimmer, blieb aber im Rahmen stehen und betrachtete mich ausdruckslos. Während ich trank, betete ich zu Gott, mich Stärke und Kraft finden zu lassen.

Als Mutter mich aufweckte, hatte ich nur zwanzig Minuten geschlafen, fühlte mich aber erholt wie nach einer ganzen Nacht. Vergeblich versuchte ich mich davon zu überzeugen, dass ich aus einem langen Albtraum aufgewacht war und jetzt wieder alles in Ordnung sei. Alle Anzeichen sprachen dagegen. Mutter kniete in einem anthrazitfarbenen Umhang und mit einem schwarzen Kopftuch neben mir auf dem Boden und sah ungewöhnlich bleich aus. »Deine Hände sind immer noch kalt, aber du siehst schon viel besser aus. Wir haben gerade herzlich gelacht: Du hast wie eine Großmutter geschnarcht.«

»Wie spät ist es?«, fragte ich.

Sie brauchte eine ganze Weile, bis sie antwortete: »Es ist Zeit.«

In meinem Zimmer zog ich meine schwarze, seriöse Universitätskleidung an, verwünschte mich selbst, weil ich keine weiten Hosen besaß, zog mein Kopftuch fester und ließ den Lippenstift lieber weg. Stattdessen biss ich mir ein paarmal auf die Lippen, damit sie Farbe bekamen. Ich hörte Nima

227

mit Mutter streiten. Er wollte mitkommen, aber sie bestand darauf, dass er zu Hause blieb und eventuelle Telefonanrufe entgegennahm. Ich versuchte es ein letztes Mal bei Siavash, aber er nahm immer noch nicht ab. Als ich aus meinem Zimmer kam, stand Nima an der Eingangstür und hielt einen Koran in der Hand. Mutter ließ ihn das Buch hochhalten und ich ging darunter hindurch. Dann legte er seinen Arm um mich und meinte: »Sag ihnen einfach, dein Bruder ist ein Löwe von einem Mann. Wenn sie dich schief ansehen, zerreißt er sie.« Wir lachten alle drei, und ich sagte zu Mutter: »Lass uns gehen!«

9

Bruchstellen

Auf dem Weg murmelte Mutter die ganze Zeit Gebete und wich meinem Blick aus. Ich dagegen fühlte mich plötzlich zuversichtlich und selbstsicher. Als wir die fragliche Straße erreichten, nahm sie meine Hand und sagte: »Nur Mut, Liebes. Du bist ein braves Mädchen. Gott wird dich beschützen. Vertraue auf ihn.«

»Mir geht es gut.«

Das Gebäude war ein einfacher rechteckiger Kasten mit weißer Fassade. Neben der riesigen grauen Eingangstür stand ein graues Pförtnerhäuschen, das aber nicht besetzt war. Es war fünf vor vier am Nachmittag. Über der Tür stand in weißen Lettern »Staatssicherheitsbehörde für kriminalpolizeiliche Ermittlungen«.

Ich klingelte. Ein rechteckiger Schlitz in der Tür wurde geöffnet, und ein junger Mann mit starkem Dialekt fragte, was ich wollte. Ich sagte, ich hätte eine Vorladung für vier Uhr. Er wollte das Papier sehen. Mutter holte es aus ihrer Tasche, und ich gab es ihm. »Warten Sie!«, befahl er und schloss das kleine Fenster.

Nach einigen Minuten wurde die Tür geöffnet, und wir wurden hereinbefohlen. Ich sah Mutter an, sie trat ein, und ich folgte ihr. Die Tür krachte hinter uns ins Schloss. Das Geräusch ließ mich zusammenzucken, aber ich schwor mir selbst, dass dies meine letzte Schwäche sein würde, die diese Leute zu sehen bekämen. Dann gelangten wir vor eine zweite Tür, so schmal, dass jeweils nur eine Person sie passieren konnte. Dahinter wartete ein Mann. Sein Aussehen war nicht anders als zu erwarten: Er hatte einen Vollbart und trug das weiße Hemd über der Hose, es spannte über seinem dicken Bauch. Seine Plastiklatschen schlappten über den Boden, wenn er ging. Er erwiderte unseren Gruß mit einem heftigen Kopfnicken, starrte mich einige Sekunden lang an, drehte sich dann um und sagte: »Hier entlang!«

Wir stiegen eine Treppe hinauf und betraten nun erst wirklich das Gebäude. Auf der rechten Seite gab es einen langen, L-förmigen Korridor, den wir entlanggingen. Dann wandten wir uns nach links und traten durch die erste Tür. Sie führte in ein geräumiges Büro mit einem Schreibtisch, mehreren Sesseln und einem Sofa. Unser Führer zeigte auf das Sofa und sagte, wir sollten uns setzen. Dann verließ er den Raum. Ich setzte mich neben Mutter, aber wir sahen einander nicht an, sondern hockten schweigend da und warteten. Dann näherten sich Schritte, und mehrere Männer betraten das Büro. Insgesamt waren es fünf. Der Mann im weißen Hemd setzte sich an den Schreibtisch, ein zweiter, der ganz ähnlich aussah, setzte sich links hinten hin, der dritte auf einen Stuhl dicht neben Mutter und zwei eher junge Männer nahmen rechts Platz. Derjenige, der mir am nächsten war, holte ein kleines Aufnahmegerät hervor, schaltete es ein und stellte es auf einen niedrigen Tisch in der Mitte des Raumes. Der Mann am Schreibtisch begann: »Diese Brüder sind vom Fernsehen. Sie drehen einen Bericht über den Fall unserer Schwester Neda Agha-Soltan. Ich habe die Anweisung erhalten, die notwendigen Arrangements für sie zu treffen. Daher habe ich dich hierher bestellt. Jetzt möchten wir erst einmal hören, was du zu erzählen hast.«

Natürlich, deswegen war ich ja da. Ich sollte die Geschichte meines Fotos erzählen. Aber mein Kopf war auf einmal leer, und mir fiel nichts ein, das ich hätte sagen können. Es war völlig still im Raum. Wie sollte ich bloß dieses Schweigen beenden? Ich fing an zu reden, konnte aber keinen logischen Zusammenhang zwischen den Teilen meiner Geschichte herstellen. Ich konzentrierte mich so sehr darauf, keine Fehler zu machen, dass mir die Abfolge der Ereignisse völlig entglitt, die dazu geführt hatten, dass ich jetzt auf diesem Sofa saß, in diesem Raum, in diesem Gebäude. Ich erzählte von meinem Facebook-Account, dem Foto, das ich eingestellt hatte und wie es mit dem von Neda Agha-Soltan verwechselt worden war. Anfangs wählte ich meine Worte sehr vorsichtig, um nichts Falsches zu sagen und die Männer nicht zu provozieren.

»Weißt du, dass Herrn Karroubis Zeitung *Nationales Vertrauen* heute dein Foto ganz oben in der Rubrik Politik bringt?«

»Nein, ich lese keine Zeitungen.«

»Du hast es also nicht gesehen?«

»Nein, ich höre dies gerade zum ersten Mal von Ihnen. Ich habe alles getan, was ich konnte, um die Verbreitung dieses Fotos zu verhindern.«

»Was hast du unternommen?«

Ich biss die Zähne zusammen und ermahnte mich aufzupassen, aber jetzt war es zu spät. »Ich habe E-Mails geschrieben und Freunde und Bekannte gebeten, die Nachricht weiterzugeben.«

»Hast du dich mit dem Blatt *Nationales Vertrauen* in Verbindung gesetzt?«

»Nein.«

»Warum nicht? Die haben dein Foto gebracht.«

»Wie gesagt, das wusste ich nicht. Ich habe es gerade erst von Ihnen gehört.«

»Und wem hast du E-Mails geschrieben?«

Das war eine gefährliche Frage. Zum Glück wartete er nicht auf meine Antwort, sondern wandte sich an den Mann neben seinem Schreibtisch. »Kannst du bitte die Zeitung holen? Sie ist bei Haddschi im Zimmer.«

Aha, dachte ich, als der Mann aufstand, hier war jeder ein Haddschi, ein Pilgerbruder, niemand hatte einen Namen. Ich sollte nicht wissen, mit wem ich sprach beziehungsweise wer da mit mir redete. Ich warf Mutter einen verstohlenen Blick zu. Sie war weiß im Gesicht und sah mich an, als wollte sie mich an meine guten Manieren erinnern. Mir war klar, dass ich besser nicht laut wurde oder widersprach, aber niemand hatte mich auf eine derartige Konfrontation vorbereitet. Noch nie hatte man mich so eingeschüchtert. Dass ich jetzt noch die Unterwürfige spielen sollte, war für mich kaum erträglich.

»Gut, erzähl weiter«, befahl der Mann.

»Das war alles, was ich erklären kann.«

»Warum, glaubst du, wurde das Foto von Facebook genommen?«

»Weil es der einzige Ort ist, wo andere Leute Zugriff darauf hatten. Sonst hatte ich es nirgends eingestellt.«

»Aber die griechische Botschaft hat es doch auch, oder?«

Seine Frage ließ mich innerlich erstarren. Dass der Geheimdienst mich nach wenigen Tagen aufgespürt hatte, war schon unheimlich genug, aber wie um Himmels willen wussten sie von der Botschaft? Jetzt überschüttete er mich mit Fragen. Er wollte wissen, wann ich das Visum beantragt hatte, wann die Konferenz stattfinden würde, wann ich abfliegen wollte, wie lange ich bleiben würde, wohin ich sonst noch fahren wollte, mit wem ich reisen würde. Dann meinte er: »Ich halte es für viel wahrscheinlicher, dass *die* dein Foto gestohlen haben und nicht jemand auf Facebook.«

»Nein, das ist unmöglich. Woher sollten die wissen, dass mein Rufname Neda ist?«

Mutter stieß mich leicht von hinten an. Ich hatte wieder einen Fehler gemacht. Der Mann starrte mir jetzt direkt in die Augen. Zurückstarren war in diesem Moment das Schlechteste, was ich tun konnte, aber ich wusste nicht, wohin ich sonst blicken sollte. Zum Glück kam gerade der andere Mann mit der Zeitung zurück. Er schlug den Politikteil auf, faltete die Zeitung und legte sie vor mir auf den Tisch. Da war es wieder, links oben, zusammen mit der kurzen Meldung, dass der Polizeichef bekanntgegeben hatte, es gebe neue Spuren im Mordfall Neda Agha-Soltan. Als ich wieder aufsah, starrte mich der Mann hinter dem Schreibtisch immer noch an. »Wie gesagt«, fuhr er fort, »wir haben ein Kamerateam hier, das ein Interview mit dir machen möchte. Fangt ruhig an«, wandte er sich an den Mann neben sich.

Der zeigte auf den anderen Mann, der das Aufnahmegerät vor mich hingestellt hatte, und erklärte mit leiser Stimme: »Mein Kollege und ich sind mit einem kleinen Team hier. Wir bereiten einen Sonderbericht über den Tod unserer Schwester Neda Agha-Soltan vor. Wir haben bereits mehrere Augenzeugen interviewt, zum Beispiel ihren Musiklehrer. Wie Sie wissen, versuchen unsere Feinde den Fall gegen unser Vaterland zu missbrauchen. Wir haben Belege, dass ihr Tod geplant war, ein terroristischer Angriff. Sie war von Leuten ins Visier genommen worden, die ihr eine ganze Weile gefolgt waren, bevor sie sie erschossen haben. Sie haben ein Video von ihr mitten in der Menge gedreht, und man kann ihren Lehrer an seinem blauen T-Shirt und weißen Haar leichter erkennen als die Getötete selbst. Und dieses Video wird gleichzeitig mit jenem von ihrem Tod ausgestrahlt, der sich an einem anderen Ort ereignete. Was bedeutet das? Es zeigt, dass die Person, die sie zuerst gefilmt hat, das absichtlich getan hat und ihr dann bis zum Ort des Anschlags gefolgt ist. Außerdem hat die Autopsie ergeben, dass sie von hinten getroffen wurde, also hätte sie nach vorn fallen müssen, aufs Gesicht. Aber wie ist sie gefallen?« Er wartete auf meine Antwort. Als ich schwieg, wandte er sich an meine Mutter und fuhr fort: »Rückwärts. Sie ist nach hinten gefallen.«

Ich kochte innerlich vor Wut, bereit, jeden Moment auf ihn loszugehen. Dass sie die tote Neda dauernd »unsere Schwester« nannten, widerte mich an. Dann hörte ich Mutter sagen: »Auf jeden Fall ist sie die geliebte Tochter einer Familie. Sie können sich nicht vorstellen, was ich durchgemacht habe, seit ich das Foto meiner Tochter mit einem Trauerflor gesehen habe. Ich bin völlig am Ende. Wie muss es erst der armen Mutter dieses Mädchens gehen? Wer ein solches Verbrechen begeht, muss verhaftet und bestraft werden.«

Jetzt war ich an der Reihe, Mutter warnend anzustarren. Sie ignorierte mich und wich meinem Blick aus. Ich weiß gar nicht, warum ich so böse auf sie war, sie wiederholte ja nur meine eigenen Worte, als ich sie ermahnt hatte, sich zu beruhigen und an Nedas Mutter zu denken. Jetzt kam es mir so vor, als verrate sie mich. Jedes Wort über Neda Agha-Soltan, das vor diesen Männern geäußert wurde, war eine Beihilfe zu dem schamlosen Betrug, den sie betrieben. Mutter wollte ja nur ihr Bestes tun, um die allgemeine Aufmerksamkeit von mir abzulenken und mein Schweigen zu überspielen, aber das änderte nichts an meiner Wut. Als ich mich umsah, starrte mich Big Brother am Schreibtisch wieder an. Sein Blick war mir unheimlich. Mir war heiß, ich hatte Durst und Magenschmerzen. Ich sagte mir innerlich Kasras Worte vor: Bleibe ruhig, in jeder Hinsicht.

Der Fernsehmann erklärte mir, dass sie auch mich für ihre Reportage interviewen wollten. Ich meinte, das sei vielleicht keine so gute Idee: »Zuallererst bin ich ja Dozentin. Sie wissen doch, wie die jungen Leute heute sind. Wenn sie mich mit einer solchen Geschichte im Fernsehen sehen, wird mein Unterricht nicht mehr derselbe sein. Sie werden sich noch jahrelang an diese Sache erinnern.«

Das sagte ich zu dem TV-Mann, aber es war Big Brother, der mir antwortete. »Keine Sorge wegen deiner Seminare.

Als Dozent muss man vor allem als Patriot ein Beispiel geben. Die Feinde benutzen diese Geschichte gegen uns, das müssen wir unterbinden. Du willst doch dein Foto nicht in den Händen von Aufrührern auf den Straßen Teherans sehen, oder?«

»Ganz bestimmt nicht«, antwortete ich und dachte mir, wenigstens erkennt er die Aufständischen als solche an. Ahmadinedschad hatte die Demonstranten kürzlich als »Staub und Abfall« diffamiert.

»Also sind wir uns einig wegen des Interviews«, sagte er abschließend und erhob sich. Die anderen taten es ihm gleich, aber zu Mutter und mir sagte er: »Bleibt sitzen. Wir rufen euch, wenn es so weit ist.«

»Geht es dir gut?«, fragte Mutter, als die Männer hinausgegangen waren. Ich nickte leicht, drehte mich aber nicht zu ihr um. »Du warst schon immer so stur und unnachgiebig. Diese Leute haben nicht das Geringste für so etwas übrig. Gib besser keine Widerworte mehr.«

Ich nickte wieder. Meine Schmerzen wurde immer schlimmer und strahlten bis in die Beine aus. Der Mann, der die Zeitung gebracht hatte, kam zurück und stellte uns einen Krug Wasser und zwei Plastikbecher auf den Tisch. Ich sagte, ich müsse auf die Toilette, und er brachte mich zum Ende des Korridors. Unterwegs sah ich durch eine Tür kurz die anderen Männer, die sich leise unterhielten. Im Toilettenspiegel blickte ich dann in mein blasses Gesicht und die geröteten Augen. Ich hielt meine Hände unter das kalte Wasser, das gurgelnd in den Abfluss rann, sagte einige Gebete auf, brachte aber den Text durcheinander, drehte den Hahn wieder zu und verließ den Waschraum. Der Mann wartete direkt vor der Tür. Die Szene erinnerte mich an Kriminalfilme, in denen der Böse durch das Toilettenfenster entkommt, während der Gute draußen vor der Tür wartet. Allerdings war ich keine Verbrecherin, zumindest nicht in meinen Augen.

Auf dem Rückweg hielt mich der Mann, der vom Fernsehen sein sollte, auf dem Flur an und sagte: »Hier entlang, bitte. Wir sind so weit.«

»Ich brauche meine Handtasche. Ich muss noch mein Handy ausschalten«, log ich. In Wirklichkeit wollte ich Mutter holen. Sie hatte meine Worte aber schon gehört und machte Anstalten, zu mir zu kommen. Doch mein Aufpasser hielt sie auf: »Sie bleiben hier!« Sie sah mich ängstlich an und ließ ihre Handtasche zurück auf den Stuhl fallen. Wir verließen das Zimmer, gingen bis ans Ende des Korridors und traten durch die zweite oder dritte Tür. Im Zimmer dahinter befanden sich noch mehr Männer. Ich sah, dass derjenige, der im anderen Büro neben Mutter gesessen hatte, in einem Hüftgurt eine Pistole unter dem Hemd trug. Dort war er mir kaum aufgefallen. Jetzt stand er neben dem Kameramann und beugte sich leicht vor, um mit ihm zu flüstern, wodurch das Halfter teilweise zum Vorschein kam. Auch der zweite Raum war ein Büro, größer als das erste, aber spärlicher möbliert. Es gab nur einen Schreibtisch mit Bürostuhl dahinter und zwei gewöhnliche Stühle links davon.

»Holt einen Blumentopf von nebenan«, befahl Big Brother. »Sieht netter aus.« Ich sollte mich für die Kameraprobe an den Schreibtisch setzen. Der Mann vom Fernsehen setzte sich mir gegenüber auf einen der Stühle, die anderen postierten sich außerhalb des Aufnahmebereichs der Kamera.

Big Brother stand mir direkt gegenüber im Türrahmen und redete mit dem anderen Fernsehmann. Der Kameramann gab mir ein kleines Mikrofon, das ich mir unter dem Kinn ans Kopftuch klemmen sollte. »Ich frage jeweils und du antwortest, in Ordnung?«, sagte der Mann vom Fernsehen. »Es dauert nicht lange und ist ganz einfach.«

Ich nickte wortlos. Mir fiel auf, dass die Kameraausrüstung keinerlei Logo trug. »Für welchen Sender ist das eigentlich?«, fragte ich.

»Das wissen wir noch nicht.«

»Wissen Sie schon, wann der Bericht ausgestrahlt wird?«

»Nein, auch noch nicht. Also, wir beginnen mit einer kurzen Einleitung, wer du bist und so weiter. Dann erzählst du von deinem Foto. Du kannst kurz auf Facebook eingehen, aber dann sagst du, dass du das Foto bei der griechischen Botschaft eingereicht hast, mit Daten und Einzelheiten. Und am Ende sagst du, dass du äußerst empört über den Missbrauch deines Fotos durch die Zeitung *Nationales Vertrauen* bist, und forderst von der Justiz, Gerechtigkeit walten zu lassen. Wichtig ist auch, dass du schilderst, was für ein Trauma diese Geschichte für dich und deine Familie gewesen ist. Schildere die Reaktion der Menschen – wie entsetzt sie alle waren. Und, wie gesagt, ich helfe dir mit meinen Fragen.«

Inzwischen hatten sich die Schmerzen in meinem ganzen Unterleib ausgebreitet, und mir war schwindlig. Es war völlig klar, was sie wollten. Erstens hatte das Regime die USA, Großbritannien und die Europäische Union beschuldigt, sich gegen den Iran zu verschwören. Deshalb sollte ich betonen, dass die griechische Botschaft Zugang zu meinem Foto gehabt hatte. Zweitens sollte meine Anschuldigung gegen

Karroubis *Nationales Vertrauen* den Machthabern bei ihren Bemühungen helfen, diese Zeitung zu schließen.

Vielleicht würde ich mich heute, mit mehr Wissen und Erfahrung, anders verhalten. Tatsache ist aber, dass ich absolut nicht so reagierte, wie sie es wollten. Ich muss zugeben, dass ich mir der Gefahr, in der ich schwebte, gar nicht richtig bewusst war. Ich konnte mir nicht vorstellen, dass diese Leute noch härter zupacken konnten als an diesem Donnerstagnachmittag.

»Aber damit sage ich Ihren Zuschauern ja nicht die Wahrheit«, widersprach ich stur. »Die griechische Botschaft hat mit der ganzen Sache nichts zu tun, es liegt alles nur an Facebook«, womit ich eigentlich alle Medien meinte, aber das Wort vermied ich gegenüber dem vermeintlichen Fernsehmann lieber.

»Hast du der Botschaft dieses Foto gegeben oder nicht?«, fragte Big Brother von der Tür aus.

»Ja.«

»Na also, dann sag die Wahrheit!«

Es war sinnlos, mit diesen Leuten argumentieren zu wollen. Ich wünschte, Mutter bei mir zu haben, um sie ansehen zu können statt dauernd Big Brother. Er war der ekelhafteste Mensch, der mir je begegnet war.

»Keine Sorge«, beschwichtigte mich der Mann vom Kamerateam, das zumindest ein Minimum an Höflichkeit mir gegenüber aufzubringen schien. »Wir gehen das Schritt für Schritt durch, und dann klappt es auch. Fangen wir an.«

Ich erzählte nun meine Geschichte so in die Kamera, wie ich es für richtig hielt. Der Interviewer unterbrach mich nicht mit Fragen, obwohl ich in allen Einzelheiten von Facebook erzählte. Die Männer starrten mich allesamt an. Ich fragte mich, was sie wohl dachten. Zu meiner eigenen Überraschung klang ich selbstsicher und gefasst.

»Danke«, sagte der Mann vom Kamerateam ausdruckslos, als ich fertig war. »Leider haben Sie weder die Botschaft noch die Zeitung *Nationales Vertrauen* erwähnt.«

»Sie haben ja nicht danach gefragt.«

Er öffnete den Mund zu einer Antwort, brachte aber vor Verblüffung kein Wort heraus. Im Zimmer war es so still, dass mir das Ticken der Uhr über meinem Kopf laut erschien. Ich sah den Interviewer an, um Big Brothers Blick auszuweichen. »Kein Problem«, meinte mein Gegenüber schließlich. »Dann müssen wir es eben noch einmal machen. Halte dich dieses Mal an die Absprachen. Wenn du das Blatt *Nationales Vertrauen* nicht explizit nennen willst, sagst du meinetwegen einfach ›iranische Zeitungen‹. Zwischenfragen von mir brauchst du nicht, du kannst dich sehr gut ausdrücken.«

Eigentlich musste ich wieder dringend auf die Toilette, hatte aber Angst, erneut zu fragen. Ich versuchte, mich zu konzentrieren und die wichtigen Punkte zu betonen. Ich sprach weniger über Facebook, aber umso mehr über die Reaktionen meiner Familie und Freunde, und fügte ganz am Ende noch an, dass ich enttäuscht war zu hören, dass auch iranische Zeitungen mein Foto veröffentlichten. Die Kamera stand rechts von mir, und der Interviewer saß mir gegenüber. Seine Augenbrauen hoben sich dauernd, seine Augen weiteten sich immer mehr, er schüttelte immer öfter den Kopf und stoppte mich schließlich. »Ich wollte gerade die Botschaft erwähnen«, log ich. Das war geradezu lächerlich und ich bereute diesen Satz sofort. Ich durfte nicht den Eindruck vermitteln, dass ich mit diesen Leuten Katz und Maus spielen wollte.

»Dann eben ein drittes Mal. Und zwar ein bisschen zügiger.« Er ließ mich auf einem Blatt Papier die Punkte mitschreiben, an die ich mich halten sollte. Mit zitternder Hand schrieb ich, was er diktierte. Ich drückte den Stift fester auf und kritzelte: 1. mich vorstellen, 2. das Foto erklären, 3. Facebook (ein oder zwei Sätze, wenn ich möchte), 4. die Botschaft, 5. *Nationales Vertrauen*, 6. von der Belastung für Familie und Freunde erzählen, 7. von der Justiz Gerechtigkeit einfordern. »Daran hältst du dich jetzt und überspring nichts. Sonst machen wir einen vierten oder auch einen fünften Durchgang.«

Es war zwecklos, sich widersetzen zu wollen. Ich stellte mich also vor, sprach kurz über mein Foto und Facebook, erklärte, dass ich »genau dieses Foto bei *einer* Botschaft mit einem Visumsantrag eingereicht« hatte – was den Interviewer wieder die Brauen heben ließ –, wiederholte meine Enttäuschung über die iranische Presse und fügte hinzu, dass ich von der Justiz erwartete, der Sache nachzugehen. Ich sah ihm an, dass er mit dem Ergebnis nicht zufrieden war, und legte mir schon eine neue Strategie für den vierten Durchgang zurecht, als er plötzlich sagte, es sei in Ordnung so, danke.

Inzwischen war ich mir nicht mehr sicher, ob ich mich noch auf den Beinen halten könnte. Meine Hände waren taub und ich fühlte mich erschöpft. Sollte ich mich nun über meinen Widerstand freuen oder würde ich ihn noch bereuen? Wichtig war in dem Moment vor allem, dass ich aus diesem Zimmer, aus diesem Gebäude und hinaus an die frische Luft kam. Die Männer unterhielten sich zu zweit und zu dritt. Big Brother war nicht mehr da. Ich bat darum, zu meiner Mutter gehen zu dürfen, und dort fand ich auch ihn. Mutter blickte mich fragend an und suchte in meinem Gesicht nach einer Reaktion. Big Brother drückte mir die Zeitung in die Hand. »Die darfst du behalten.« Dann sagte er etwas zu mir, das sowohl Mutter als auch ich in unserer Naivität als Kompliment auffassten. Ich sollte weitere 48 Stunden brauchen, um die wahre Bedeutung seiner Worte zu verstehen.

»Du bist wirklich eine mutige Frau. Dieser Ort hat einen derartigen Ruf, dass selbst die härtesten Machos hier schon ziemlich kleinlaut ankommen, wenn sie vorgeladen werden. Du dagegen hast wirklich Selbstvertrauen.« Zu Mutter gewandt fügte er hinzu: »Glückwunsch zu dieser Tochter.«

»Ich habe mir ja nichts zuschulden kommen lassen«, sagte ich. »Deswegen bin ich mit einer positiven Einstellung hierhergekommen.«

»Ja, ich habe ihr gleich gesagt, dass sie keine Angst haben muss, weil sie ja nichts falsch gemacht hat. Sie musste nur die Wahrheit sagen und alles wird gut«, ergänzte Mutter.

Sie war offensichtlich froh über Big Brothers Kommentar und hielt ihn für einen Beweis, dass ich sogar diese Leute mit meiner Ausstrahlung beeindruckt und vor allem davon überzeugt hatte, dass ich für die ganze Geschichte nichts konnte. Auch in mir regte sich diese Hoffnung, aber dann dachte ich wieder daran, wie Big Brother mich zweieinhalb Stunden lang angestarrt hatte, und wurde erneut unsicher. Nachdem wir das Gebäude des Geheimdienstministeriums verlassen hatten, wählte ich Kasras Nummer und legte wie vereinbart auf, noch bevor er den Ruf annehmen konnte, als Zeichen, dass ich wieder auf freiem Fuß war.

Jetzt brauchte ich einen sicheren Festnetzanschluss, um mit Ella Richardson von Amnesty International in London sprechen zu können. Dafür hatte ich keine große Auswahl unter meinen Freunden. Ich vertraute ihnen zwar allen, doch die Menge an Informationen, die der Geheimdienst über mich besaß, gab mir zu denken: War vielleicht doch einer von ihnen ein Spitzel? Wer würde mich sein Telefon benutzen lassen und sich dadurch möglicherweise selbst gefährden? Ich entschied mich dafür, es bei einer alten Freundin zu probieren, und erzählte ihr, warum ich in ihrem Elternhaus telefonieren wollte. Sie sagte, es sei kein Problem und ihr Vater und ihre Mutter müssten gar nichts davon erfahren. »Sie hätten sowieso nichts dagegen. Sie mögen dich beide sehr.«

Zunächst rief ich Amir an und gab ihm die Nummer. Zehn Minuten später klingelte es, und Ella Richardson war dran. Ich erzählte ihr, was ich erlebt hatte. Sie stellte mir einige Fragen und erklärte dann, dass Amnesty International mir innerhalb des Iran nicht helfen könne. »Es ist allerdings äußerst wichtig, dass Sie uns auf dem Laufenden halten, falls die wieder an Sie herantreten oder wenn etwas anderes passiert, so dass wir Ihren Aufenthaltsort kennen und Ihren Fall gegebenenfalls publik machen können.«

»Meinen Sie denn, sie kommen wieder?«

»Schwer zu sagen. Wir wissen nicht, was die eigentlich wollen.«

»Was soll ich tun, wenn sie mich holen kommen?«

»Benachrichtigen Sie mich sofort. Ihr Freund Amir hat meine private Handynummer. Ich habe ihm gesagt, er kann mich jederzeit anrufen. Wenn die Lage schlimmer wird, müssen wir uns etwas ausdenken, wie wir Sie da herauskriegen.«

Mutter flehte mich an, mit nach Hause zu kommen, aber jetzt, da ich wusste, dass sie meine Adresse kannten und jederzeit dort auftauchen konnten, traute ich mich einfach nicht. Sie fuhr schließlich allein heim, während ich mir ein Taxi rief und mich zu einem Café fahren ließ, wo ich den zögernden Besitzer überredete, mich von seinem Apparat aus telefonieren zu lassen. Ich rief Kasra an. Er und Sepideh kamen sofort dorthin und nahmen mich mit in ihre Wohnung. »Das hättest du nicht tun sollen«, meinte Kasra, als ich ihm erzählte, was sich bei der Geheimpolizei abgespielt hatte. »Du hättest einfach gehorchen sollen. Niemand glaubt diese Geschichte, und jeder weiß, dass solche Zeugenaussagen im Fernsehen immer erzwungen sind. Niemand hätte dir Vorwürfe gemacht.«

»Das habe ich mir auch gesagt, aber ich konnte einfach nicht anders. Ich konnte einfach nicht nachgeben.«

»Zur Hölle mit diesen Leuten. Zum Glück bist du ja zurück. Das ist das Einzige, was zählt«, sagte Sepideh. »Ich habe Kasra die ganze Zeit gesagt: Wenn sie dich festgenommen hätten oder Schlimmeres passiert wäre, hätten wir uns nie verziehen, dass wir dich überredet haben, dorthin zu gehen.«

»Seht ihr«, entgegnete Kasra, »ich habe ja gesagt: kein Grund zum Ausrasten. Ich habe gesagt, dass alles gut ausgeht, und so ist es auch gekommen.«

Ich beschloss, bei Sepideh und Kasra zu bleiben, aber Mutter rief immer wieder an und beschwor mich, doch nach Hause zu kommen. »Ruf bitte nicht wieder an«, bat ich sie. »Ich gehe nächstes Mal nicht mehr ran. Ich komme nicht nach Hause, weil ich mich da nicht sicher fühle. Ich komme nicht, weil ich es nicht will.« Unnötig zu sagen, wie sehr ich danach mit mir selbst haderte. So hatte ich noch nie mit ihr gesprochen.

»Sie ist eben die typische iranische Mutter. Sie möchte ihre Kinder am liebsten unter ihr Kopfkissen stopfen, damit sie ruhig schlafen kann«, tröstete mich Sepideh.

Wir drei hatten uns etwas zu essen bestellt, aber keiner von uns brachte einen Bissen herunter. Wir saßen nur da und sahen uns gedankenversunken an. »Ich dachte gerade, vielleicht ist es am besten, wenn du dein Handy nicht mehr für wichtige Anrufe hernimmst«, erklärte Kasra schließlich. »Vielleicht überwachen sie dich jetzt eine Weile. Man weiß nie, was die Geheimpolizei vorhat. Bis zu deinem Flug nach Athen ist es wohl sicherer, wenn du ein anderes Handy mit einer fremden SIM-Karte benutzt. Besonders wenn du die Botschaft anrufst.«

Die Vorstellung, überwacht zu werden, machte mir Angst. Ich sprach darüber, dass es mir davor graute, in dem Bewusstsein leben zu müssen, dass jeder meiner Schritte von einem Agenten verfolgt wurde. Ich würde mich zu Hause nie mehr sicher und entspannt fühlen können und jedes Mal einen Schock bekommen, wenn es an der Tür läutete. »Mach dich nicht verrückt«, unterbrach mich Kasra. »Du bist sicher, und hoffentlich kommen sie nicht wieder. Ich hatte ein langes Gespräch mit Amir, während du da drin warst. Er regt sich furchtbar auf und will, dass du dich sofort versteckst und flüchtest, so schnell es nur geht. Er sagt, dass diese Leute einen nie mehr in Ruhe lassen, wenn sie erst einmal eine Akte über dich angelegt haben. Meiner Meinung nach übertreibt er. Es ist gut, wenn du aufpasst und auf verdächtige Anzeichen achtest, aber es ist sinnlos, sich zu sehr zu beunruhigen, solange alles unter Kontrolle ist. In drei Wochen bist du ohnehin weg, und der Botschafter hat ja gesagt, wenn du wieder zurückkommst, ist alles in Ordnung.«

Aber meine Befürchtungen erwiesen sich als begründet. Am Freitag rief Mutter wieder an und berichtete, in der Mittagszeit seien zwei Agenten bei uns gewesen, die wissen wollten, warum sie mich nicht über mein Mobiltelefon erreichen könnten, sie wollten mit mir sprechen. Mutter hatte sich nicht anders zu helfen gewusst, als ihnen weiszumachen, ich sei mit ein paar Freunden in die Berge zum Wandern gefahren. Daraufhin hatten die beiden eine Vorladung für mich dagelassen: Am Samstagabend um sieben Uhr sollte ich wieder im Geheimdienstministerium erscheinen.

»Anscheinend hat Amir doch recht. Wenn du einmal drin bist, kommst du nicht mehr raus«, gab Kasra nach einigen Momenten düsteren Schweigens zu. Sepideh und ich saßen nebeneinander auf dem Sofa und sahen zu, wie er vor uns auf und ab lief.

»Ich gehe lieber nach Hause. Maman ist völlig verängstigt.«

»Du bist in weit größerer Gefahr als deine Mutter. Überlegen wir lieber, was in dieser Lage am besten zu tun ist.«

»Ich bin völlig durcheinander. Mir fällt nichts ein.«

»Dann lass mich mal nachdenken«, erwiderte er und rief wieder Amir an. Er erzählte ihm von der neuen Vorladung und besprach mit ihm, welche Möglichkeiten ich jetzt hätte. Ich saß auf dem Sofa, trank den Tee, den Sepideh mir gekocht hatte, und dachte an Big Brother. Was hatte er so spät von mir gewollt, lange nach Dienstschluss?

»Wir haben drei Optionen, aber eine scheidet wahrscheinlich aus«, begann Kasra schließlich. »Die erste ist, Kontakt zu jemandem vom Sicherheitsdienst des Flughafens aufzunehmen und herauszufinden, ob du schon auf der schwarzen Liste stehst oder das Land noch legal verlassen kannst. Wenn ja, setzen wir dich in die erste Maschine Richtung Türkei.« Er schwieg kurz. »Schau mich nicht an, als hätte ich Hörner auf dem Kopf. Wir können von Glück sagen, wenn wir diese Information bekommen und wenn sie positiv für uns ist.«

»Und die anderen Optionen?«, wollte Sepideh wissen.

»Die zweite ist die Flucht über die Berge, wie sie diese Liz vorgeschlagen hat. Amir hat es mit ihr in allen Einzelheiten besprochen. Sie kennt einen Bergführer am Ararat, einen Einheimischen aus einem Bergdorf.«

»Um Himmels willen, wir kennen diese Amerikanerin nicht einmal«, rief Sepideh. »Wer ist sie eigentlich? Und wer ist dieser Bergführer? Wenn das mal keine Falle ist!«

»Keine Aufregung, ich habe nur gesagt, es ist eine Möglichkeit. Wir müssen es nicht so machen.«

»Und Option Nummer drei?«, fragte Sepideh.

»Die dritte tritt nur ein, wenn die erste nicht funktioniert.«

»Toller Plan!«, meinte Sepideh ärgerlich. »Und weißt du vielleicht auch, wie wir jemanden im Sicherheitsdienst des Flughafens finden, der uns weiterhilft?«

»Ich muss es versuchen. Erinnerst du dich noch an Navids Bruder?«

»Das war ein Fall unter Millionen«, seufzte Sepideh ergeben. »Die haben einmalige Beziehungen, und außerdem sind sie reich wie Rockefeller.«

»Wir wenden uns an ihren Kontaktmann. Navid schuldet mir einen großen Gefallen, und außerdem ist er ein netter Kerl, er ist nicht wie der Rest der Familie. Ich rede mal mit ihm.« Er begann wieder zu telefonieren.

»Das ist kein Spiel, Sepideh, sondern mein Leben«, sagte ich. »Ich kann hier nicht einfach alle und alles zurücklassen und verschwinden.«

»Ich weiß, Liebes. Aber es ist kein gutes Zeichen, dass sie deinetwegen noch mal gekommen sind. Wir haben ja gesehen, wie sie versuchen, ihre Hände vom Blut dieser unschuldigen Frau reinzuwaschen. Jetzt ist es so viel, dass sie darin ertrinken, und sie klammern sich an alles, was sie retten könnte.«

»Ich begreife immer noch nicht, dass ich in diese Hölle geraten bin. Warum ich? Was habe ich denn falsch gemacht?«

»Wir finden einen Ausweg, und zwar den besten. Du bist unsere liebste Freundin. Du warst Ehrengast auf unserer Hochzeit und liegst uns beiden sehr am Herzen. Wir tun, was wir können. Vertraue auf Kasra.«

Der telefonierte noch mehrmals an diesem Tag. Seine Stimme wechselte zwischen seinem normalen Gesprächston und einem geheimnisvollen Flüstern. Sepideh tat ihr Bestes, um mich zu trösten, doch ich bekam immer größere Angst. Auch mir war völlig klar, dass dieser zweite Versuch des Geheimdienstes ein schlechtes Zeichen war, aber ich konnte mir einfach nicht vorstellen, meine Familie und Freunde zu verlassen oder mich von Siavash zu trennen. Allerdings machte es mir auch zu schaffen, dass er immer noch nicht zurückgerufen hatte.

»Versuch es noch einmal«, schlug Sepideh vor. »Oder schick ihm eine E-Mail. Ich wette, sein Vater kann dir helfen.«

Da hatte sie recht, Siavashs Vater war vermutlich einflussreich genug, um mich in Sicherheit zu bringen. Aber dass mein Freund so völlig abgetaucht war, ließ mich schon ahnen, dass hier etwas faul war. Am Nachmittag erhielt ich endlich eine E-Mail von ihm – zwei Zeilen, keine Anrede, keine Unterschrift: »Ich sehe zu, was ich tun kann. Warte, bis ich mich melde.«

Ich glaubte zu wissen, was er mir zwischen den Zeilen sagen wollte, aber Sepideh redete mir zu, die Nachricht anders zu verstehen: »Du irrst dich bestimmt. Er hat doch gesagt, er wolle sehen, was er tun kann. Er liebt dich wirklich, da bin ich sicher. Du nicht?«

»Er steht unter der Fuchtel seines Vaters.«

Die wenigen Worte waren auch wirklich alles, was ich von Siavash hörte, obwohl ich im Geheimen hoffte, mein Misstrauen möge sich als grundlos herausstellen. Als die Tage vergingen und meine Lage sich ständig verschlechterte, wurde allerdings klar, dass ich schon richtig gelegen hatte. Dennoch, die unmittelbare Bedeutung der E-Mail verstörte mich vollends. Wenn mein Liebster mich so verriet, wem konnte ich dann noch vertrauen? War es nicht unerheblich, was ich tat? Warum sollte ich überhaupt versuchen, mich in Sicherheit zu bringen? »Ich will nach Hause«, sagte ich laut.

Es war später Freitagnachmittag. »Ich möchte zu meiner Mutter.«

»Neda, ich habe mich den ganzen Nachmittag abgemüht, einen Ausweg aus dieser Misere zu finden, und du willst nach Hause? Und wenn sie dir da schon auflauern und dich einkassieren, sobald du auftauchst? Zu Hause bist du nicht sicher, du kannst nicht mehr dahin zurück.«

»Mir egal. Ich will nach Hause.«

»Siavash, dieser Idiot! Lass ihn und seinen verdammten Vater doch zur Hölle fahren. Umso besser, wenn er jetzt sein wahres Gesicht gezeigt hat!«

»Halt den Mund, Kasra!«, rief Sepideh. »Siehst du nicht, dass du es nur noch schlimmer machst?«

»Gut, ich fahre dich nach Hause, Neda. Ich will noch einmal mit dir und deiner Mutter sprechen. Offenbar wollt ihr beide die Augen vor der wahren Lage verschließen.« Während der Fahrt erklärte Kasra die dritte Option: Er wollte einen Sicherheitsbeamten des Flughafens bestechen. Der Bruder seines Freundes Navid war auf diese Art außer Landes gelangt. Ich konnte mich nicht mehr konzentrieren und hörte nur mit halbem Ohr zu, bis er die Summe erwähnte.

»Du machst Witze«, wandte ich ein. »Ich habe keine zwanzig Millionen Toman. Alle meine Ersparnisse und die meiner Mutter zusammengenommen reichen da nicht.«

Zu Hause sprach Kasra mit meiner Mutter und mir. Außer uns dreien waren noch Nima und eine enge Freundin von Mutter dabei. Mutter war wütend und beschuldigte Kasra, meine Lage nur zu verschlimmern. Kasra bekam vor Aufregung einen roten Kopf, sagte aber nichts. »Meine Tochter ist eine besonnene Frau. Sie weiß, was für sie am besten ist. Ich überlasse ihr die Entscheidung«, erklärte Mutter. »Es ist dein Leben, Neda. Willst du es einfach wegwerfen, aus dem Land flüchten und irgendwo in einem Restaurant den Abwasch machen, um zu überleben? Ist es das, wofür du all die Jahre gekämpft hast? Das bedeutet Kasras Plan nämlich. Ich weiß, dass er dir helfen will, aber es ist dein Leben, das dabei ruiniert wird.«

»Frau Soltani, bitte!«

»Ich heiße nicht Soltani. Neda sollte einfach abwarten und sehen, was die von ihr wollen. Das ist meine Meinung. Und jetzt soll sie entscheiden.«

»Neda, ich verstehe deine Mutter, aber ich warne dich, wenn du einfach abwartest, gerätst du immer tiefer in diese Sache hinein. Du hast beim ersten Mal nicht getan, was sie von dir wollten. Beim zweiten Mal werden sie dich zwingen. Denk daran und lass alles andere außer Acht!«

Mutters Freundin kam Kasra zu Hilfe. »Wenn ich das sagen darf, warum sich nicht für alle Fälle vorbereiten? Ich habe vier Millionen Toman zu Hause, die ich gestern von der Bank geholt habe, weil ich ein Auto kaufen wollte. Es ist bestimmt ein Zeichen Gottes, dass der Kauf nicht zustande gekommen ist und das Geld noch bei mir liegt. Ich werde es holen und diesem jungen Mann geben. So Gott will, wird nichts Böses geschehen, aber wenn etwas schiefgeht, was der Himmel verhüte, hast du schon mal einen Anfang.« Und tatsächlich trug Kasra, als er ging, einen schwarzen Plastikbeutel voller Banknoten mit sich. An der Tür fragte er mich ein letztes Mal: »Bist du sicher, dass du nicht mitkommen möchtest?« Ich schüttelte den Kopf. Er auch.

Am Samstagmorgen rief ich als Erstes bei der Zeitung *Nationales Vertrauen* an. Die Telefonnummer hatte ich aus dem Exemplar, das Big Brother mir gegeben hatte. Erst nach zehn Minuten nahm jemand ab. Die Frau am Telefon erklärte mir zu meinem Entsetzen, dass fast alle Redakteure – die Zeitung mit ihren Namen lag vor mir – festgenommen worden waren. »Aber ich muss mit jemandem sprechen. Es ist sehr wichtig!«

»Es tut mir leid, Madame, aber ich kann Ihnen nicht weiterhelfen. Wir haben hier eine Notlage. Ein Großteil unseres Inventars ist beschlagnahmt worden, und die Mitarbeiter, die noch auf freiem Fuß sind, können jede Minute verhaftet werden. Wenn Sie möchten, versuchen Sie es um 14 Uhr noch einmal. So Gott will, können Sie dann vielleicht den letzten Redakteur erreichen, der noch da ist.«

Ich war bestürzt, wie ruhig und scheinbar unbesorgt sie über die Razzia bei der Zeitung und die Verhaftungen sprach. Aber ich musste die Redaktion wissen lassen, wozu ich am Donnerstag gezwungen worden war. Also versuchte ich es am Nachmittag erneut. Diesmal nahm lange überhaupt niemand ab. Waren jetzt wirklich alle Journalisten verhaftet worden? Als ich schließlich nach endlosen Versuchen den Tränen nahe war, antwortete endlich ein Mann. Ich fragte nach dem Redakteur, dessen Namen die Frau mir am Morgen genannt hatte.

»Es tut mir leid, Madame, ich glaube nicht, dass er jetzt mit Ihnen sprechen kann. Wir haben hier«, er schwieg kurz, »gerade eine Notbesprechung.«

Ich wurde hysterisch und schrie buchstäblich ins Telefon. »Das ist mir egal! Holen Sie ihn mir ans Telefon, es ist dringend! Äußerst dringend! Und ich habe keine Zeit, noch mal anzurufen. Wir müssen beide dringend miteinander sprechen!«

Er schwieg wieder, dann fragte er nach meinem Namen.

»Ich bin Neda Soltani. Sagt Ihnen das etwas?«

Er machte eine lange Pause, bat mich dann, dranzubleiben, und nach wenigen Sekunden nahm der letzte verbliebene Redakteur meinen Anruf entgegen. Ich war völlig außer mir und konnte meine Gedanken kaum in Worte fassen. Schließlich gelang es mir auszudrücken, was ich wollte. Er entschuldigte sich mehrmals und meinte, *falls* die Zeitung weiter erscheinen könne, würde er auf jeden Fall eine Korrekturmeldung wegen meines Fotos bringen. Bevor wir uns verabschiedeten, wünschten wir uns gegenseitig alles Gute.

Es war wieder dieselbe Adresse. Ein heißer Tag. Die Sonne brannte grausam vom Himmel herunter. Meine schwarze Kleidung sog die Hitze gierig auf und verwandelte sich um meinen Körper herum in einen Schmelzofen. Auf dem Weg durch unsere Straße war ich mir meiner Umgebung bewusster als sonst – Häuser, Bäume, die vertrauten Gesichter der Nachbarn, der Supermarkt, dessen Betreiber zwei Söhne hatte und oft erklärte, er beneide Mutter um eine Tochter wie mich, der Park, in dem Nima mir so oft erfolglos Rollerbladen beizubringen versucht hatte. Werde ich diesen Weg jemals wieder gehen? Schweigend liefen Mutter und ich nebeneinander her. Von Zeit zu Zeit seufzte sie, und ich sah, wie sich ihre Lippen langsam bewegten. Vielleicht betete sie, vielleicht verfluchte sie diejenigen, die mein Foto veröffentlicht und mich in diese Situation gebracht hatten. Ich fühlte mich leer, empfand keinerlei Regung, weder in meinem Kopf noch in meinem sonstigen Körper. Seit die zweite Vorladung gekommen war, sah ich mich außerstande zu denken und meine Glieder waren taub. Als ich auf die aschgraue Tür zuging, fürchtete ich, meine Beine könnten nachgeben und ich würde mitten auf der Straße umfallen. An der Tür flüsterte Mutter mir zu: »Ruf Gott um Beistand an, bevor du klingelst.«

Ich atmete tief durch und klingelte. Der Sichtschlitz öffnete sich, ein anderes Gesicht als beim letzten Mal zeigte sich. Der Mann fragte nach meinem Namen, schloss die Klappe und öffnete die Tür. Dieses Mal ließ man Mutter nicht mit ein. »Zugang nur mit Vorladung«, sagte er zu ihr. »Sie dürfen nicht mitkommen.« Mutter protestierte, doch der Wachmann blieb hart. »Ich befolge nur meine Befehle. Bleiben Sie bitte draußen.« Zu mir gewandt meinte er: »Sie können hereinkommen.«

Unfähig, mich zu rühren, stand ich da. Ich wartete, dass Mutter mich rettete, aber sie sah mich nur an und sagte: »Dann warte ich hier draußen auf dich.« Beim Eintreten stolperte ich über die Türschwelle. Der Wachmann sprang beiseite, um den ungewollten Körperkontakt zu vermeiden, wenn ich ihm in die Arme gefallen wäre. So landete ich auf Händen und Knien. Mutter unterdrückte einen Schrei: »Ya Zahra!« Sie rief meine Namenspatronin um Beistand an. Ich stand auf und wandte mich, ohne zurückzuschauen, nach rechts und ging in den Hof. Der Wächter schlug ihr die Tür vor der Nase zu und ging hinter mir her. Mir wurde übel bei dem Gedanken, gleich Big Brother gegenübertreten zu müssen. Er flößte mir eine ungeheure Angst ein.

Am Eingang des Gebäudes wartete diesmal allerdings ein anderer Mann auf mich: Er war groß, schlank, hatte dünnes Haar und dunkle Ringe unter den Augen. Der Wachmann kehrte um. Ich ging allein über den Innenhof und die Treppe hinauf. Meinen leisen Gruß erwiderte der Unbekannte ebenfalls ruhig und führte mich wieder den L-förmigen Korridor entlang. Diesmal gingen wir an dem Zimmer vorbei, in das wir beim letzten Mal geführt worden waren. Die Tür war geschlossen. Der Gedanke, dass Big Brother dahintersaß, ließ mich schaudern. Der andere Mann brachte mich in ein kleines Zimmer und sagte: »Warten Sie hier!«, dann schloss er die Tür.

Der Raum hatte ein schmales Milchglasfenster nach Westen. Dass davor Gitterstäbe angebracht waren, konnte man gerade so erkennen. Sollten sie einen Einbruch oder einen Ausbruch verhindern? Die hereinscheinende Sonne heizte den Raum auf wie eine Sauna. Ich hatte das dringende Bedürfnis, auf die Toilette zu gehen, traute mich aber nicht, die Tür zu öffnen und zu fragen, weil ich ja im Zimmer bleiben sollte. Also setzte ich mich auf den Stuhl und legte die Hände auf den Tisch. Außer diesen beiden Möbelstücken und einem schwarzen Stuhl gab es nur eine große runde Uhr hoch oben an der Wand. Sie hatte zwei dicke schwarze Zeiger für die Stunden und Minuten und einen dünnen für die Sekunden, der rasend schnell um das Zifferblatt lief, obwohl die Zeit so langsam verging, dass es ein ganzes Jahr zu dauern schien, bis der Minutenzeiger weitersprang. Das fiel mir erst nach einer Viertelstunde auf. Dann konnte ich die Augen nicht mehr abwenden, das Vorrücken der Zeiger fing allmählich an, mich verrückt zu machen. Ich sah zu, wie sie noch fünf weitere leere Viertelstunden anzeigten, bevor die tödliche Stille endlich gebrochen wurde. Hinter mir riss jemand die Tür auf. Zu diesem Zeitpunkt war ich schon eingeschüchtert, das Warten und die Stille hatten ihren Zweck erfüllt.

Der Mann, der jetzt hereinkam, war im wahrsten Sinne des Wortes ein Big Brother. Er war ein wahrer Koloss und schwitzte so stark, dass es schon von Weitem zu riechen war. Ich erhob mich in einer automatischen Geste des Respekts und grüßte ihn, aber er erwiderte meinen Gruß nicht, sondern brüllte mich an: »Hinsetzen!« Wie hatte ich nur so dumm sein können, mir ein Ende der Stille zu wünschen? Jetzt stand er da und starrte mich wütend an. Ich wusste, ich sollte die Augen senken und ihm nicht in sein Gesicht mit der ungewöhnlichen kurzen, dicken Nase blicken. Seine Hände sahen auch nicht besser aus: Seine Finger waren kurz und dick, die Nägel waren abgekaut und hatten an den Daumen einen roten Rand. Ich senkte meine Augen weiter auf meine eigenen bleichen und zittrigen Hände. Nur sein schweres Atmen war zu hören. Meine Gedanken überschlugen sich. Unwillkürlich musste ich an Hemingways Stierkampfschilderungen denken und hastig ein dämliches Kichern unterdrücken, das aus meinem Bauch aufstieg.

Ich hörte einen zweiten Mann eintreten. Er schloss die Tür, ging um mich herum und stellte sich zu dem wütenden Stier. Bevor ich den anderen begrüßen konnte, stürzte sich der Stier auf mich. Doch ich war kein Matador. Er brüllte mich mit ungeheurer Macht an, seine Wut hallte in dem kleinen Zimmer wider. Ich saß da mit aufgerissenen Augen und offenem Mund, war völlig verängstigt. Noch nie hatte mich jemand so angeschrien. Ich war nicht mehr fähig zu denken. Alle Strategien, die ich mir unterwegs zurechtgelegt hatte, hatten sich verflüchtigt, und ich war wie ein leeres Blatt Papier, das er in Brand setzte.

Er sprach von meiner Familie. Er beschuldigte sie, an den Demonstrationen teilzunehmen und nachts »Allahu akbar!« vom Dach zu rufen. Er behauptete, die Nachbarn hätten uns angezeigt. Ich ging in Gedanken das Treppenhaus auf und ab: Sollte es die Familie nebenan gewesen sein, deren Töchter meine Mutter bewunderten und immer lange bei ihr im Salon blieben, wenn sie die Haare geschnitten bekamen? Oder die Mieter über uns, ein Paar mittleren Alters, das nach langer Ehe, mehreren Fehlgeburten, endlosen Arztterminen und einem Dutzend Pilgerfahrten jetzt endlich eine kleine Tochter hatte? Oder der andere Mieter, der nachts so laut »Allahu akbar!« auf dem Dach schrie, dass es sich anhörte, als stünde er bei uns im Wohnzimmer? Oder Mutters einzige Freundin im ganzen Wohnblock, die, seit sie das Foto gesehen hatte, pausenlos für mich betete?

»Hallo! Wo bist du mit den Gedanken?« Er schlug mit beiden Fäusten auf den Tisch. »Warum kommst du nicht mehr ins Büro seit der Veröffentlichung des Fotos? Willst du den Eindruck erwecken, wirklich tot zu sein?«

Ich sah ihn an, dann seinen Spießgesellen, dann wieder ihn. Der andere Mann starrte mich an, aber nicht mein Gesicht. Sein Blick war eiskalt und ließ mich wieder an all die Geschichten denken, die ich darüber gehört hatte, was Frauen in der Haft zustoßen kann. Ich dachte an Hani, obwohl mir ihr Gesicht nicht mehr einfallen wollte. Ich sah auf seine Hände, die er locker neben seinem Körper hängen ließ, und fragte mich: Ist es möglich, dass er mich damit berührt? Was mache ich, wenn er mich anfasst? Er ist nicht so stark wie der wütende Stier, aber er kann mich trotzdem niederschlagen. Ich hätte etwas Scharfes zur Selbstverteidigung mitbringen sollen. Ich sah meine eigenen Hände an – nein, meine Fingernägel taugten nicht als mögliche Waffen, ich hatte sie schon vor dem ersten Termin hier kurz geschnitten und den Nagellack entfernt.

»Warum ist dein Handy ausgeschaltet? Glaubst du, wir überwachen dich? Benutzt du einen anderen Anschluss? Warum? Wenn du nichts zu verbergen hast, was kümmert es dich, ob jemand mithört?«

Ich dachte daran, wie Mutter mich gestern Abend, nachdem Kasra gegangen war, gefragt hatte: »Soll ich dir die Haare dunkler färben? Ich habe alles Nötige von der Arbeit mitgebracht.« Das klang in der Situation so merkwürdig, dass ich mich schon fragte, ob sie einen Nervenzusammenbruch hatte. Was hatte sie ausgerechnet gegen meine karamellfarbenen Haare? Konnte sie an eine Szene wie diese gedacht haben?

Ich blickte zu dem wütenden Stier auf. Eigentlich gefiel er mir besser. Er war wütend, hatte aber nichts Lüsternes an sich. Er sagte etwas über mein Foto. Ich konzentrierte mich, er wiederholte die Frage und war nicht im Mindesten von den Tränen in meinen Augen beeindruckt. »Wer außer dir hat dieses Foto?«

»Niemand.«

»Wann hast du es machen lassen?«

Die Zeit hatte allen Sinn für mich verloren, ich konnte ihm kein genaues Datum nennen. »Neulich erst.«

»Wo war das?«

Ich konnte mich nicht mehr an den Namen des Studios erinnern, in dem ich schon mehrmals für Porträts, Familienfotos und Schnappschüsse gewesen war. »In einem Fotoatelier bei uns im Viertel.«

»Und du bist sicher, dass du es niemand anderem gegeben hast außer der Botschaft?«

»Ganz sicher.«

»Wir stehen an einem entscheidenden Punkt unserer Geschichte. Der Feind sitzt uns im Nacken – und was haben wir hier?« Er drehte sich halb zu seinem Kollegen um. »Sie verkauft sich an den Feind. Unsere Märtyrer haben ihr Leben geopfert, damit wir unter der Fahne des Islam leben können, und jetzt verraten unsere eigenen Leute das Land und die Religion.« Er wandte sich wieder an mich. »Du kommst hier hereinspaziert und erklärst stolz, dass du nicht wählen gegangen bist. Sind unsere Märtyrer für so jemanden gestorben?«

Er redete, als ob ich diesen Krieg angefangen und die Männer zum Sterben in die Minenfelder geschickt hätte, als ob ich für die Gräuel verantwortlich sei. Es erinnerte mich an einen Kinobesuch in meiner Grundschulzeit. Wir wurden mit zwei Bussen zu einem Saal gefahren, um einen Film über den irakisch-iranischen Krieg zu sehen. In dem Streifen saßen unsere Soldaten zum Schluss ohne Trinkwasser in der Falle, sie wurden mit Giftgas angegriffen und starben durstig. Nach dieser Vorführung weigerte ich mich zwei Tage lang, Wasser zu trinken, und hatte danach fast eine Woche lang bei jedem Schluck, den ich trank, Tränen in den Augen. Unsere Schule organisierte damals eine Spendenaktion. Die Schüler sollten Geld oder nützliche Dinge für die Brüder an der Front mitbringen. Ich bat meinen Vater immer wieder, möglichst viele Kompottdosen und Fruchtsafttüten zu kaufen, weil sie das meiste Wasser enthielten.

»Weißt du, es ist am besten, du gestehst alles freiwillig. Wenn wir erst ermitteln müssen und dann auf Fakten stoßen, die du uns verschwiegen hast, wird es sehr schwierig für dich.«

»Was soll ich denn freiwillig gestehen? Ich habe Ihren Kollegen am Donnerstag schon alles gesagt. Wir sind nicht politisch aktiv, keiner in unserer Familie. Als ich gesagt habe, ich bin nicht wählen gegangen, meinte ich damit, dass ich keine Anhängerin von Moussavi oder Karoubi bin. Ich habe keinen Grund, mich in die Ereignisse vor oder nach dem Tod von Neda Agha-Soltan verwickeln zu lassen.«

»Das ist keine Antwort auf meine Fragen«, erwiderte er. Ich konnte mich an keine Frage erinnern, aber das sagte ich ihm lieber nicht. Er fuhr fort: »Du kannst die Verantwortung für die Verbreitung deines Fotos entweder selbst übernehmen oder bestätigen, dass sie auf das Konto der griechischen Botschaft geht.«

Der andere Mann bewegte sich auf die Tür zu. Zuerst war ich nicht sicher, ob er nicht in meine Richtung ging. Ich beobachtete ihn aus den Augenwinkeln, bereit, mich wegzuducken, sollte er seinen Arm nach mir ausstrecken. Die Tür hinter mir öffnete und schloss sich wieder, aber der Mann hatte einen so leichten Gang, dass ich ihn nicht hinausgehen hörte. Wie viel Zeit war vergangen? Es fühlte sich wie eine Ewigkeit an und meine Blase schmerzte wieder. Ich erinnerte mich, dass ich auf die Toilette gewollt hatte, aber ein

Blick auf den wütenden Stier sagte mir, dass ich ihn lieber nicht fragte.

»Also?«, beharrte er. Mir fiel keine Antwort ein. »Es ist besser, wenn wir gleich hier alles besprechen. Wenn du nicht kooperierst, beginnen wir zu ermitteln und erfahren alles, was du uns verschweigst. Und wie gesagt, dann wird es sehr kompliziert. Deine Familie bekommt dann ebenfalls Schwierigkeiten. Willst du das?« Er beugte sich über den Tisch und stützte die Hände auf. Lieber Gott, zeig mir einen Ausweg aus dieser Hölle! Du weißt, ich habe nichts Unrechtes getan. Lass nicht zu, dass mir jemand etwas tut. Bitte!

Nachdem er seine Anschuldigungen vom Anfang wiederholt hatte, wollte er mir Zeit geben, in Ruhe darüber nachzudenken, und ging hinaus. Draußen war es finstere Nacht und im Gebäude herrschte eine furchtbare Stille. Die Uhr zeigte kurz nach halb zehn. Ich dachte an Mutter, die draußen wartete. Sie saß nicht hier fest. Mich packte die Wut – auf sie, auf mich selbst, weil ich auf sie gehört hatte. Ihre Angst hatte mich in diese Falle laufen lassen. Immer mehr Zeit verging. Sie wollten mich wieder mit Warten zermürben. Ich sollte mir vorstellen, wie sie zurückkämen und wieder auf mich einbrüllten. Mein Rücken schmerzte, meine Beine waren taub. Als ich aufstand und der Stuhl beim Zurückschieben quietschte, zuckte ich zusammen. Hatten sie das vielleicht gehört und kamen zurück? Ich setzte mich wieder hin und wartete.

Erst um zwanzig nach zehn kamen sie wieder. »Und? Bist du jetzt bereit zu gestehen, dass du Teil dieses Plans warst? Willst du uns die Wahrheit sagen?«

»Plan?«

»Des Plans, dein Foto ins Netz zu stellen, mit der gefälschten Geschichte dazu.«

»Das ist nicht wahr. Ich schwöre bei Gott, das ist nicht wahr.«

»Dann erzähl uns die Wahrheit!«

»Ich habe nichts mit der Veröffentlichung meines Fotos zu tun. Ich habe versucht, seine Verbreitung zu verhindern, aber ich konnte das nicht kontrollieren. Die Medien achten gar nicht auf mich. Sie benutzen mein Bild weiter, obwohl ich sie von dem Fehler unterrichtet habe.« Ich wusste, dass es gefährlich war, diesen Agenten zu sagen, dass ich westliche Medien kontaktiert hatte, aber es war mir inzwischen egal. Ich wollte nur noch aus dieser Falle entkommen.

»Warum kooperierst du dann nicht mit uns? Dein Mangel an Zusammenarbeit trägt zur Propaganda gegen unsere islamische Heimat, gegen den Islam und gegen unseren Obersten Staatsführer bei. Du bist dir darüber im Klaren, welche Konsequenzen dieses ängstliche Schweigen hat? Was auch immer du getan hast – Schwamm drüber. Vertraue dich uns jetzt an, und wir helfen dir. Ich schwöre bei Gott, dass wir dir helfen werden.«

O Gott, warum verstehen die mich nicht? Was immer ich sage, es nutzt nichts. Sie hören gar nicht zu.

»Du schweigst immer noch? Gut, *wir* sind die ganze Nacht hier, für uns ist das kein Problem. Aber willst *du* auch die ganze Nacht hierbleiben?«

Er machte eine lange Pause. Der Raum begann sich wieder um mich zu drehen. Ich hatte einen bitteren Geschmack im Mund, und meine Augen brannten. Der andere Agent gab ihm eine Art Heft, das er vor mir auf den Tisch legte.

Der Umschlag war dunkelblau wie die Korrespondenzordner meiner Sekretärin. Jetzt, dachte ich, sind alle bei ihren Familien. Freunde, Kollegen, Studenten. Alle sind zu Hause, nur ich nicht. Wenn sie mich heute Nacht hierbehalten, sterbe ich bestimmt. O Gott, hilf mir. Lass sie mich nicht hierbehalten.

Er legte eine Hand auf den Ordner und sagte: »Sieh dir die hier sorgfältig an und sag mir, wen du wiedererkennst, verstanden?« Der Ordner war eine Art Fotoalbum. Er blätterte Seite für Seite um und fragte immer wieder: »Kennst du den? Kennst du die?« Ich war völlig durcheinander. Die Fotos hatten keine erkennbare Ordnung, die Gesichter waren völlig unterschiedlich. Mir wurde von dem ständigen Wechsel nur noch mehr übel. Ich erkannte keinen der Abgebildeten. Er blätterte immer wieder vor und zurück und ermahnte mich, die Wahrheit zu sagen und zu kooperieren, davon hätten wir alle nur Vorteile, besonders meine Familie und ich. Der andere Agent, der bis jetzt geschwiegen hatte, war aus dem Zimmer gegangen und hatte mich mit diesem massigen, ärgerlichen Mann allein gelassen. Der sagte mir nun plötzlich, für heute Abend sei es genug und ich könne jetzt nach Hause gehen. Zuerst hatte ich den Verdacht, ich bildete mir das womöglich nur ein. Dann stand ich unsicher auf, spähte nach der Uhr – es war nach elf – und ging.

Als sich das Tor öffnete und ich auf die Straße trat, sah ich Mutter und glaubte eine Sekunde lang, sie sei tot. Sie hockte halb sitzend, halb liegend neben dem Pförtnerhäuschen auf der Straße. In der Dunkelheit konnte ich ihr Gesicht nicht richtig erkennen. Ich selbst war so erschöpft, dass ich ihr nicht zu Hilfe kommen konnte. Da hörte ich sie schwach seufzen und wusste, sie war am Leben. Später erzählte sie, die Wache habe ihr gesagt, sie solle nach Hause gehen, denn »wer um diese Zeit hierher bestellt wird, ist zu Gast bei uns, und das für mindestens eine Nacht«.

Es war der 30. Juni. Ich hatte den Tag nach dem Abend bei der Geheimpolizei mit Fieber im Bett gelegen. Jedes Mal, wenn das Telefon oder die Türklingel läutete, wurde ich panisch vor Angst. Nima schaltete schließlich die Klingel ab und stellte das Telefon so leise wie möglich. Am Montag ging es mir etwas besser, und am Dienstag, nachdem sie zwei Tage lang nicht wiedergekommen waren, fasste ich allmählich wieder Hoffnung. Ich brachte einige Löffel Kartoffelpüree und Karottenbrei hinunter und duschte. Ich versuchte mit Hans und Liz in Kontakt zu bleiben, die beide auf ihre Weise versuchten mir zu helfen. Während der Woche hatte Ahmadinedschad zwei Briefe an den Präsidenten des obersten Gerichtshofes im Iran geschrieben und eine gründliche Untersuchung des Mordfalls Neda Agha-Soltan angeordnet. Er behauptete ungeniert, diese Tat deute auf eine westliche Verschwörung hin, und beschuldigte Israel, die USA, die EU und Großbritannien, durch den Mord an dieser Frau, »unserer Schwester«, zum Sturz der iranischen Regierung beitragen zu wollen.

Und dann riefen sie wieder an. Mittwoch, sagten sie, dieselbe Adresse, diesmal frühmorgens. »Was hast du denn gedacht? Deine Mutter ängstigt sich zu Tode und leugnet instinktiv die Realität. Und du machst es ihr nach. Es ist ganz klar, wie diese Geschichte ausgehen wird. Wenn du noch mal dahin gehst, unterschreibst du dein eigenes Todesurteil.

Ich habe dir zwar beim ersten Mal gesagt, es wäre dumm, nicht hinzugehen, aber jetzt sage ich dir, es wäre Wahnsinn, wieder hinzugehen«, rief Kasra ins Telefon, nachdem ich ihm von der neuen Vorladung erzählt hatte.

»Was soll ich denn tun? Es ist zu spät, ich komme da nicht mehr raus.«

»Ja klar, weil deine Mutter am Freitag so erbost über mich war und du dich hinter ihr versteckt hast, als ich dir gesagt habe, du sollst dich absetzen. Wenn du den Kopf in den Sand steckst, haben sie dich sofort am Wickel.«

»Schrei mich nicht an, verdammt. Das besorgen schon andere!«

»Na gut. Warum lehne ich mich eigentlich so weit für dich aus dem Fenster? Wir riskieren unsere eigene Sicherheit für dich, und du sitzt da und wartest auf ein Wunder. Meinst du, wenn du morgen hingehst, sagen sie dir: Du bist ein braves Mädchen, eine Dozentin an der Uni, außerdem höflich, ordentlich und hübsch, deshalb lassen wir dich gehen? Wenn diese Schweine einen Hauch Menschlichkeit hätten, dann wäre diese arme Neda gar nicht erst erschossen worden!« Er legte auf.

Einige Minuten später rief Sepideh an. »Kasra hat Angst um dich. Er will dich nur beschützen. Sei ihm nicht böse.«

»Keine Sorge, das weiß ich schon. Aber warum sieht niemand meine Lage so wie ich? Selbst wenn mir die Flucht gelingt, was soll ich denn dann tun? Was wird aus Mutter und Nima? Und aus meinem Job und meinen Freunden? Ich würde doch alles verlieren …«

»Sag so etwas nicht, Liebes«, murmelte sie unsicher. »Ihr tut mir so leid, du und deine Familie.« Sie schwieg, und ich hatte ein schlechtes Gewissen, weil sie sich meinetwegen so elend fühlte.

»Weißt du noch, wie wir den Französischunterricht geschwänzt haben und in der Snackbar Hotdogs gegessen, Fanta getrunken und über alles Mögliche getratscht haben?«, fragte ich. »Ich würde fünf Jahre meines Lebens geben, um wieder in diese Zeit zurückzukönnen.«

Nach dem Gespräch mit Sepideh legte ich mich aufs Bett, ließ die Beine über das Fußende baumeln und ging in Gedanken alle Optionen durch. Wenn ich der Vorladung am nächsten Morgen Folge leistete und alles tat, was diese Leute von mir wollten, würde ich meinen Kollegen und Studenten nie wieder ins Gesicht sehen können. Widersetzte ich mich weiter, landete ich wahrscheinlich im Gefängnis. Dort würde ich gefoltert werden oder es erwartete mich sogar Schlimmeres, und damit würden sie mich zwingen zu tun, was sie von mir wollten. Ich konnte auch in der Nacht fliehen, mich verstecken, ein Mauseloch finden, wie Amir immer sagte, und warten, dass Kasra und Amir mir einen Fluchtweg bahnten. Und die Geheimpolizei würde sich meine Mutter vornehmen.

Es klopfte leise an der Tür. »Kann ich hereinkommen?«, fragte Mutter.

»Nein, Maman. Ich möchte gerne allein sein.«

»Ich muss mit dir reden.«

»Bitte nicht! Ich bin völlig frustriert und muss nachdenken«, erwiderte ich und dachte daran, was Kasra über Mutter gesagt hatte. Er hatte recht. Sie hatte Angst, mich zu verlieren, und verschloss die Augen vor der Realität. Ich konnte ihr deswegen keinen Vorwurf machen.

Als ich aufwachte, war es dunkel und still geworden. War das alles vielleicht doch ein langer Albtraum? Das ging jetzt schon die zehnte Nacht so, immer wenn ich aufwachte. Ich dachte an Siavash. Wo war er? Hatte er das Recht, mich so zu behandeln? Was würde ich an seiner Stelle tun? Würde ich den Kontakt so abbrechen wie er? Würde ich auch nur zwei kurze Zeilen an ihn schreiben, ohne Betreff, Anrede oder Gruß? Ich vermisste ihn so sehr.

Mutter wachte früh auf, es war noch dunkel. Als sie leise in mein Zimmer kam, stellte ich mich schlafend. Sie seufzte und schloss die Tür wieder hinter sich. Ich dachte an die bevorstehende Hochzeit ihres Cousins, an mein leuchtend blaues Kleid, das in einigen Tagen fertig sein sollte. Wo würde ich an diesem Hochzeitstag sein? Würde ich eine Chance haben, mein seidenes Kleid vorzuführen und zu Ehren von Braut und Bräutigam mit den anderen zu tanzen? Vielleicht wäre ich auch schon tot? Und wenn ich in einer Zelle säße? Ich nickte noch einige Male ein, dann fühlte ich Mutters Hand auf meinem Arm. »Halb sieben, Neddie. Dusch noch schnell. Es wird ein heißer Tag heute.«

Das Wasser lief mir über Kopf und Schultern. Ich schaute an meinem Körper hinunter und musste wieder an diesen Agenten denken, an seine Augen und Hände. Ich ertrug das Wasser nicht länger, wickelte mich in ein Badetuch und schlich in mein Zimmer zurück. Als ich angezogen war, ging ich zu Mutter in die Küche. Sie kniete und verbeugte sich in Richtung Mekka. Ihre Stirn berührte die weißen Bodenfliesen, während sie Gott klagend um Hilfe anflehte. »Möge sein Zorn alle jene treffen, die dir dies antun. Sie alle müssen sich vor Gott verantworten.«

Ich dachte an all die Journalisten, Nachrichtenredakteure, Reporter, Fernsehmenschen, denen es völlig gleichgültig war, was mit mir geschah. Was immer mich am Ende erwartete – sie würden einfach eine sentimentale Story über ein weiteres Opfer des brutalen islamischen Regimes daraus machen. Sie würden nie eingestehen, dass sie es waren, die mich dieser Brutalität ausgeliefert hatten. Auf keinen Fall würden sie sagen: »Wir sind verantwortlich für das, was ihr zugestoßen ist.«

Als es plötzlich an der Tür klingelte, sprangen Mutter, Nima und ich entsetzt auf. Das konnte nur eines bedeuten: Die Geheimpolizei kam mich holen. Niemand sonst würde so früh am Morgen vor unserer Wohnung stehen. Nima ging öffnen. Warum kamen sie jetzt zu uns? Ich hatte doch eine Vorladung und sollte selbst bei der Behörde erscheinen. Ich hoffte, dass nicht der wütende Stier und sein lüsterner Kollege vor der Tür standen. Jemand sagte: »Wir kommen wegen Frau Zahra Soltani.« Kurz darauf sah ich Mutters entsetztes Gesicht in meiner Zimmertür: »Sie wollen zu dir.« Ich legte mein schwarzes Kopftuch an, zog es tief in die Stirn, nahm die Handtasche und ging ins Wohnzimmer.

Sie standen an der Tür, der eine innen auf der Fußmatte – merkwürdigerweise fiel mir der Kontrast seiner schwarzen Schuhe zu Nimas weißen Sneakers auf, die direkt neben dem Eingang standen –, der andere draußen, er behielt das Treppenhaus im Auge. Mir zitterten die Knie, aber wenigstens waren es keine bekannten Gesichter. Als jener im Raum mein Hallo mit einem ruhigen »Guten Morgen« beantwortete, ging es mir etwas besser. Einen aggressiven Eindruck machte er zumindest nicht. Als Mutter, ebenfalls in Schwarz

gekleidet und ziemlich eingeschüchtert, aus ihrem Schlafzimmer kam, sagte er allerdings: »Nein, bedaure, Sie dürfen
nicht mit uns kommen.« Seine sanfte Stimme und höfliche
Ausdrucksweise gaben Mutter den Mut zu widersprechen:
»Es geht ihr nicht gut, deshalb wollte ich lieber dabei sein.«
Ich fürchtete schon, sie würde ihm von meinen Blasenprob-
lemen erzählen.

»Sie sieht doch ganz fit aus«, sagte der Agent lachend. »Es
tut mir leid, aber Sie können wirklich nicht mitkommen.«
Dann blickte er auf meine Handtasche und fragte: »Was haben Sie da drin?«

»Nichts Besonderes. Taschentücher, Brieftasche, Handy,
meinen Schlüsselbund …«

»Das brauchen Sie alles nicht. Lassen Sie die Tasche ruhig
hier.«

Ich sah mich hilfesuchend nach Mutter um, aber die
starrte auf den Teppich. Ich ließ die Tasche fallen und fragte:
»Darf ich ein Päckchen Taschentücher mitnehmen?«

»Das dürfen Sie.«

Ich schnappte mir das Päckchen und fragte mich, ob es
klug von mir gewesen war, das Mobiltelefon vorher in die
Hosentasche zu stecken. Ich hatte es getan, um zu verhindern, dass sie die SIM-Karte entdeckten, die nicht auf mich
registriert war, falls sie meine Handtasche durchsucht hätten. Aber jetzt ließ es sich nicht mehr ändern. Vielleicht
konnte ich das Handy ja herausnehmen, wenn ich auf die
Toilette ging.

»Dann kommen Sie bitte mit«, sagte der Agent und bedeutete mir mit einer Geste, vorauszugehen. Sein Kollege
stapfte bereits ohne ein Wort oder einen Blick in unsere

Richtung vor uns die Treppe hinunter. Ich blickte zu Mutter und Nima zurück. Mutter sah aus, als würde sie jeden Moment zusammenbrechen, Nima stand mit rotem Gesicht hinter ihr. Ich hörte, wie der Agent sich höflich von ihnen verabschiedete und hinter mir die Wohnung verließ, aber nicht, wie sich die Wohnungstür schloss.

Vor dem Haustor wartete ein dunkelgrüner Streifenwagen. Am Steuer saß ein junger Mann in einer Uniform im selben Dunkelgrün wie das der Revolutionsgarde. Ich saß mit dem höflichen Agenten auf dem Rücksitz, während der schweigende den Beifahrersitz einnahm. Der Wagen fuhr an, und ich warf einen letzten Blick auf unsere Wohnung und das Viertel. Irgendwie war ich überzeugt, dass ich beides nicht wiedersehen würde. Meine Verzweiflung verwandelte sich jedoch in Panik, als das Auto links abbog und nicht in Richtung des Bürogebäudes fuhr, in dem ich Donnerstag und Samstag gewesen war. Wohin bringen die mich? Niemand wird wissen, wo ich bin, schoss es mir durch den Kopf. Zu fragen wagte ich allerdings nicht.

Der Wagen fuhr in Richtung Autobahn und plötzlich war ich mir sicher, dass sie mich ins Evin-Gefängnis brächten, den wohl schrecklichsten Ort in diesem Land, sowohl vor als auch nach dem Umsturz von 1979. Meine Gedanken begannen zu rasen. Bilder von düsteren Korridoren zwischen Reihen überfüllter, verdreckter Zellen zogen vor meinem inneren Auge vorbei. Ich wusste gar nicht, wie es im Evin-Gefängnis wirklich aussah, aber allein der Gedanke daran lähmte mich. Dort wurde man verhört, gefoltert und wieder verhört, natürlich mitten in der Nacht, bis man alles unterschrieb, was sie von einem wollten. Man würde mich mit Mörderinnen und

Schmugglerinnen in eine Zelle stecken. Mutter hatte einmal in der Zeitung gelesen, dass eine Bande einen Mitgefangenen im Duschraum umgebracht hatte. Musste ich heute Nacht mit solchen Leuten in einer Zelle schlafen?

Mein Herz raste, meine Hände zitterten so sehr, dass ich sie zwischen die Knie schob, um sie ruhig halten zu können. Ich wollte nicht, dass der Agent neben mir meinen Zustand sah. Während der ganzen Fahrt sprach niemand ein Wort, und in meiner Vorstellung sah ich finstere Zellen, drogensüchtige Häftlinge mit verfaulten Zähnen und Vernehmungsräume, in denen Frauen nicht nur verhört und geschlagen, sondern auch vergewaltigt wurden. Meine Augen füllten sich mit Tränen, ich wandte mein Gesicht ab, damit niemand sah, wie sie mir über die Wangen liefen.

Vielleicht verschonten sie mich, wenn ich ihnen sagte, dass ich meine Lektion gelernt hatte und fortan gefügig sein würde. Bitte, ich will nicht ins Evin. Ich will nicht mit mörderischen Kriminellen und Männern allein sein, die sich meines Körpers bemächtigen. Ich tue, was ihr wollt, aber lasst mich zu meiner Familie zurück. Ich hätte auf Kasra und Amir hören und mich irgendwo verstecken sollen. Eine nächtliche Flucht über die Berge in der Obhut eines absolut Fremden wäre geradezu ein Spaziergang im Vergleich zu dem, was mir bevorstand. All diese Menschen, die mir doch helfen wollten, hatten versagt, die Medien hatten weder mein Foto entfernt noch über meinen Fall berichtet. Und in Sicherheit war ich schon gar nicht. Was konnten sie jetzt noch für mich tun? Wie wollten sie mich denn aus der Haft herausholen? Ich würde ein weiterer Name auf der Amnesty-Liste politischer Gefangener sein, mehr nicht.

Aber der Wagen bog nach Süden ab, in die dem Evin-Gefängnis entgegengesetzte Richtung, und langsam dämmerte mir, dass sie mich doch nicht dorthin brachten, zumindest noch nicht. Während das Auto sich in den morgendlichen Berufsverkehr einfädelte, wurde mir unangenehm bewusst, wie auffällig wir sein mussten – eine einzelne Frau in einem Streifenwagen mit drei bärtigen Männern, einer davon uniformiert. Ich fragte mich, was die Leute wohl von mir dachten. Was glaubten sie wohl, warum ich mitgenommen wurde? Ich senkte den Kopf so weit wie möglich, drehte mich vom Fenster weg und starrte auf die Rückseite des Beifahrersitzes. Der Wagen hielt mehrmals an roten Ampeln. Was würde wohl passieren, wenn ich jetzt einfach die Tür aufriss, hinaus auf die Straße sprang und um Hilfe rief? Würden die Passanten mir beistehen oder würden sie mich für eine Kriminelle halten und untätig zusehen, wie die Agenten mich wieder einfingen?

Das Auto verlor sich in einem Gewirr von Gassen, bog mehrmals links und rechts ab. Als es schließlich vor einem großen Einfahrtstor hielt, hatte ich völlig die Orientierung verloren. Das Tor öffnete sich, verschlang den Wagen, die Agenten und mich und schloss sich wieder. Dann kamen wir zum Stehen und ich wurde aufgefordert auszusteigen. Der Agent, der neben mir auf der Rückbank saß, stieg auf seiner Seite aus, der andere auf dem Beifahrersitz rührte sich nicht.

Im Hof vor dem Gebäude hielten sich noch andere Männer auf, aber niemand interessierte sich für uns. An diesem Ort existierte ich nicht. Meine Beine und Füße waren gefühllos und ich fürchtete, mich jeden Moment übergeben zu müssen. Mir war gar nicht bewusst, dass ich mich, seitdem ich aus dem Auto gestiegen war, noch nicht von der Stelle gerührt hatte. Der Agent kam um den Wagen herum und bedeutete mir: »Frau Soltani, hier entlang!«

Ich folgte ihm, und wir betraten das Gebäude durch eine große Glastür. Ich warf einen verstohlenen Blick auf meine Armbanduhr, es war kurz nach halb neun. Der Agent ging voraus und warf hin und wieder einen Blick über seine Schulter, um sicherzugehen, dass ich ihm noch folgte. Im Gebäude war nicht viel los, aber aus den Büros links und rechts hörte ich Leute sprechen. Wir kamen ans Ende des Korridors. Dort wurde ich in einen Raum geführt, in dem ich mich hinsetzen und allein warten sollte. Der Stuhl wackelte, ein Bein war locker. Ich versuchte mich so hinzusetzen, dass mein Handy sich nicht unter meiner Kleidung abzeichnete. Ich war mir nicht mehr sicher, es wirklich ausgeschaltet zu haben, und fürchtete, es würde womöglich während des Verhörs klingeln. Man würde es mir abnehmen und untersuchen.

Die Minuten vergingen, offenbar sollte ich wieder durch Warten mürbe gemacht werden, wie schon am Samstag. In diesem Raum hing keine Uhr. Ich nahm meine Armbanduhr ab und steckte sie in die Manteltasche, damit ich mich nicht selbst verrückt machte, indem ich alle paar Minuten nach der Zeit sah. Ich wackelte mit dem Stuhl vor und zurück und dankte Gott, dass ich hier saß und nicht im Evin-Gefängnis, sagte die Gebete auf, die mir einfielen, und hätte gern ein Glas Wasser getrunken. Ich dachte an Mutter und Nima, die jetzt so weit entfernt waren und keine Ahnung hatten, wo ich mich aufhielt. Ich dachte an meine Schwester und ihre Familie. Sie hatte jetzt eine kleine Tochter namens Tara, die in wenigen Tagen ihren ersten Geburtstag feierte. Ich dachte an meinen Vater, der gar nicht wusste, was mit mir geschehen war, und der wieder im Krankenhaus lag. Ich dachte an meine Freunde, Kollegen und Studenten und auch wieder an Siavash.

Warum durfte ich keine Handtasche mitnehmen? Wollten sie mich hierbehalten? Wollten sie mich ins Gefängnis stecken? Wollten sie mich foltern? Würden sie aufhören, wenn ich mich zur Zusammenarbeit bereit erklärte? Oder würden sie mir eine Lehre erteilen, weil ich bisher so widerspenstig gewesen war?

Links neben mir öffnete sich die Tür, und ein Mann in Zivil rief ins Zimmer: »Zahra Soltani?«

Ich nickte.

»Komm mit.«

Ich trat aus der Tür und fand mich zwischen dem Mann in Zivil und einem jungen Mann in dunkelgrüner Uniform wieder. »Hier entlang!« Der Mann ging voraus, der Soldat folgte. Zuerst dachte ich, ich würde wieder an einen anderen Ort gebracht, aber dann bog er links ab, blieb kurz stehen und stieg dann eine Treppe hinunter. Das regte wieder meine Fantasie an. Ich sah die Verhörzellen aus den Filmen über die Revolution von 1979 vor mir, die immer Anfang Februar im Fernsehen liefen. Die Zellen lagen stets im Keller. Der Vernehmer war meist ein dünner Mann mit weißem Hemd, schwarzer Krawatte, glatt rasiertem Kinn und schwarzem Schnurrbart. Er rauchte Kette, stellte eine Frage nach der anderen, brüllte den verhafteten Revolutionär an, gab ihm Ohrfeigen und rief dann andere Männer, die ihm einen Denkzettel verpassen sollten. Die anderen Männer malträtierten ihn mit Tritten,

Faustschlägen und Elektrokabeln. Man hörte immer nur die Geräusche, und dann wurde der Revolutionär blutüberströmt auf dem Boden liegend gezeigt. Doch hier sah alles anders aus: keine Krawatten, keine Zigaretten und keine Revolutionäre mehr, stattdessen gingen Zivilisten an uns vorbei, nach Schweiß riechende Vollbärtige, die wahrscheinlich im Namen Gottes und für die Sache des Islam prügelten.

Unten gab es mehrere Räume, in denen aber niemand zu sehen war. Die Zelle, in die sie mich brachten, hatte nur ein schmales Fenster unter der Decke. Die Scheibe war wieder aus Milchglas, und auch hier erkannte ich die Gitterstäbe davor. Der Zivilist ließ mich allein, der Soldat postierte sich vor der Tür. Es gab keine Uhren. Ich widerstand der Versuchung, meine Armbanduhr hervorzuholen. Ich hatte eine Gänsehaut und mir war furchtbar kalt, obwohl es ein heißer Tag war. Die Welt hinter diesen Mauern und Gittern war so weit entfernt, dass ich nicht mehr dazugehörte. In nur elf Tagen war ich von einem hart arbeitenden, glücklichen Menschen, der sein Leben im Griff hatte, zu einer verunsicherten Frau geworden, die weder wusste, was die nächsten Minuten bringen würden, noch kontrollieren konnte, was mit ihr geschah. Warum? Weil ein Basidsch eine andere unschuldige Frau im Namen des Islam ermordet hatte und weil dann irgendein geistloser, News-versessener Reporter oder Blogger unbedingt als Erster das Gesicht der Toten hatte präsentieren wollen und einfach auf Facebook nach diesem Namen gesucht hatte. Eines der Suchergebnisse war ein Foto mit einem netten Lächeln gewesen, der Name klang so ähnlich – die perfekte Märtyrerin. Gut so, das Bild erfüllte seinen Zweck. Und deswegen saß ich jetzt hier.

Von den drei Männern, die jetzt eintraten, erkannte ich den mit den gierigen Augen sofort wieder. Der wütende Stier ließ sich allerdings von zwei Kollegen vertreten, die auch nicht besser aussahen – aggressiv wirkende, wuchtige Männer, die fast schon in der Tür mit ihrem wütenden Gebrüll anfingen. Diesmal stand ich nicht auf. Bis heute weiß ich nicht, warum die Begegnung mit diesen Männern in mir einen unbändigen Widerstandswillen erwachen ließ. Wie viel Angst ich auch empfand und ungeachtet all meiner Vorsätze, mich kooperationsbereit zu zeigen – als sie hereinkamen, war der Kampfgeist, für den ich in meiner Familie und bei meinen Freunden bekannt war, wieder geweckt. Innerlich verging ich vor Angst, aber ich versuchte mir vor diesen Männern nichts anmerken zu lassen. Natürlich gefiel ihnen das nicht.

Das Verhör begann mit der Beschuldigung, ich sei eine Verräterin und stünde nicht nur über Facebook, sondern auch telefonisch mit einer Menge Ausländer in Kontakt. Die langen Ferngespräche, insbesondere aus den USA und Großbritannien, seien doch sehr seltsam. Da ich nicht mit ihnen hatte zusammenarbeiten wollen, hätten sie selbst zu ermitteln begonnen und fänden immer mehr »interessante Einzelheiten« über mich und meine Familie heraus. Noch sei es aber nicht zu spät, die Wahrheit zu sagen und wenigstens einen Ansatz von Patriotismus zu zeigen.

»Sieh mich an!«, schrie der Wortführer. Ich hätte ihm gern gesagt, dass unsere Religionslehrerinnen uns immer beigebracht hätten, einem fremden Mann nie in die Augen zu sehen, um seine Begierde nicht zu wecken. »Du behauptest also, dein Foto sei in dieser Verschwörung einfach nur auf-

276

grund einer Verwechslung aufgetaucht? Dann erklär mir mal, wieso es nicht das einzige Foto von dir ist.«

Ich murmelte etwas von Voice of America Farsi. Dabei wusste ich, dass es an sich schon ein Verbrechen sein konnte, eine E-Mail an diesen Sender zu schreiben. Die Vernehmer waren über meine »kindischen, amateurhaften Lügen« aber nur amüsiert. »Welche Art von Informationen tauscht du mit diesen Journalisten und Bloggern auf deinem Facebook-Profil aus? Was wollen die wissen?«

»Wir versuchen diesen Irrtum aufzuklären. Sie haben sich bereit erklärt, mir zu helfen. Wir tauschen keine Informationen aus. Ich kann Ihnen die Nachrichten zeigen, die wir uns geschickt haben.«

»All diese Leute ›versuchen aufzuklären‹«, äffte er mich nach, »aber kein einziger Sender, keine einzige Zeitung oder Website hat über diese Verwechslung berichtet oder sie korrigiert.«

Das stimmte, und zwar so sehr, dass es mir die Tränen in die Augen trieb. Ich hätte ihm gern entgegnet, dass er damit ausnahmsweise einmal die Wahrheit sagte.

»Eins sage ich dir: Wir haben jetzt genug von deinen Lügen. Ich lasse mich nicht zum Narren halten.«

»Ich schwöre bei Gott, dass ich Sie nicht anlüge …«

»Schäm dich!«, explodierte er, bevor ich zu Ende gesprochen hatte. »Schäm dich, Gottes Namen so leichtfertig in den Mund zu nehmen! Schande über deine Mutter, die eine so freche Lügnerin aufgezogen hat, eine so schamlose Verräterin! Ich weiß nicht, wieso eine Hure wie du die Kinder unserer islamischen Heimat unterrichten darf!« Seine Worte trafen mich wie Gewehrkugeln, schmerzhaft, brennend, entsetzlich. »Es passt natürlich zu dir, was du unterrichtest: die Sprache und Literatur von Ungläubigen. So was gefällt dir ja, dir und deinen Gesinnungsgenossen.«

Mein Herz schlug wie wild, als er mich eine Hure nannte. Ich bekam keine Luft mehr und musste durch den Mund atmen. Ich fühlte den Stuhl unter mir nicht mehr. Ich presste meinen Rücken gegen die Lehne, spürte aber immer noch nichts. »Unser Lehrplan ist vom Obersten Revolutionären Kulturausschuss genehmigt«, erklärte ich. Hoffentlich fanden sie nicht heraus, dass ich griechische Mythologie lehrte und meine Studenten aufforderte, die Bibel zu lesen. Es wäre völlig sinnlos gewesen, diesen Tieren klarmachen zu wollen, dass es hier um ein besseres Verständnis westlicher Literatur ging, wenn für sie ohnehin alles nur das Werk von Ungläubigen war.

»Wir haben uns in der Fakultät nach dir erkundigt«, fing der andere Mann an. »Du hast mit die besten Englischkenntnisse unter deinen Kollegen. Du bist bekannt als Feministin und ermutigst ständig die Frauen, die Männer im Studium zu übertrumpfen. Du glaubst, dass die Frauen unabhängig von den Männern sein sollten. Und du selbst bist das beste Vorbild für das, was du predigst. Du bist mit 32 Jahren immer noch unverheiratet. Du hast sehr enge Freundschaften mit weiblichen Kollegen und Bekannten, hast aber in den letzten Jahren mehrere Heiratsanträge abgelehnt. Das alles ist sehr verdächtig.« Es war klar, worauf er hinauswollte. Er wollte mich als Lesbe darstellen. Natürlich wusste ich, dass auf Homosexualität im Iran die Todesstrafe steht.

»Woran denkst du?« Seine Frage brachte mich zurück in die Gegenwart. »Möchtest du etwas sagen?«

Ich schüttelte langsam den Kopf und starrte die hölzerne Tischplatte vor mir an.

»Es ist besser für uns alle, wenn du uns die Wahrheit sagst. Das macht alles viel leichter«, wiederholte er die Worte, die ich in dieser Woche schon so oft gehört hatte. »Also, welche Art von Informationen hast du mit diesen Ausländern ausgetauscht?«

Ich schwieg.

»Warum bist du nicht wählen gegangen?«

Ich schwieg.

»Warum hast du denen ein zweites Foto von dir geschickt?«

Ich schwieg.

»Welche Handynummer benutzt du?«

Ich schwieg beharrlich. Ich konnte den schweren Atem des anderen Agenten hören und wusste, dass er jede Sekunde auf mich losgehen konnte. Was den Lüsternen anging, so hatte ich ihn bis jetzt erfolgreich ignoriert. Die Vorstellung seiner Hände auf meinem Körper, seiner Haut auf meiner, war das Letzte, was ich jetzt gebrauchen konnte. »Mein Kollege hat dich etwas gefragt«, sagte der Verärgerte. »Bist du taub?«

Ich blickte auf. Der Verärgerte stand einen Schritt hinter dem Ruhigeren. Mir kribbelte die Kopfhaut. Ich wusste nicht, ob ich auch nur einen Ton herausbringen würde, wenn ich den Mund öffnete. »Ich weiß nicht, was ich noch sagen soll«, sagte ich leise. »Sie glauben mir ja sowieso nicht.«

»Sag uns die Wahrheit, und wir glauben dir.«

»Die Wahrheit ist, dass jemand mein Foto von meiner Facebook-Seite gestohlen hat und es, bevor ich es verhindern konnte, als das von Neda Agha-Soltan über die ganze

279

Welt verbreitet hat. Daraufhin habe ich versucht, die Medien auf den Fehler aufmerksam zu machen. Dabei haben weltweit viele Menschen versucht, mir zu helfen. Ich bin ein Opfer der Schlamperei der Medien, aber anstatt mir zu helfen und mich zu beschützen, beschuldigen Sie mich ...«

»Helfen und beschützen?«, brüllte der Verärgerte. »Was hast du getan, um dir unseren Schutz zu verdienen? Wir haben dich um Hilfe gebeten, unser Vaterland zu beschützen, das von den Feinden Gottes bedroht wird. Und du? Du führst dich auf wie eine Verräterin und kommst hier hereinspaziert mit den Worten ›Ich war nicht einmal wählen!‹ Jetzt gerade, in diesem Moment, wird unser Land bedroht. Der Islam ist in Gefahr. Du bist nur ein einzelner Mensch. Was aus dir wird, ist völlig unwichtig, wenn es um die nationale Sicherheit geht.«

Er will sagen, zur Hölle mit mir, dachte ich.

»So kommen wir nicht weiter. Außerdem läuft uns die Zeit weg«, meinte der Ruhigere. »Haddschi, zeigst du ihr bitte mal die Dokumente?«, bat er den Lüsternen, der aufstand und zu mir herüberkam. Mir lief ein Schauer über den Rücken. Was würde er tun? Aber er stellte sich nur neben mich und schlug auf dem Tisch einen Hefter auf. Es waren wieder Fotos darin.

Ich wäre gerne auf die Knie gefallen und hätte ihn angefleht, nicht noch mehr Bilder anschauen zu müssen, als ich plötzlich sah, wie die beiden anderen Vernehmer hinausgingen und mich mit dem Lüsternen allein ließen. Mir pochte das Herz bis zum Hals, und ich konnte keinen klaren Gedanken fassen. Als sich die Tür hinter ihnen schloss, sprang ich auf. »Ich muss zur Toilette.«

»Das geht jetzt nicht«, sagte er nach kurzem Überlegen. »Setz dich wieder hin!«

»Aber ich muss wirklich«, beharrte ich.

»Was denn, hast du etwa Angst, dir in die Hose zu machen?« Sein Ton war so ekelhaft, dass ich ihn am liebsten angesprungen hätte. »Hinsetzen, habe ich gesagt«, sagte er hart, und ich gehorchte.

Er stand dicht genug neben mir, um mich mit dem ausgestreckten Arm zu berühren. Ich roch seinen Schweiß. Meine Augen klebten an den schwarzen Härchen seiner Fingerknöchel, während er eine Seite nach der anderen umblätterte. Die Stille war jetzt unerträglich. Ich sagte mir immer wieder: Er wird es nicht wagen, dich anzufassen, Neda. Bleib ruhig. Es ist gar nicht möglich. So etwas passiert nur nachts im Dunkeln, nicht in einem hell erleuchteten Raum wie diesem. Draußen sind Leute, die dich schreien hören. Hier kann er gar nichts machen.

»Fangen wir noch einmal von vorn an. Sieh dir diese Fotos an. Wen erkennst du?«

»Sie waren doch am Samstag dabei, als mir Ihr Kollege die Bilder gezeigt hat. Ich habe niemanden wiedererkannt.«

»Weißt du was?« Er sah mich direkt an. »Du redest zu viel Unsinn. Ich rate dir zum letzten Mal: Lass das! Wir haben verschiedene Wege, aus den Leuten herauszubekommen, was wir wollen. Du hast schon genug Ärger. Mach es nicht noch schlimmer.« Er stützte sich auf den Tisch und brachte sein Gesicht auf meine Augenhöhe. »Verstanden?«

Ich nickte langsam.

»Also, Professorin, kennst du diesen Mann?«

»Nein!«

Er blätterte um. »Diesen hier?«

Ich schüttelte den Kopf und riss die Augen auf, um die Tränen zurückzuhalten.

»Was? Das ist ein Nachbar von dir. Wie kannst du behaupten, ihn nicht zu kennen? Oh, du weinst? Dafür gibt es doch keinen Grund. Bis jetzt sind wir doch richtig nett gewesen. Brauchst du ein Taschentuch?«

Ich schüttelte wieder den Kopf. Er blätterte weiter und zeigte mir Gesichter. Einige wirkten normal, andere sahen krank, verängstigt, geschlagen aus. Endlich ging er auf die andere Seite des Tisches und stellte sich dort auf, wo vorher seine Kollegen gestanden hatten. Mir liefen Tränen über das Gesicht, und zum ersten Mal war es mir egal. Ich wusste jetzt, dass ich tief in der Tinte saß.

»Hör zu«, sagte er. »Der Deal sieht so aus: Du unterzeichnest dein Geständnis, und wir lassen dich in Ruhe. Damit ist die Sache für dich vorbei. Du hörst nie wieder von uns, das verspreche ich.«

»Welches Geständnis?« Ich bekam einen plötzlichen Adrenalinstoß. »Was habe ich denn gestanden, das ich unterschreiben soll?«

»Fang nicht wieder an!«

»Aber das ist kein Witz. Sie sprechen von einem Geständnis. Ich weiß doch, dass ich nichts verbrochen habe. Tun Sie mir das nicht an. Ich bin ein ehrlicher Mensch, ich lüge nicht. Ich tue niemandem etwas zuleide und erfülle meine Pflicht, so gut ich kann.«

»Deine Pflicht? Wann war denn das letzte Mal, dass du am gemeinsamen Mittagsgebet an der Universität teilgenommen hast? Du leitest dieses College jetzt seit acht Monaten und hast noch nicht ein einziges Mal mitgebetet! Du bist nicht einmal eine richtige Muslimin, also erzähl mir nichts von Pflichtbewusstsein. Wenn ich du wäre, würde ich den Mund halten.« Er blickte auf, als sich die Tür öffnete und der Wütende eintrat.

»Und?«, fragte der.

»Unsere Professorin hier möchte ihr eigenes Geständnis nicht unterschreiben.«

Der Verärgerte drehte sich zu mir um und hob eine Augenbraue. »Ach so?« Ich hatte ein Gefühl, als würde sich mein Körper auflösen. Mein Bauch schmerzte nicht mehr, ich spürte gar nichts mehr. Ich hörte, dass er etwas sagte, aber nur einzelne Wörter drangen noch zu mir durch: gute Englischkenntnisse, Verrat, Spionage, CIA. Auch meine Angst war verschwunden. Ich war weit weg, und der Abstand vergrößerte sich. Der Raum wurde heller und verschwamm. Die Stimmen entfernten sich und waren kaum noch zu hören. Und dann wurde es dunkel.

Ich erwachte durch die Kälte. Ich war nass geschwitzt und hatte einen bitteren Geschmack im Mund. Ich wusste weder, wo ich war, noch, wie spät es war. Ich öffnete die Augen. Das Licht blendete mich so grell, dass ich meine Lider gleich wieder schloss. Die Brille drückte wie ein Stein auf mein Gesicht, aber ich brachte nicht die Kraft auf, sie abzunehmen.

»Na, kommst du wieder zu dir?«

Wessen Stimme war das? Sie kam mir vertraut vor, sogar sehr vertraut. Sie kam von hoch oben. Gott? War ich im Himmel? Oder in der Hölle? Was war geschehen?

»Du hast mich überrascht«, fuhr die Stimme fort. »Ich hatte gehört, du seist aus Stahl, Zahra Soltani, aber du bist wie ein Eiswürfel dahingeschmolzen. Dabei habe ich dich nicht einmal geröstet … noch nicht.«

Mein Kinn zitterte unkontrolliert. Ich hätte mich gern zusammengerollt, konnte aber meine Beine nicht bewegen. Ich spürte sie nicht einmal. Waren sie überhaupt noch da? Etwas brannte in mir, aber ich wusste nicht, was oder wo. Die Stimme klang ungeduldig und spöttisch und würde mich strafen. Sie gehörte bestimmt dem Gott aus dem Religionsunterricht, wie er in den Lehrbüchern geschildert wurde. Sie hatten also recht gehabt.

»Hast du etwa Angst? Hättest du doch auf mich gehört! Siehst du, das passiert, wenn du kein gehorsames Mädchen bist. Jetzt ist es zu spät. Ist dir kalt? Bist du erschöpft? Du weißt dir nicht mehr zu helfen, oder? Keiner kann dir helfen. Aber weißt du was? Eine kleine Verräterin wie du verdient es auch nicht besser.« Er machte eine kurze Pause. »Oder willst du noch eine Chance? Wirst du dich diesmal ordentlich benehmen? Kann ich mich darauf verlassen? Hör auf zu stöhnen, sprich deutlich, Fräulein Eingebildet! Wie? Was hast du gesagt?«

Die Wolldecke roch muffig nach saurer Milch, aber es war schön, unter ihr geschützt zu liegen. Ich schlug die Augen wieder auf. Die Decke war grau. Ich lag auf dem Fußboden, den ich hart und kalt unter mir spürte. Draußen war es heller Tag, ich konnte es durch das schmale Oberlicht erkennen.

Dann kam er zurück. Er stand direkt über mir, ich sah sein Gesicht verkehrt herum. »Kommst du wieder auf die

Beine?«, fragte er und lächelte auf mich herab, ein teuflisches Siegerlächeln. Seine Worte trieben mir die Tränen in die Augen. Niemand hatte mich je so vulgär beleidigt. Er genoss es, hoch über mir zu stehen und auf mich herabzublicken. »Wo ist denn dein Mut geblieben? Etwas Besseres kann Amerika nicht anheuern, um den Iran und die Iraner auszuspionieren? Du bist ja umgekippt wie ein Kälbchen, dabei hatten wir dich für einen Ochsen gehalten. Setz dich hin!«

Ich stützte mich auf die Ellenbogen. Mein Kopf war zu schwer und kippte zurück. Mein Rücken war völlig nass und wurde kalt, als ich mich aufsetzte.

»Wir überstellen dich. Du gehst jetzt und kommst morgen wieder. Wir haben noch einiges zu erledigen.« Ganz offensichtlich erwartete er keine Antwort von mir. Wohin brachten sie mich? Wo würden sie mich einsperren? Ich konnte nicht klar denken, aber mir fiel ein, dass niemand wusste, wo ich jetzt war. Niemand konnte hierherkommen und Nachforschungen anstellen. Ich musste Mutter Bescheid sagen. »Darf ich telefonieren?«

»Nein, nicht von hier aus.«

»Aber ich muss meiner Mutter sagen, dass ich hier bin. Sie macht sich bestimmt Sorgen.«

»Ich habe doch nein gesagt. Steh auf!«

Ich drehte mich auf die Seite und kam auf alle viere. Ein Uniformierter stand hinter mir in der Tür. Er trat näher, und ich zwang mich rasch auf meine zitternden Beine zurück, bevor er mich anfasste. Aber er hatte mir natürlich gar nicht aufhelfen wollen – er wollte die Decke zurück und mochte es gar nicht, dass sie durchnässt war.

»Darf ich zur Toilette?«

»Hier gibt es keine Damentoilette.«

»Lassen Sie mich bitte meine Mutter anrufen. Sie weiß nicht, dass ich hierhergebracht worden bin. Sie wird in Panik geraten.«

Er hörte gar nicht zu, sondern zeigte auf die Tür. Ich wollte nicht gehen, weil ich dachte, jetzt würde ich ins Gefängnis gebracht. Warum flehe ich ihn nicht an, mich nicht wegzuschicken? Wenn ich ihn bitte … Aber es war schon zu spät.

»Wohin bringen Sie mich?«

»Ich bringe dich nirgendwohin.«

»Wohin schicken Sie mich?«

»Wir schicken dich an keinen schlimmen Ort.«

Den Namen Evin wagte ich nicht auszusprechen. Ich wollte nicht zeigen, dass ich wusste, welchen Ort er meinte. Wir stiegen die Treppe hinauf, gingen den Korridor entlang, der seine Form völlig verändert hatte, und traten hinaus ins Freie. Die Sonne schien warm und hell, ein tröstliches Gefühl. Ich wagte nicht, mich umzuschauen, sondern hielt den Kopf gesenkt, den Blick am Boden. Der Uniformierte öffnete die hintere Wagentür, und ich setzte mich auf den Rücksitz. Er schlug die Tür zu und stieg vorn ein. Ich hätte mich am liebsten auf der Bank ausgestreckt und geschlafen. Es war so schön warm dort, obwohl sich mein feuchter Mantel eher unangenehm anfühlte. Wir fuhren los – der Fahrer, der Mann in Uniform und ich. Niemand saß neben mir auf dem Rücksitz. Wenn ich genug Kraft hätte aufbringen können, hätte ich die Tür aufgerissen, wäre hinausgesprungen und geflohen.

Der Wagen schlängelte sich von Gasse zu Gasse. Ich hatte keine Ahnung, wo wir waren oder wohin wir fuhren, und mit einem Mal war es mir auch gleichgültig. Ich genoss die Wärme, wenn wir kurz aus den Schatten der engen Straßen hinausfuhren. Ich brauchte die Sonne. Ich wollte sie in mich aufsaugen wie ein zum Tode Verurteilter im Film den Rauch seiner letzten Zigarette. Doch durch die Bewegung des Autos wurde mir übel. Ich wollte gerade den Fahrer bitten anzuhalten, als er – tatsächlich stoppte. Der Uniformierte drehte sich zu mir um und sagte: »Steig aus!« Ich war zu verblüfft, um zu reagieren. Der Wagen hielt gegenüber einem kleinen Park und ich glaubte, ihn missverstanden zu haben. »Hast du nicht gehört? Aussteigen, habe ich gesagt!«

»Warum?«

Auch ohne sein Kichern und Kopfschütteln hätte ich wissen müssen, dass diese Frage ziemlich dumm war. Ich öffnete die Tür und fürchtete, nun käme wieder eines ihrer schmutzigen Spiele. Vielleicht fuhr der Wagen an, während ich gerade ausstieg? Aber nein – ich stellte einen Fuß auf den Asphalt, dann den anderen, schloss die Tür hinter mir und war draußen. Dann wartete ich auf den nächsten Befehl, aber es kam keiner. Der Wagen fuhr einfach davon. Ich war allein.

Mein Instinkt riet mir wegzulaufen, doch dazu war ich zu schwach. Mir war zum Heulen zumute, aber es kamen keine Tränen mehr. Ich stieg vorsichtig über den Rinnstein hinweg, ging in den Park hinüber und legte mich auf eine Bank. Die Passanten warfen mir erstaunte Blicke zu, aber das war mir egal. Dann gingen sie einfach weiter, auch das war mir gleichgültig. Ich lag auf dem Rücken, sah in die Sonne und versuchte mir darüber klar zu werden, ob dies die Wirklichkeit war. Das Handy in meiner Hosentasche fiel mir ein. Ich musste mich bei jemandem melden. Wie spät war es? Ich schaltete es ein und wartete. Auf meiner Armbanduhr war es zehn nach zwölf.

Schließlich sprach ich eine Frau mittleren Alters an, die vorbeikam: »Entschuldigen Sie bitte. Darf ich Sie um einen Gefallen bitten? Könnten Sie mir wohl ein Taxi rufen?« Sie sah mich misstrauisch an und fragte sich wohl, ob ich ein Straßenmädchen oder ein Junkie sei. Irgendeine Erklärung musste ich ihr anbieten. »Ich hatte gerade einen Kreislaufzusammenbruch und konnte mich nicht mehr auf den Beinen halten. Ich musste mich einfach hinlegen. Es wäre sehr nett, wenn Sie mir helfen könnten.«

Die Frau ging zögernd zur Straße hinüber, hielt ein Taxi an, sprach mit dem Fahrer und rief mir dann zu: »Er will wissen, wohin Sie möchten.« Es gelang mir aufzustehen. Dann machte ich mich auf den Weg zum Taxi, langsam, aber etwas sicherer, und gab dem Fahrer Sepidehs Adresse an. Die Frau muss an meinen Bewegungen gesehen haben, dass es mir wirklich nicht gut ging. Sie öffnete mir die Tür, half mir auf den Rücksitz und gab mir dann ein Stück von dem frischen Brot, das sie gerade gekauft hatte. Ich nahm es dankbar. Der Fahrer erzählte irgendetwas über den Fahrpreis. Ich verstand kein Wort und sagte ihm, er solle einfach losfahren. Ich legte mich auf den Rücksitz des Taxis. Vielleicht wurde ich noch überwacht, dann war es gar keine gute Idee, direkt zu Sepideh zu fahren. Und ich hatte immer noch niemandem Bescheid gesagt. Der Anschluss zu Hause war besetzt, also versuchte ich es bei Kasra. Das Entsetzen in seiner Stimme war deutlich zu hören.

»Um Himmels willen, wo bist du?«

»Keine Ahnung, irgendwo in Teheran. In einem Taxi.«

»Bist du allein?«

»Ja. Ich komme zu euch. Bist du zu Hause?«

»Noch nicht, aber ich mache mich sofort auf den Weg. Wie ein geölter Blitz. Komm einfach her!«

Ich hatte keine Kraft, den Wagen einige Straßen vor meinem Ziel zu verlassen, um eventuelle Verfolger abzuschütteln. Sollten sie mich doch beobachten. Als das Taxi in Kasras Straße einbog, sah ich ihn schon mitten auf der Fahrbahn stehen und verzweifelt Ausschau halten. Er half mir hinaus und mied dabei meinen Blick, aber ich konnte sehen, dass er geweint hatte. Mit der einen Hand stützte er mich, mit der anderen bezahlte er das Taxi. Schweigend gingen wir hinein, immer noch, ohne einander anzublicken. Erst im Aufzug meinte er schließlich: »Sepideh ist gleich hier. Und ich habe deine Familie angerufen.« Nach einer langen Pause klopfte er mir liebevoll auf die Schulter. »Alles wird gut, Neda. Vertrau mir! Ich kümmere mich um alles. Morgen um diese Zeit hast du diesen ganzen Mist hinter dir, das verspreche ich dir.«

»Glaubst du, es gibt einen Ausweg?«

»Natürlich. Verlass dich auf mich. Deine Mutter hat mir heute Morgen gesagt, dass sie dich abgeholt haben. Seitdem habe ich Himmel und Erde in Bewegung gesetzt.« Er öffnete die Wohnungstür und ließ mich ein. »Ich habe nur eine Bedingung. Du musst dich noch einmal zusammenreißen und stark sein. Wir haben alles, was wir brauchen.«

Essen konnte ich nichts, aber ich brachte etwas Tee hinunter und wechselte meine Kleidung gegen einige Sachen von Sepideh. Kasra bot mir das Ehebett zum Ausruhen an, schloss die Tür hinter sich und begann zu telefonieren. Einige Gespräche konnte ich hören, dann wieder flüsterte er nur. Sepideh kam hineingestürmt und sank tränenüberströmt zu mir aufs Bett. Ich fühlte mich so seltsam. Endlich durfte ich weinen und musste keine Angst mehr haben, aber jetzt konnte ich nicht mehr. Sepideh hielt meine Hand.

»Wo sind die Tickets?«, fragte Kasra zur Tür herein.

»Unterwegs. Ich konnte nicht auf sie warten. Das Reisebüro schickt sie per Kurierdienst. Ich bin ins erstbeste Taxi gesprungen und sofort nach Hause gekommen.«

»Deine Mutter ist auf dem Weg zu deiner Schwester, Neda. Ich bringe dich nachher auch dorthin. Ich habe ihr gesagt, sie soll eine kleine Tasche für dich packen. Da siehst du dann Nikta und ihre Familie, aber vorher müssen wir noch deinen Reisepass von der Botschaft abholen.«

In der griechischen Vertretung wartete ich auf meinen Reisepass und wurde dann mit vielen guten Wünschen verabschiedet. Die ganze Fahrt zu meiner Schwester über weinte ich. Kasra fuhr schweigend, redete hin und wieder mit sich selbst, seufzte gelegentlich und rauchte eine Zigarette nach der anderen. Er kam nicht mit hinein. »Ich hole dich später ab. Ich habe noch eine Menge zu erledigen.«

Als ich die Treppe hinaufstieg, kam mir mein Neffe wie immer entgegengerannt. Die letzten Stufen nahm er auf einmal, um mir in die Arme zu springen und sich von mir auf die Wangen küssen zu lassen. Mutter saß in einem Sessel, Nima vor ihr auf dem Boden, Said ihr gegenüber auf dem Sofa mit meiner Nichte im Arm. Nikta stand in der Tür. Außer meinem Neffen, der dauernd erzählte, dass Tara in zwei Tagen schon ein Jahr alt werden würde, sagte niemand ein

Wort. Die Augenblicke vergingen, die Stunden verstrichen, aber wir schwiegen. Als Kasra schließlich anrief, um mir zu sagen, dass er mich in einer Viertelstunde abholen würde, stand Mutter, die die ganze Zeit in Kopftuch und Mantel dagesessen hatte, auf und holte die schwarze Ledertasche, die sie mir gepackt hatte. »Ich hoffe, es ist alles drin, was du brauchst, dazu einige Reiseschecks in einem blauen Umschlag. Das ist so mit Kasra abgesprochen. Ich kümmere mich um alles Weitere.«

Ich hatte geglaubt, mir würde der Abschied von meiner Familie unendlich schwerfallen. Doch wir trennten uns ohne ein Wort des Abschieds. Wir sagten gar nichts zueinander, vielleicht, weil wir noch nicht glauben konnten, was geschehen war. Wir sahen einander nur tief in die Augen, umarmten uns und ließen los. Im letzten Augenblick musste ich meinem Neffen noch versprechen, dass ich zu seinem Geburtstag – in sieben Wochen – wieder zurück sein würde. Ich schwor es feierlich. Dann ging ich.

10

So Gott will

»Frau Zahra Soltani«, sagte der Beamte langsam. Ich hörte ihm an, dass er sich amüsierte wie eine Katze, die mit einer gefangenen Maus spielt. Er wusste, dass er mich in der Hand hatte.

»Wohin fliegen Sie, so Gott will?«

»In die Türkei«, murmelte ich.

»Aber Sie haben hier ein Schengen-Visum.«

»Ja, das ist für eine Konferenz in zwei Wochen. Ich besuche vorher noch Freunde, die in Istanbul Urlaub machen.«

»Könnten Sie wohl bitte etwas lauter sprechen?« Seine Augen ließen mein Gesicht nicht los. »Wie lange bleiben Sie?«

»Wo?«

»In Istanbul.«

»Etwa eine Woche, dann fliege ich zur Konferenz nach Athen weiter«, sagte ich. Er wartete, bis ich »So Gott will« hinzugefügt hatte. Er lächelte in sich hinein und sah auf sein Pult hinunter, das ich von meinem Standort aus nicht einsehen konnte. Ich drückte die Knie zusammen, damit sie nicht zitterten. Ich wusste, dass Sepideh mir zusah, wagte es aber nicht, mich nach ihr umzusehen. Der Beamte legte mir Reisepass und Ticket hin und sagte: »Bon voyage!« Ich griff nach den Dokumenten, aber meine Hand zitterte so stark, dass ich den Reisepass, der auf dem glatten Flugticket lag, aus Versehen wieder zurück auf das Pult beförderte.

»Der Pass möchte scheinbar, dass Sie hierbleiben …« Der Kontrolleur gab ihn mir mit einem spöttischen Blick zurück und rief dann: »Der Nächste bitte!«

Ich griff nach meiner Tasche und marschierte blindlings durch die Halle hinter der Ausreisekontrolle. Meine Umgebung nahm ich so wenig wahr, dass ich erst vor einer Wand zum Stehen kam. Links von mir erkannte ich eine Reihe leerer Sitze. Ich nahm auf dem letzten Platz, stellte meinen Rucksack daneben und tat so, als suchte ich etwas, während ich verstohlen zu den Schaltern zurückspähte. Sepideh und Kasra waren die Nächsten in der Warteschlange. Der Mann vor ihnen konnte zügig einchecken. Dann ging es bei Sepideh und Kasra genauso schnell und problemlos. Sie bogen links ab und gingen zur zweiten Sicherheitskontrolle. Das hieß, dass es noch nicht vorbei war. Also wartete ich einige weitere Fluggäste ab und folgte Sepideh dann durch die zweite Kontrolle. Wir atmeten beide schwer und bewegten uns sehr langsam vorwärts. Dann nahmen wir getrennt die Treppe, die zur Abflughalle hinunterführte. Als ich unten ankam, saß Sepideh am Kaffeeausschank gegenüber der Treppe. Ich folgte ihrem Blick und sah, dass sie eine Überwachungskamera im Auge behielt. Sie hatte ihren Rucksack neben sich, aber Kasra war nicht zu sehen. Ich ging bis zum

Abfluggate und setzte mich in die Nähe. Sowie mein Flug aufgerufen wurde, sprang ich auf und eröffnete die Wartschlange. Ich wollte so schnell wie möglich an Bord. Mein Sitzplatz war in der letzten Reihe, und sobald ich ihn erreicht hatte, hielt ich nach Sepideh und Kasra Ausschau.

Kasra kam breit grinsend zu mir. Sepideh hinter ihm war immer noch blass, lächelte aber ebenso. »Ich habe in der Abfluglounge noch Geld gewechselt, Dollar und Euro«, erklärte er. »Und jetzt brauche ich ein Nickerchen. Bis nachher in Istanbul!« Sepideh bat das junge Paar neben mir, die Sitze mit ihnen zu tauschen, und gleich darauf hatten wir drei Plätze in einer Reihe. Während die beiden noch ihre Rucksäcke holten, sah ich aus dem Fenster. Zum ersten Mal wurde mir die volle Tragweite dessen bewusst, was ich tat. Ich ging fort, für immer. Ich ließ alle und alles zurück. Mich schauderte, als ich an meinen Vater und meine Großmutter dachte. Womöglich würde ich sie nie wiedersehen. Ich hatte mich nicht einmal von ihr verabschieden können. Mein Vater wusste genauso wenig, dass ich außer Landes floh, wie meine Onkel, meine Freunde, meine Neffen.

»Na, na, ich hoffe doch, das sind Freudentränen?«, mahnte Kasra, als er Sepideh vorbeiließ, die sich neben mich setzte.

»Lass sie in Ruhe«, meinte sie nur und fing gleich mit an zu weinen. »Hört ihr wohl auf, ihr beiden? Ihr müsstet tanzen und springen vor Freude, dass ihr hier sitzt!« Er klopfte mir auf die Schulter. »Heute Abend stoßen wir in Istanbul auf dein knappes Entkommen an.«

Doch es kam anders. Ich hatte starke Magenschmerzen, und mein Bauch war so angeschwollen, dass ich aussah, als sei ich schwanger. So blieben wir den ganzen Tag und die

Nacht über bis zum nächsten Mittag auf unserem Zimmer. Wir teilten uns eines mit drei Betten, um die Kosten niedrig zu halten, und hockten den ganzen Tag zusammen am Fenster, telefonierten, schrieben E-Mails und machten Skype-Anrufe auf Kasras brandneuem MacBook, das er »meinen Augapfel, meinen Sohn« nannte. Das Hotelpersonal beäugte uns bei der täglichen Zimmerreinigung misstrauisch.

Hans arrangierte eine erneute Telefonkonferenz mit Ella Richardson von Amnesty International, und wir berieten, was ich jetzt, da ich außer Landes war, tun sollte. Ella meinte, ich könne mich an die Vertretung des Hohen Flüchtlingskommissars der Vereinten Nationen in der Türkei wenden und Asyl beantragen, obwohl es nicht das Beste und Sicherste wäre. Dann erklärte sie mir etwas, was mich völlig ratlos machte. Wenn ich innerhalb der Europäischen Union Asyl beantragen wollte, musste ich das in Griechenland tun, denn mein Schengen-Visum war von Griechenland ausgestellt worden. »Wo immer Sie in der EU einen Asylantrag stellen – Sie werden nach Griechenland zurückgeschickt.« Wir sprachen lange darüber, und sie sagte, Amnesty könne jetzt nicht mehr für mich tun, als mich mit einem Empfehlungsschreiben an die Asylbehörde zu unterstützen.

Eigentlich war ich davon ausgegangen, Amnesty könnte mehr für mich tun, und war enttäuscht, denn schließlich war ich doch auf beiden Seiten ein Opfer. Ich hatte das Gefühl, dass mir die Welt ein neues Leben schuldete, zumindest einen sicheren Aufenthaltsort als Entschädigung. In meinem Schockzustand begriff ich noch nicht, dass ich nicht die Einzige war, die schuldlos ihr Land verlassen musste. Fast alle Regime- und Kriegsflüchtlinge sind letztlich in gewisser Weise Opfer eines Irrtums und an ihrer Lage nicht selbst »schuld«. Es sei einfach nicht fair, erzählte ich Kasra und Sepideh den ganzen Tag lang immer wieder, nachdem wir die Telefonkonferenz beendet hatten. Sie wiederum versuchten mir zu erklären, dass ich am besten die Optionen nutzte, die ich wirklich hatte.

»Hier bist du wenigstens sicher«, versuchte Sepideh mich zu trösten.

»Schön wär's«, seufzte ich. »Ella hat doch gesagt, in schwierigen Fällen sei die Türkei alles andere als sicher.«

»Aber du musst ja nicht in der Türkei bleiben«, erwiderte Kasra. »Sie hat doch erklärt, dass du mit deinem Schengen-Visum in ein anderes, sichereres Land weiterreisen kannst und Amnesty dich dort unterstützen wird. Das ist sehr, sehr gut, Neddie. Dieses Visum ist dein Trumpf-Ass und du hast die Wahl. Ohne das säßest du hier in der Türkei fest.«

»Nein, dieses Visum heißt, dass ich nach Griechenland zurückgeschickt werde, egal, wohin ich gehe. Das hat sie gesagt.«

Wir diskutierten bis tief in die Nacht. Am nächsten Tag schrieb ich Ella eine E-Mail, in der ich mich für mein unangemessenes Verhalten entschuldigte. Sie schrieb sehr freundlich zurück, ich brauche mich nicht zu entschuldigen, sie verstehe gut, wie schwierig im Moment alles für mich sei.

Klar war jedenfalls, dass ich das Visum benutzen musste, um in ein sicheres Land weiterzureisen. Es war allerdings nur zehn Tage lang gültig. Leider würden Sepideh und Kasra mich nicht weiter begleiten können. Mein einziger zuverlässiger Kontakt in Europa war Amir, aber mein Schengen-Visum erlaubte nicht die Einreise nach Großbritannien. Sepideh wandte sich an ihren Bruder Masoud, der eine Deutsch-Iranerin geheiratet hatte und seit einigen Jahren in Bochum lebte. Außerdem nahm sie Kontakt zu einem ihrer Cousins auf, der mit seiner Frau und seinem kleinen Sohn in Hamburg wohnte. Alle waren entsetzt über meine Geschichte, begannen Informationen zu sammeln und Vorschläge zu machen. Ich überließ die ganze Planung Kasra und Sepideh. Ich hatte schließlich keine Verwandten in Europa, außerdem konnte ich mich ohnehin nicht konzentrieren. Für mich gab es keinen Unterschied zwischen Deutschland, Frankreich, Schweden, Italien oder Norwegen – ich hatte alles verloren. Ich konnte nur daran denken, wie sich die Entfernung zwischen Mutter, Nima und mir immer mehr vergrößerte, je weiter ich reiste.

Dann war da noch die unausgesprochene Angst, was womöglich passieren würde, wenn Sepideh und Kasra zurückflogen. Mit jedem Tag, der verging, wuchs in mir das Bewusstsein, dass ich es mir nie verzeihen könnte, wenn ihnen etwas zustieße. Um endlich einmal auf andere Gedanken zu kommen, unternahmen wir am vorletzten Tag eine Stadtbesichtigung. Als Sepideh uns ein Eis holte, nahm ich meinen ganzen Mut zusammen und fragte Kasra, was sie jetzt vorhätten. Ich bekam Angst, als er mich nur mit leerem Blick ansah und meinte, er wisse es auch nicht.

»Aber ihr könnt nicht einfach so zurückgehen. Was, wenn sie diesmal euch holen?«

»Werden sie hoffentlich nicht«, wehrte er ab. »Sie haben ja keinen Grund. Dadurch kommen sie ja auch nicht an dich heran.«

»Aber ihr seid vorsichtig, oder?«

»Natürlich, mach dir um uns keine Sorgen. Um dich mache ich mir Sorgen. Nach dem Rückflug können wir nicht mehr in Kontakt bleiben, und ich werde keine ruhige Minute haben, bis ich weiß, dass du in Sicherheit bist.«

Das war eine andere Befürchtung, die wir teilten. Liz, die mir immer wieder ihre Hilfe angeboten hatte, war inzwischen nach Griechenland geflogen, um mich dort in Empfang zu nehmen. Sie wollte mir helfen, die amerikanische Botschaft zu kontaktieren. Selbst für eine Unterkunft hatte sie gesorgt, indem sie sich von einem Freund die Schlüssel zu seiner Villa in Griechenland geliehen hatte. In wenigen Tagen schon sollte ich sie treffen, dabei wusste ich gar nicht, wer sie war. Ein paar Mal hatten wir uns heftig gestritten, sie hatte mir vorgeworfen, dass ich zu zögerlich und unfähig sei, mich zu entscheiden. Überdies hatte sie mich sogar davor gewarnt, Kasra und Sepideh zu vertrauen, was zu einem weiteren heftigen Streit geführt hatte. Aber nachdem mir klar geworden war, dass ich zu viele Hoffnungen in Amnesty International gesetzt hatte, akzeptierte ich Liz jetzt als meinen Rettungsanker.

Am letzten Tag ermahnte mich Sepideh, gut auf mich aufzupassen, und Kasra wollte nicht akzeptieren, dass ich meinen Anteil an der Hotelrechnung und den Essensausgaben selbst bezahlte. Außerdem gab er mir noch alle Dollars und Euros, die er am Flughafen eingetauscht hatte. »Wir fliegen ja wieder nach Hause. Wenn wir Geld brauchen, können wir unsere Familie oder Freunde darum bitten. Du bist allein in der Fremde, da schadet es nicht, ein paar tausend Euro als Rücklage zu haben.« Zum Schluss hielt er mir noch den Computer, seinen »Augapfel« hin.

»Nein, das kann ich nicht annehmen!«, widersprach ich energisch. Ich wusste, wie stolz er auf sein MacBook war, für das er lange hatte sparen müssen.

»Du brauchst einen Laptop, um ins Internet zu kommen. Ansonsten ist es viel zu umständlich. Mach dir bloß meinetwegen keine Gedanken – in ein paar Monaten habe ich einen neuen.«

Und dann kam der Abschied. In der Hotellobby wich Sepideh meinem Blick aus und nestelte an einem kaputten Reißverschluss ihres Rucksacks herum. Kasra lief auf und ab, und jedes Mal, wenn sich unsere Augen begegneten, machte er Witze über seinen »Sohn« und ließ mich versprechen, dass ich gut auf ihn aufpassen würde. Als das Taxi kam, weinten wir dann alle drei. Natürlich hatten wir alle Angst, nicht nur um uns selbst, sondern umeinander. Als ihr Wagen anfuhr, drehten sich beide um und winkten aus dem Rückfenster, bis sie um die Ecke verschwanden.

Am folgenden Nachmittag flog ich nach Athen. Liz holte mich am Flughafen ab. Ihr Gesicht sah genauso aus wie auf dem Facebook-Foto, es war nur viel kleiner als ich es mir vorgestellt hatte. Für eine förmliche Begrüßung war keine Zeit, weil meine Maschine mit einer Stunde Verspätung gelandet war und wir die letzte Fähre zu der Insel erreichen mussten, auf der wir wohnen würden. Wir sprangen ins erstbeste Taxi und kamen gerade noch rechtzeitig zum Hafen. Liz schickte mich los, zwei Fährkarten zu kaufen, als – wie sie es nannte – »Start in ein selbstbestimmtes Leben«. Ich stellte mich in die Schlange und kaufte die Tickets. Die Fähre war riesig, weiß und zu meinem Erstaunen ziemlich voll, was mir nur recht war. Wir fuhren also nicht auf eine verlassene Insel. Liz versicherte mir, der Ort würde mir gefallen, es sei sehr ruhig und friedlich dort. Die Insel lag eine Stunde und zwanzig Minuten Fahrzeit von Athen, die Villa wiederum eine Dreiviertelstunde Fußweg vom Hauptort entfernt.

Ich hatte zehn Tage Zeit, um die wichtigste Entscheidung meines Lebens zu treffen und einen Ort zu finden, an dem ich mein Leben neu beginnen konnte. Liz hatte sich nicht klar gemacht, wie wichtig es für mich war, die amerikanische Botschaft und andere diplomatische Vertretungen auf kurzen Wegen erreichen zu können. Ich war am Freitagabend in Athen gelandet und hatte damit schon drei Tage meiner Zehntagesfrist verloren. Um die Sache noch schlimmer zu machen, erklärte Liz mir bei unserer Ankunft in der Villa, dass es hier keine Internetverbindung gebe. Ich hätte am liebsten geweint, obwohl ich mich natürlich nicht beklagen durfte.

Unsere Villa war ein weiß gestrichener Würfel, geschmackvoll entworfen und eingerichtet. Liz schlief im Erdgeschoss in einem Zimmer neben der Küche und ich in der ersten Etage. Dadurch konnte sie mich wenigstens nicht in meinen andauernden Albträumen reden, stöhnen und weinen hören. Die hatte ich zwar auch im Hotel mit Kasra und Sepideh gehabt, aber das war etwas anderes gewesen. Das Wochenende war lang, und wir unternahmen zweimal den weiten Gang hinunter an den Hafen, wo es Cafés mit WLAN-Verbindung gab und wir ins Internet gehen konnten. Oben auf dem Hügel, in der Villa, führten wir lange Gespräche, in deren Verlauf ich feststellte, dass Liz mich als das Klischee einer unterdrückten Iranerin sah: als eine durch und durch vom patriarchalischen System des Landes geprägte Frau, die unfähig ist, eigene Entscheidungen zu treffen und eine eigene Meinung zu haben. Im Moment war ich nicht in der Verfassung, dieses Bild korrigieren zu können. Ich hing völlig in der Luft, und es war mir auch gleichgültig, wie sie mich sah. Wichtig war jetzt nur, dass ich innerhalb von sieben Tagen einen sicheren Ort erreichte.

Am Sonntag trieb sie es dann allerdings zu weit, als sie eine Videokamera aufbaute und mich unbedingt filmen wollte. Dass sie mich auf der Fähre fotografiert hatte, kaum eine Stunde, nachdem wir uns zum ersten Mal getroffen hatten, oder dass sie mir angeboten hatte, meine Agentin zu werden und mich unter Vertrag zu nehmen, hatte mir nichts ausgemacht. Auch dass sie mir die Liste der Ausgaben zeigte, die sie meinetwegen bereits gehabt hatte, hatte mich nicht geärgert. Als sie aber einfach nicht aufhörte, mich zu filmen, obwohl ich ihr deutlich zu verstehen gegeben hatte, dass ich es nicht wollte, brachte mich das in Rage. Erst dann legte sie die Kamera beiseite und ging schwimmen, damit ich Zeit hätte, mich zu beruhigen. Während ich aus dem Wohnzimmerfenster zusah, wie sie ihre Bahnen zog, dachte ich mir, dass unser Verhältnis nur komplizierter werden konnte.

Am Montagmorgen nahmen wir die Fähre nach Athen. Liz hatte mir einen Termin in der amerikanischen Botschaft erkämpft. Dort befragte mich ein Konsularbeamter namens John und diskutierte dann mit Liz meine Optionen. Als er sich am Ende des Gesprächs wieder mir zuwandte und verwundert meinte: »Ms. Barnes hat jetzt so viele Fragen gestellt – haben Sie denn gar keine?«, hätte ich ihm am liebsten gesagt, dass dies genau der Punkt war. Ich schätzte zwar Liz' gute Vorbereitung und detaillierte Fragen, aber ihre Neigung, mein Leben in die Hand zu nehmen und über mich zu bestimmen, ängstigte mich. Schließlich ging es hier um mein Schicksal, und ich konnte nicht zulassen, dass sie darüber entschied. Das würde ich keinesfalls hinnehmen.

Im Anschluss daran sprachen wir mit einer weiteren Beamtin, die uns das »Humanitarian Parole Program« erklärte, in dessen Rahmen sie versuchen wollten, mir die Einreise in die USA zu ermöglichen. Dafür müsste ich mindestens zwei weitere Wochen in Athen bleiben, während derer mein Antrag bearbeitet würde. Die Chancen einer Bewilligung betrügen etwa 95 Prozent. Ich wandte ein, dass mein Visum vorher ablaufen würde, aber sie meinte, dass sie bei den griechischen Behörden eine Verlängerung auf neunzig Tage beantragen könne.

»Was für ein Visum wäre das dann?«

»Das wissen wir nicht. Wir können nur die Verlängerung beantragen, aber keine spezielle Art von Visum. Wir sehen es ja dann, wenn es erteilt wird.«

»Und wenn ich nun doch unter die fünf Prozent falle, die in diesem Programm kein Visum für die USA bekommen, und mein verlängertes griechisches Visum nicht für den Rest der EU gilt?«

»Dann müssen Sie hier in Griechenland bleiben. Aber, wie gesagt, das Visum bekommen Sie auf jeden Fall. Es ist nur eine Frage der Zeit.«

»Und was geschieht in den USA mit mir?«, fragte ich den ersten Beamten.

»Dort können Sie dann Asyl beantragen.«

»Was heißt das?«

»Was glauben Sie denn?« John lächelte. »Sie kommen in ein Lager für Asylbewerber. Dort bleiben Sie für etwa zwei Monate, während Ihr Verfahren läuft. In dieser Zeit erhalten Sie ungefähr tausend Dollar monatlich für Lebensmittel und anderen Grundbedarf. Wird Ihrem Asylantrag stattgegeben, müssen Sie das Heim verlassen und sich selbst um Ihren Unterhalt kümmern. Es gibt in diesem Fall keine Sozialhilfe. Ehrlich gesagt halte ich das für den einzigen Grund, dass Sie in Europa besser aufgehoben sind, wenn es mit Ihren Finanzen nicht so gut aussieht.«

Und dabei, dachte ich, weiß er nicht einmal, dass mein Geld nur geliehen ist. Bei dem Wort »Lager« überkam mich das nackte Grauen. Sofort stand mir ein Gefängnis vor Augen, mit hohen, stacheldrahtbewehrten Mauern, hinter denen die Insassen zusammengepfercht sind, die Art Lager, wie ich sie aus Filmen über den Zweiten Weltkrieg kannte. Ich muss ziemlich entsetzt ausgesehen haben, denn John amüsierte sich darüber. Er versicherte mir, dass diese Lager nur so hießen, es seien jedoch definitiv keine Gefängnisse. Besonders nett sei es da zwar auch nicht, aber ich müsse ja auch nur zwei Monate dableiben. »Außerdem steht Ihnen das sowieso bevor, in welchem Land auch immer Sie um Asyl bitten.«

Liz war begeistert, als wir die Botschaft verließen. Ihrer Meinung nach sollte ich mich entweder in New York niederlassen, wo sie viele Freunde hatte, oder in Washington, D.C., wo sie selbst früher gewohnt hatte. »Das Wetter ist erbärmlich, aber für jemanden wie dich ist das der richtige Ort«, meinte sie. Ich war weniger begeistert, weil ich mir das gar nicht leisten konnte. Außerdem hatte ich mich einerseits bereits entschlossen, mich unabhängig von Liz zu machen und die Dinge selbst in die Hand zu nehmen. Nur einmal musste ich mit ihr noch auf die Insel zurückfahren – um meine Sachen zu holen.

Andererseits würde ich, wenn ich noch mindestens zwei Wochen in Athen bleiben musste, viel Geld ausgeben, weil mir eine billige Unterkunft zu unsicher war. Seit ich den Iran verlassen hatte, waren nämlich verschiedene beunruhigende Dinge geschehen. Am bedrohlichsten war die Verbreitung eines Gerüchts durch die Nachrichtenagenturen, die dem Regime nahestanden: Mein Foto gehöre zu einer Frau namens Neda Agha-Soltan, die nicht tot sei, sondern in Athen lebe. Sie sei jetzt auf dem Weg zurück nach Teheran, um den Irrtum zu berichtigen und ihre Identität zu beweisen.

Ich versuchte, Liz meine Strategie in Sachen Visum zu erklären und dass ich in Griechenland festsäße, falls nicht alles wie geplant liefe. Sie behauptete weiter, dass mich niemand zwingend in Griechenland festhalten dürfe, sondern dass ich mich innerhalb Europas frei bewegen könne. Ich ließ sie denken, was sie wollte. Offenbar wollte sie nicht verstehen, was Ella Richardson mir über die europäische Asylbewerberregelung erzählt hatte. Als wir auf der Insel ankamen, war es zu spät für mich, die letzte Fähre zurück nach Athen zu nehmen. Es war für uns beide ein langer Tag gewesen. Wir waren müde, und das machte es mir umso schwerer, Liz meine Entscheidung darzulegen. Sie fragte mich, ob ich Geld für ein Taxi ausgeben wolle, und wir nahmen uns eines, weil wir viel zu erschöpft für den Aufstieg zur Villa waren. Ich duschte und ging früh zu Bett, nicht, weil ich müde war, sondern weil ich nachdenken musste.

Am nächsten Morgen wachte ich früh auf, packte meine Sachen, zog mich an und wartete darauf, dass Liz aufstand. Ich horchte auf Geräusche aus dem Erdgeschoss, hörte aber nichts. Ich ging ins Wohnzimmer und schaute aus dem Panoramafenster auf das malerische Dorf mit seinen bunten Häusern und das tiefblaue Mittelmeer hinunter. Eine Fähre lief gerade ein. Wenn ich die nächste nehmen wollte, musste ich Liz jetzt wecken und mit ihr sprechen. Sie war überrascht, mich in der offenen Tür zu ihrem Schlafzimmer stehen zu sehen, und verärgert, als sie hörte, dass ich abreisen wollte. »Warte fünf Minuten«, sagte sie. »Ich ziehe mich an und komme mit.«

»Es wäre mir lieber, wenn du nicht mitkämest«, versuchte ich es so schonend wie möglich zu formulieren. »Ich möchte allein sein, wenigstens ein paar Stunden, und selbst herausfinden, welchen Weg ich gehen möchte. Ich muss mein Leben selbst in die Hand nehmen. Die Entscheidungen, die ich heute treffe, werden für mein weiteres Leben bedeutsam sein, also ist es sehr wichtig für mich, dass sie meine eigenen sind.«

»Nein, Neda, nein! Du brauchst Hilfe!«

»Ich weiß, dass ich Hilfe brauche, und ich bin dir sehr dankbar, dass du mir bis jetzt geholfen hast, aber nun will ich allein zurechtkommen. Ich kann nicht für den Rest meiner Tage von dir abhängig sein. Ich muss selbst die Verantwortung übernehmen, egal welches Durcheinander gerade herrscht und egal ob ich mich fit genug fühle, Entscheidungen zu treffen.«

Sie saß auf dem Bettrand und sah mich schweigend an. Nach einer langen Pause erwiderte sie: »Okay, aber versprich mir, dass du heute noch zur Botschaft gehst und mit den Leuten dort redest.«

»Das mache ich auf jeden Fall.«

»Und versprich mir, dass du zurückkommst.«

»Das kann ich nicht versprechen, Liz, tut mir leid. Aber ich verspreche dir, dass ich dir meine Entscheidung mitteile, und wenn ich in Griechenland bleibe, dann komme ich auf jeden Fall zurück.«

Sie nickte nur und bat mich, draußen auf sie zu warten, sie wolle sich rasch anziehen. Ich wartete in der Küche und ging dann mit ihr nach oben. An der Tür verabschiedeten wir uns und ich wanderte zum Hafen hinunter. Als ich in die US-Botschaft kam, hatte sie bereits dort angerufen. Ich erklärte John, ich wolle nach Deutschland weiterreisen, weil ich aus den Gründen, die ich ihm aufzählte, nicht in Griechenland bleiben könne.

»Das ist natürlich Ihre Entscheidung, aber wenn ich das sagen darf, Sie machen einen Fehler«, sagte er. »Hier befasst sich bereits ein Team von uns mit Ihrem Fall. Wir kennen Sie und wollen Ihnen helfen. In Deutschland müssten Sie ganz von vorn anfangen.«

»Ich weiß und ich bin Ihnen sehr dankbar für Ihre Hilfe. Aber in Athen fühle ich mich einfach nicht sicher. Außerdem ist es zu teuer für mich.«

»Aber Sie können doch bei Liz bleiben.«

»Liz behandelt mich wie ihre sechsjährige Tochter. Ich will nicht, dass sie die Entscheidungen für mich trifft und über mich verfügt.«

»Ich fand sie ja auch ziemlich besitzergreifend, aber übertreiben Sie jetzt nicht ein wenig?«

»Wie auch immer, ich möchte jedenfalls nicht zu ihr zurück. Und wenn ich hier hängen bleibe, ob in Sicherheit oder nicht, müsste ich ja sogar das Alphabet neu lernen, also quasi noch vor dem Anfang wieder von vorn anfangen.«

»Aber Deutsch sprechen Sie doch auch nicht, oder? Gut, was halten Sie davon: Wir lassen uns noch ein bisschen Zeit. Essen Sie erst einmal zu Mittag, entspannen Sie sich und denken Sie in Ruhe über Ihre Entscheidung nach. Ich spreche in der Zeit nochmals mit meinen Kollegen darüber. Heute Nachmittag reden wir dann über alles. In Ordnung? Sie wollen ja nicht in die erstbeste Maschine nach Deutschland springen, oder?«

Ich willigte ein, am Nachmittag wiederzukommen. Dann wollte er plötzlich meinen Reisepass haben. Das kam mir zwar komisch vor, aber andererseits hatte ich keinen Grund, ihm zu misstrauen. Also gab ich ihm meinen Pass und verließ die Botschaft. Als ich ihn am Nachmittag wie vereinbart abermals aufsuchte, stand meine Entscheidung immer noch fest. Er gab mir meinen Pass zurück, wünschte mir viel Glück und sagte, ich solle ihn sofort anrufen, falls ich bei der Ausreise am Flughafen Schwierigkeiten bekäme.

In einem Reisebüro buchte ich einen Flug nach Frankfurt für den nächsten Tag und ein Hotelzimmer für die Nacht. Ich nahm Kontakt zu Amir auf, der mir antwortete, alle wären krank vor Sorge, weil sie fünf Tage lang nichts von mir gehört hatten. Ich erklärte ihm das Problem mit dem Internet in der Villa und bat ihn, Kasra und Sepideh Bescheid zu sagen. Am nächsten Morgen traf Johns Voraussage tatsächlich ein, und ich wurde an der Sicherheitskontrolle des Flughafens aufgehalten. Ich musste ihn allerdings nicht anrufen, die Sicherheitsleute verschwanden nur kurz mit meinem Pass in einem Büro, kamen wieder heraus und gaben ihn mir zurück. »Alles in Ordnung. Guten Flug.« Das war am Mittwoch, dem 15. Juli 2009.

11

Türen

Der Frankfurter Flughafen kam mir vor wie ein Ameisenhaufen. Es wimmelte von Passagieren, Trägern und Personal. Alle schienen es eilig zu haben, alle wollten pünktlich sein. Die Sprache klang in meinen Ohren wie ein misstönender Strom harscher Laute. Ich verstand kein Wort.

Von Frankfurt aus nahm ich einen Zug nach Bochum, wo Sepidehs Bruder lebte. Ich saß am Fenster und schaute die ganze Zeit hinaus, um nicht von anderen Fahrgästen – ihrer Kleidung nach zu urteilen meist Geschäftsreisende – angesprochen zu werden. Von der Fahrt ist mir nur noch der Anblick der beiden Türme des Kölner Doms im Gedächtnis, der Rest war ein endloses verschwommenes Grün. Von einer Telefonzelle am Bochumer Hauptbahnhof aus rief ich Masoud an und wartete, bis er mich abholen kam. Inzwischen war es Nachmittag.

»Hallo, hallo, suchst du etwas auf dem Boden?« Ich blickte auf und sah Masoud mit breitem Lächeln und ausgebreiteten

Armen auf mich zukommen. Ich war glücklich, ein vertrautes Gesicht zu sehen. »Warum stehst du da wie eine schuldbewusste Erstklässlerin vor dem Büro des Rektors? Komm, lass dich umarmen. Wir haben uns ja ewig nicht gesehen!«

Und zum Glück hat er sich überhaupt nicht verändert, dachte ich erleichtert. Eine Busfahrt, ein kurzer Fußweg von der Haltestelle, dann hatten wir den Wohnblock erreicht, in dem Masoud mit seiner Frau Masih lebte. Beide hießen mich herzlich willkommen. Während des Essens erzählte Masoud, wie erschrocken er gewesen sei, mein Gesicht als das einer Toten im Fernsehen zu erblicken. Masihs Familie wohnte im Haus gegenüber. Ihre Mutter war gerade in Urlaub im Iran, aber ihre beiden jüngeren Brüder kamen hin und wieder zu Besuch. Sie sprachen zwar kaum Farsi, waren aber ebenfalls so freundlich zu mir, dass ich mich ein wenig heimisch in ihrer Gesellschaft fühlte.

Am dritten Tag ging ich mit Masoud zu seinem Arbeitgeber Behrouz, einem iranischen Dissidenten, der im Gefängnis gesessen hatte und nur knapp der Hinrichtung entkommen war. Der erklärte mir einen ganzen Tag lang, wie das deutsche Sozialsystem funktionierte und die Behörden arbeiteten. »Deutschland ist das Land der Formulare«, sagte er lächelnd. »Alles ist sehr bürokratisch, muss schriftlich und genau nach Vorschrift erledigt werden, aber so hat auch alles seine Ordnung. Steuern und Versicherungssätze sind wahnsinnig hoch, aber dafür gibt es auch ein gutes soziales Netz. Man muss nicht hungern oder auf der Straße leben, es sei denn, man will es selbst so. Für dich ist das einzige Problem die Sprache, würde ich sagen. Es dauert, bis man sie gelernt hat, aber für einen gebildeten Menschen wie dich ist es nicht so schwer. Die Deutschen sind nette Leute. Sie sind natürlich anders als wir, viel reservierter und zurückhaltender. Also nutze alle Gelegenheiten, dich zu integrieren. Wenn du auf sie zugehst, sind sie auch offen. Wenn du dich zurückhältst, lassen sie dich in Ruhe.«

Beim Mittagessen sprach er mit mir über das deutsche Asylverfahren. Masoud hatte ihm meine Geschichte bereits erzählt, aber er ging sie noch einmal mit mir durch. Am Ende meinte er: »Dein Fall liegt recht günstig. Du wirst ziemlich sicher als politisch Verfolgte anerkannt werden. Nur dein Visum ist ein Problem, aber wir werden sehen. Was du durchgemacht hast, ist so schlimm, dass sie dich kaum wieder wegschicken werden, nur weil dein Visum in Griechenland ausgestellt ist. Die Behörden hier wissen ja auch, dass die Zustände dort schrecklich sind, und es ist nicht sehr wahrscheinlich, dass sie eine alleinstehende Frau dahin zurückschicken. Wärst du ein Mann, könnte dir das durchaus passieren.« Lachend fügte er hinzu: »Das ist das Gegenteil von den Verhältnissen im Iran, nicht wahr? In diesem Land ist es ein Vorteil, eine Frau zu sein.«

Als Behrouz am Nachmittag Feierabend machte, wollte er noch Lebensmittel einkaufen gehen. Ich begleitete ihn zu einem großen Supermarkt in der Nähe. Wir füllten mehrere große Einkaufstüten und trugen sie zum Auto. Als er den Kofferraum öffnete, um sie hineinzustellen, hielt er plötzlich peinlich berührt inne. Da lag es: mein Foto als DIN-A3-Hochglanzdruck auf einen selbstgemachten Holzrahmen geklebt. Es war ein unangenehmer Augenblick. Ich wusste nicht, wie ich reagieren sollte, und er auch nicht. Er murmelte schließlich eine Entschuldigung und erklärte: »Seit dem Betrug bei der Präsidentenwahl demonstrieren wir regelmäßig, und wir waren alle so empört, als dieses arme Mädchen umgebracht worden ist. Wir wussten ja nicht, dass es nicht ihr Foto war. Weißt du, es wurde in allen Fernsehnachrichten, in den Zeitungen und auf jeder Website gezeigt. Man sah es überall.«

Wir fuhren schweigend nach Hause. Der Vorfall war eine Art Offenbarung für mich: Ich verachtete die Menschen nicht mehr, die immer noch mit meinem Bild demonstrierten oder es früher getan hatten. Es war unsinnig, ihnen böse zu sein. Hatte ich nicht selbst Voice of America ein zweites Foto von mir anvertraut? Diese Menschen handelten nicht anders, sie vertrauten den Medien.

Der nächste Tag war schon mein vierter in Deutschland. Ich bekam Angst. Um Mitternacht lief mein Visum ab und ich würde mich dann illegal im EU-Gebiet aufhalten. Außerdem hatte Behrouz mich gewarnt, dass Deutschland kein so sicheres Land für Flüchtlinge sei wie allgemein angenommen. Würde man mich etwa festnehmen und/oder nach Griechenland abschieben?

Andererseits war dieser Tag mein Geburtstag. Weil ich ihnen keine Umstände machen wollte, hatte ich Masoud und Masih nichts davon gesagt. Er fuhr morgens zu einem Freund, um ihm bei einem Computerproblem zu helfen, und sie ging an die Uni, um an einem Projekt zu arbeiten. Es war ein grauer, kalter Tag mitten im Juli, und ich hatte keine warmen Sachen dabei. Ich wartete auf einen Anruf von Mutter oder Sepideh. Die beiden waren die Einzigen, die wussten, wo sie mich erreichen konnten, aber sie meldeten sich nicht. Später sagten sie mir, sie hätten völlig das Zeitgefühl verloren gehabt. Ich ging in dem quadratischen Wohnzimmer umher, probierte nacheinander alle Stühle am Esszimmertisch aus und sah aus dem Fenster. Ich trat auf den Balkon hinaus und schaute den Kindern im Hof beim Spielen zu. Sie hatten kein Bewusstsein für Zeit und Raum, sie fühlten sich geborgen, wo sie waren.

Ich hatte Angst vor dem Asylverfahren und der Flüchtlingsunterkunft. Da ich kein Wort Deutsch sprach, fragte ich mich, ob irgendjemand mich verstehen würde. Bei diesem Gedanken geriet ich in Panik, und ich schickte John, dem Beamten der amerikanischen Botschaft in Athen, eine SMS mit der Frage, ob er mich zurückrufen könne. Er meldete sich im nächsten Moment und erklärte mir, er habe das getan, was er mir bei unserer Begegnung für diese Situation bereits angekündigt hatte: Er hatte meine Akte bereits an seine Kollegen nach Berlin geschickt. Falls ich also doch nicht in Deutschland bleiben wolle, könne ich mich direkt dorthin wenden. Ich sagte ihm, ich bereute jetzt, nach Deutschland geflogen zu sein, und wollte lieber in die Vereinigten Staaten, obwohl ich innerlich wusste, dass ich in Wahrheit nur meiner Lage entkommen und das Asylverfahren noch hinauszögern wollte.

»Das tut mir sehr leid, Neda«, meinte er. »Aber wir können jetzt nichts mehr für Sie tun. In Griechenland war Ihre Sicherheit nicht gewährleistet, in Deutschland ist sie es aber, und daher fürchte ich, dass Sie jetzt keine Chance auf einen Platz im ›Humanitarian Parole Program‹ mehr haben.« Ich verstummte, während er mir Mut machte, ich hätte es doch mit Deutschland gut getroffen, und mir Glück wünschte.

Abends rief Masoud dann Behrouz an, der mir riet, noch einen Tag zu warten. Am Mittwochmorgen holte sein Sohn Arash mich ab. Ich verabschiedete mich von Masoud und Masih, nahm meinen Rucksack und die kleine Reisetasche, in die ich, wie mir geraten worden war, keine Wertgegenstände gepackt hatte, und stieg mit Arash in den Wagen seines Vaters. Im Bochumer Rathaus war niemand für Asylanträge zuständig, wir wurden nach Düsseldorf weitergeschickt. Dort fanden wir irgendwann heraus, dass die Adresse falsch war und wir uns in einem Asylbewerberheim in Dortmund melden sollten.

Die Unterkunft lag in einem Vorort und bestand aus heruntergekommenen, feuchten Gebäuden auf einem Stück Brachland. Dazwischen standen einige riesige Bäume mit bemoosten Parkbänken darunter. Niemand war zu sehen, und ich dachte schon, das Heim stehe leer. Doch als Arash und ich eintraten, erwies es sich als betriebsam wie ein Bienenstock.

In der ersten Etage, wo wir in einem langen schmalen Gang warten sollten, war alles voller Menschen, die in unverständlichen Sprachen redeten, anscheinend Witze machten und laut lachten – Mütter mit ihren Säuglingen, Mädchen, Jungen, Frauen, Männer, jung, alt, sehr alt. Die Luft war abgestanden, und es roch nach Zigaretten, Körperausdünstungen und Essen. Mir kamen schon wieder die Tränen, aber ich hoffte trotzdem, dort bleiben zu können, weil ich dann in Masouds und Masihs Nähe bliebe.

Die Dienststelle schickte mich wieder nach Hause, ich solle am nächsten Tag wiederkommen. Ich war euphorisch, dass ich diesen Ort verlassen und zu meinen Freunden zurückkehren konnte, erfuhr am nächsten Morgen aber, dass ich mich in Gießen, etwa 200 Kilometer entfernt, melden sollte. Ich fragte einen Sachbearbeiter, wie lange ich wohl dort bleiben müsse. »Na ja, zwischen sechs Monaten und ein paar Jahren«, erwiderte er. »Wenn Sie um Asyl bitten, geben Sie Ihre persönliche Entscheidungsfreiheit auf.«

Guter Mann, niemand bittet freiwillig um Asyl, dachte ich, man tut es nur, wenn man dazu gezwungen ist. Doch ich biss die Zähne zusammen. Ich war eine von etwa fünfzig Asylbewerbern, die an diesem Vormittag verlegt werden sollten. Wir wurden zunächst fotografiert, dann nahm man unsere Fingerabdrücke und maß unsere Körpergröße. Danach bekam jeder einen mit seinem Namen versehenen Briefumschlag, der eine Zugfahrkarte enthielt. Ein Bus brachte uns zum Dortmunder Hauptbahnhof, wo ich merkte, dass ich als Einzige aus der ganzen Gruppe nach Gießen geschickt wurde. Ich fühlte mich gleichzeitig unwohl und erleichtert. Einerseits entkam ich der laut schwatzenden Gruppe, der die Passanten hinterherstarrten, andererseits musste ich jetzt mehrere Stunden allein mit der Bahn fahren.

Am späten Nachmittag kam ich in Gießen an. Vor dem Bahnhof fragte ich zwei Polizisten nach dem Heim, aber sie sprachen beide kein Englisch. Mit Gesten und wenigen Wörtern erklärten sie mir: »Brücke … über Gleise … andere Seite … Okay?« Die Brücke war ziemlich lang und führte über ein großes Gleisfeld, das sich von Horizont zu Horizont erstreckte. Am anderen Ende gab es nichts, was eine Flüchtlingsunterkunft hätte sein können. Ich fragte ein junges Mädchen, ob es Englisch spreche, und zeigte ihr die Adresse. Sie erwiderte, ihr Vater komme sie gleich abholen, und wenn ich noch fünf Minuten warte, könne er mir sicher weiterhelfen. Der Vater kam in einem riesigen glänzenden BMW und wollte mich sogar hinfahren. »Ich weiß auch nicht, wo das ist«, meinte er, »aber wir haben ja ein Navi.«

Ich setzte mich auf die Rückbank, der Wagen wendete und nach weniger als einem Kilometer waren wir schon da. Der Vater sagte: »Da stimmt was nicht mit der Adresse. Das hier ist ein Asylantenheim.«

»Doch, das stimmt schon«, murmelte ich, als sich beide nach mir umdrehten. »Ich bin Asylbewerberin.« Mich schauderte, als ich das Wort zum ersten Mal laut aussprach.

»Oh!«, meinten sie beide gleichzeitig und sagten dann nichts mehr. Ich stieg aus, bedankte mich fürs Mitnehmen und schloss sorgsam die Tür der Luxuskarosse. »Viel Glück!«, rief mir das Mädchen aus dem Seitenfenster nach.

Es war Freitagabend. Das hieß für mich zwei weitere Tage qualvollen Wartens, bis ich erfahren würde, was als Nächstes mit mir geschah. Von den Wachleuten am Eingang sprach nur einer gebrochen Englisch. Er fotografierte mich, füllte einige Formulare aus und ließ mich Papiere unterschreiben, die ich nicht verstand. Als ich fragte, was darin stand, meinte er in holperigem Englisch: »Nix wichtig. Papierkram, Papierkram.« Dann händigte er mir eine Essenskarte aus und erklärte: »Die immer mitführen. Das ist Identität von dir.« Er wollte sicher so etwas wie »Identitätskarte« sagen, aber in den folgenden Wochen sollte ich noch oft denken, dass er schon recht gehabt hatte: Das war meine neue Identität.

Dann brachte er mich zu meinem Zimmer. Die Unterkunft war riesig. Links standen drei hohe Blocks in einer Reihe, der mittlere ockerfarben gestrichen, die beiden anderen weiß. Rechts lag ein einstöckiges Gebäude. Eine Horde Kinder spielte lärmend, überall hielten sich Männer und Frauen auf. Er brachte mich in das niedrige Gebäude, von dem ich später erfuhr, dass es die zeitweilige Unterkunft für Ankömmlinge außerhalb der Dienststunden war – und die Isolierstation für Kranke.

Mein Zimmer war quadratisch, es befanden sich drei Stockbetten darin, aber ich hatte es für mich allein. Sowie mir der Wachmann den Schlüssel ausgehändigt hatte und gegangen war, machte ich mich auf die Suche nach den Waschräumen. Die Dusche fand ich nicht, aber es gab eine einigermaßen saubere Damentoilette mit einem großen Fenster, das frische Luft hereinließ.

Ich schloss mich in meinem neuen Quartier ein und sah durch die dünnen Vorhänge den Leuten draußen zu – Arabern, Osteuropäern, Afrikanern, Kurden, Pakistanis, Afghanen und Iranern. Ich fühlte keine Gemeinsamkeit mit ihnen, nicht einmal mit meinen Landsleuten. Sie schienen sich hier ziemlich zu Hause zu fühlen und wirkten einigermaßen zufrieden. Ich verstand nicht, wie sie so fröhlich sein konnten, da sie doch ihre Wurzeln, ihr Heimatland, ihre Freunde und ihre Familie verloren hatten. Aber ich war schließlich neu hier und hatte noch keine Ahnung, was es bedeutete, jahrelang als Asylbewerber zu leben. Überall waren Menschen – sie saßen auf den Treppen, lehnten aus den Fenstern, standen schwatzend zusammen, spazierten herum, spielten Volleyball, Fußball oder Federball und liefen auf Inlineskates umher.

Der Wächter hatte mir zwei Laken dagelassen, und ich bezog eine der Matratzen, dann breitete ich auch noch das zweite Tuch darüber aus und stopfte beide unter der Matratze fest, nahm das sauberste Kopfkissen von den sechs Stück auf den Betten und stopfte es in einen Bezug. Ich wusch mir die Hände, ließ das Licht zur Sicherheit brennen und ging ins Bett.

Geschrei und Lärm ließen mich mitten in der Nacht hochschrecken. Draußen war es dunkel, und ich wusste zuerst gar nicht, wo ich war. Eine Schlägerei war ausgebrochen, Leute brüllten in einer fremden Sprache, immer wieder hörte ich Glas klirren. Das Gebrüll kam aus allen Richtungen, und ich fürchtete, dass die Meute jeden Moment in mein Zimmer eindringen würde. Das Wachpersonal greift bestimmt gleich ein, sagte ich mir, aber der Lärm dauerte fast eine halbe Stunde an. Erst als die Schläger aufgegeben und sich verzogen hatten, hörte ich die Polizeisirene und sah den Schein von Blaulichtern über den Hof und die Wände meines Zimmers huschen. Ich war wie gelähmt vor Angst und konnte nicht mehr einschlafen. Ich traute mich nicht, auf die Toilette zu gehen, obwohl ich dringend musste, doch ich hatte Angst, überfallen zu werden, sobald ich die Tür öffnete.

Am Morgen hatte ich wieder Blasenschmerzen. Erst als das Heim langsam zum Leben erwachte, wagte ich mich auf die Toilette, die jetzt entsetzlich aussah und roch. Ich merkte bald, dass sie nur in den ersten Stunden nach der täglichen Reinigung einigermaßen sauber war und am Wochenende gar nicht geputzt wurde. Als ich mich später bei den Wachleuten über die nächtliche Schlägerei beklagte, behaupteten sie, nichts gehört zu haben. Ich fragte, wie ich mich in solchen Fällen verhalten solle, und sie meinten nur: »Kommen Sie zu uns!«

»Ich habe mich ja nicht einmal getraut, die Tür aufzuschließen und auf die Toilette zu gehen. Wie soll ich da bis zu Ihnen kommen? Sehen Sie sich die zerbrochenen Flaschen im Hof an und Sie wissen, was ich meine.«

»Dann rufen Sie eben die Polizei.«

Ich kehrte in mein Zimmer zurück und blieb dort bis zum Mittagessen. Essensausgabe war von halb zwölf bis um eins. Als ich die schwere Tür zum Speisesaal aufdrückte, schlug mir daraus die stickige Luft entgegen. Menschen warteten in einer langen Schlange auf das Essen, das ziemlich seltsam roch. Noch mehr Leute saßen bereits an den langen Tischen und aßen. Viele wandten sich nach mir um, als ich eintrat. Verschreckt machte ich kehrt und schwor mir, diesen Raum nie wieder zu betreten. Doch was blieb mir anderes übrig? Die Essenskarte, die beim Mittagessen vorgezeigt werden musste, diente der Anwesenheitskontrolle im Heim, außerdem musste ich schließlich etwas essen und konnte es mir nicht leisten, mich selbst zu verpflegen.

Am Montagmorgen zog ich in den ockerfarbenen Wohnblock um, der für Familien und alleinstehende Frauen reserviert war. Er hatte drei Stockwerke, auf jedem waren etwa zwanzig Zimmer, zwei Toiletten und zwei Waschräume, eines für Männer und eines für Frauen, sowie eine Küche mit zwei Einbauherden, zwei Waschbecken und zwei großen Wasserkochern für Tee. Die Toiletten waren unerträglich verdreckt, vor allem deswegen, weil manche Mütter ihre Kinder allein dorthin schickten. Da die Schüssel noch zu hoch für sie war, machten die Kinder dann notgedrungen auf den Fußboden. Ich trank nur noch so wenig Wasser wie möglich und lief manchmal lieber zwanzig Minuten bis zu einem Kaufhaus, nur um dort die Toilette benutzen zu können. Auch die Duschen waren schmutzig, und die Abflüsse oft verstopft.

Mein Zimmer lag im Obergeschoss. Es war viel kleiner als mein vorheriges und es gab darin zwei Stockbetten, ein kleines Waschbecken, vier alte Blechspinde, einen vergammelten Kühlschrank, einen wackeligen Tisch mit fleckiger, ehemals weißer Platte und zwei Stühle. Zwei der Betten waren bereits von zwei jungen kurdischen Schwestern belegt, deren Eltern – ein sehr alter, verkrüppelter Vater und eine viel jüngere Mutter – im Zimmer nebenan wohnten. Wir konnten uns nicht miteinander verständigen und mussten uns darauf beschränken, uns anzulächeln. Die Mädchen hielten Ordnung, sie hatten allerdings ihre Namen und die ihrer Liebsten – mit großen roten Herzen – sowie mehrere kurdische Flaggen an die Wände und sogar an die Decke geschrieben und gezeichnet.

Die Mutter beäugte mich misstrauisch. Gleich am ersten Tag hämmerte sie an die Tür, die ich abgeschlossen hatte, und gab mir mit Händen und Füßen zu verstehen, es sei verboten, hinter sich abzuschließen. Offenbar dachte sie, ich wollte ihre Habe stehlen. Während ich mit meinem von Masoud geborgten Deutschbuch auf dem Bett lag und versuchte, mir die deutschen Lautkombinationen einzuprägen, stürmte sie einmal plötzlich ins Zimmer und war dann so peinlich berührt, dass sie vorgab, nach etwas zu suchen und dann mit verlegenem Lächeln wieder ging. Ich sagte mir, dass sie sicher nur ihre Familie beschützen wollte, schließlich war ich eine Fremde für sie. Nach zehn Tagen verließ die Familie das Heim und wurde in eine andere Stadt verlegt. Ich hatte das Zimmer dann fast drei Wochen für mich allein.

In meinen sieben Wochen und drei Tagen im Gießener Asylbewerberheim kam es noch mehrmals zu Schlägereien mit Geschrei und zerschmetterten Flaschen. Darüber hinaus war es jeden Tag aufs Neue erniedrigend, in der Schlange lange für ein buchstäblich ungenießbares Essen anstehen zu müssen. Meist zwang ich einige Bissen hinunter und warf dann den Rest weg. Viele Männer starrten mich an, als liefe ich nackt herum. Außerdem hatte ich Angst, allein in einem Zimmer zu schlafen, denn das Heim wurde nach Dienstschluss der Angestellten kaum überwacht. Es gab nicht viele alleinstehende Frauen dort, und zu Anfang waren es außer mir und einer Irakerin nur Afrikanerinnen, die aber unter sich blieben. Einige der alleinerziehenden Mütter schickten ihre Kinder zum Spielen in den Hof, während sie von Männern auf ihren Zimmern besucht wurden. Eine einfache Rauferei zwischen zwei Kindern konnte jederzeit in einen regelrechten Stammeskrieg ausarten – Araber gegen Türken und Kurden, Afghanen gegen Iraner.

Am schlimmsten war aber das Gefühl, dass die Zeit stillsteht. Ich musste den Ausgang meines Asylverfahrens abwarten und durfte in dieser Zeit weder aus dem Heim ausziehen noch arbeiten gehen. Um die schrecklichen Bedingungen zu überstehen und etwas mit meiner Zeit anzufangen, wurde ich bald zur Vermittlerin zwischen manchen Asylsuchenden und den Ämtern oder besser: den wenigen Beamten, die Englisch verstanden. Ich übersetzte für die Iraner und Afghanen unter den Heimbewohnern und half ihnen bei Behördenangelegenheiten. Das erwies sich als sehr lohnend, weil ich nicht nur anderen Menschen helfen konnte, sondern dabei auch zwei wunderbare Frauen kennenlernte und meine ersten deutschen Freundinnen fand. Die erste war Katja, eine engagierte Sozialarbeiterin, die in einem kirchlichen Beratungszentrum für Asylsuchende arbeitete. Sie half mir wie auch anderen Flüchtlingen dabei, einen fachkundigen Anwalt zu engagieren, die Erstattung meiner Gerichtskosten zu beantragen sowie die Termine meiner Befragung und anschließenden Verlegung herauszufinden. Ich begegnete ihr, als ich für eine junge Afghanin mit drei Kindern dolmetschte, die Probleme mit ihrer Verlegung hatte. Katja sah mich die ganze Zeit neugierig an, während ich übersetzte, und fragte mich danach, ob ich nicht auch Fragen hätte. Ich schüttelte nur den Kopf und ging.

Am nächsten Tag rief mich Masoud auf dem Handy an, das er und Masih mir kurz zuvor gekauft hatten. In den Nachrichten des iranischen Staatsfernsehens sei mein Foto als das eines der Todesopfer der Unruhen nach den Wahlen gezeigt worden. Ich geriet in Panik, denn ich befürchtete, meine Studenten würden das für bare Münze nehmen. Weil ich nicht wusste, was ich unternehmen sollte, ging ich am nächsten Tag wieder zu Katja und erzählte ihr nun doch meine Geschichte. Sie lauschte mit offenem Mund und konnte gar nicht glauben, was sie hörte. Ihr fiel zwar auch nichts ein, was ich gegen die Falschmeldung hätte unternehmen können, aber dieses Gespräch war der Beginn unserer Freundschaft. Ich kam öfter in ihr Büro, übersetzte für sie vom Farsi ins Englische und umgekehrt und konnte mich so nützlich machen.

Außer ihrer normalen Arbeit organisierte Katja noch einen Deutschkurs, der einmal wöchentlich stattfand, sowie einen kleinen Halbtagskindergarten. Sie half auch bei der

Betreuung des Cafés, das von mehreren deutschen Freiwilligen betrieben wurde. Eine dieser Freiwilligen war Caroline Schmidt, eine ältere Dame, die immer am Montagnachmittag da war. Sie servierte den Asylbewerbern Tee und Kaffee und schenkte den Kindern Spielzeug, das entweder Freunde gespendet hatten oder das sie auf dem Flohmarkt gekauft hatte. Ich ging nicht gerne ins Café, aber Katja meinte, ich müsse Caroline unbedingt kennenlernen. Sie arrangierte schließlich eine Begegnung außerhalb des Heims, und damit begann für mich eine wunderbare Freundschaft.

Carolines Ehemann war ein emeritierter Professor, sie selbst eine ehemalige Universitätsangestellte. Beide sprachen fließend Englisch, genau wie ihre beiden Söhne, die beide einige Jahre älter waren als ich. Einige Tage nach unserem ersten Treffen lud Caroline mich bereits zu sich zum Essen ein, wo ich dann auch den älteren Sohn Daniel kennenlernte, der mit dem Fahrrad die halbe Welt bereist hatte und auch im Iran gewesen war. Am nächsten Tag schenkte mir Caroline eine gelbe Zimmerrose in einem Blumentopf und einige englische Bücher. Ich freute mich so sehr über die Lektüre. Und jedes Mal, wenn ich die kleine Rose goss, ihre neuen Knospen beobachtete und die verwelkten Blüten abschnitt, kam ich mir vor wie der Kleine Prinz, der seine Rose pflegt, denn man ist für sie verantwortlich, wie groß die Bäume um sie herum auch werden mögen.

Ich verbrachte immer mehr Zeit bei den Schmidts. Caroline und ich unternahmen lange Spaziergänge im Wald nahe dem Haus und sprachen über Literatur, die Lage der iranischen Frauen und kulturelle Unterschiede. Das Abendessen kam mir eher wie ein Seminar vor. Ich saugte die Informationen nur so auf – alles von deutscher Geschichte, Kultur und Sozialkunde bis hin zur Weltpolitik. Ich staunte, wie viel diese Leute über alles Mögliche wussten, und wollte gern mehr lernen. Ich war immer willkommen in ihrem Haus und nach nur einer Woche schlug mir Caroline vor, bei ihnen einzuziehen. »Hinter Michaels Arbeitszimmer haben wir ein Gästezimmer mit Bett und Kleiderschrank, und zum Arbeitszimmer gehört auch ein Bad, das er kaum benutzt. Wir freuen uns alle, wenn du da bist, und ich hoffe, du weißt, dass du bei uns willkommen bist.«

Ich freute mich sehr, doch es war mir unmöglich, zu den Schmidts zu ziehen. Sie lebten in einem Vorort, und da ich zum Mittagessen im Asylbewerberheim anwesend sein musste, hätte mich immer jemand dorthin- und wieder zurück fahren müssen, denn Geld für die Fahrt mit öffentlichen Verkehrsmitteln besaß ich nicht. So viele Umstände wollte ich ihnen nicht bereiten. Ich war aber einfach glücklich, dass sie mich so vorbehaltlos akzeptierten, dass sie sogar bereit waren, mich bei sich aufzunehmen. Im Heim war die Situation nicht einfach – ich teilte das winzige Zimmer inzwischen mit drei anderen Frauen, und wir mussten uns alle Mühe geben, um einander nicht zu stören. Katja tröstete mich: »Nur noch ein paar Tage, dann hast du deine Befragung hinter dir und wirst in ein kleineres, ruhiges Heim verlegt.«

Die Befragung ist der gefürchtetste Teil des Asylverfahrens. Dies liegt daran, dass jeder Antragsteller grundsätzlich als Betrüger betrachtet wird, wenn er nicht das Gegenteil beweisen kann. Ich hatte inzwischen genug gesehen und gehört, um diese Einstellung der Behörden zu verstehen, aber trotzdem gehofft, mich würden sie anders einschätzen. Der Richter saß mir gegenüber und beobachtete mich wie ein Forscher, der eine Labormaus vor sich hat. Außer ihm nahmen noch ein Übersetzer und mein Anwalt, Dr. Kremer, an der Befragung teil, und auch Katja durfte dabei sein. Sie saß hinter mir an der Tür. Ich hätte das Befragungsgespräch gerne auf Englisch geführt, aber es war vorgeschrieben, dass ich in meiner Muttersprache befragt wurde und ein Farsi-Muttersprachler für mich dolmetschte.

Doch ich musste feststellen, dass der muttersprachliche Übersetzer in Wirklichkeit ein älterer Herr aus Afghanistan war, der nur Dari sprach, das zwar auf einen alten Dialekt des Farsi zurückgeht, ihm aber in keinster Weise entspricht. Ich verstand ihn manchmal kaum und als mir klar wurde, dass weder er noch der Richter die geringste Vorstellung von sozialen Netzwerken im Allgemeinen und Facebook im Besonderen hatten, war ich ratlos, wie ich ihm meinen Fall überhaupt schildern sollte. Unsere Kommunikation war ja aufgrund der vielen möglichen Übertragungsfehler besonders anfällig für Missverständnisse und hatte nur wenig mit einem normalen Gespräch gemein: Zuerst stellte der Richter auf Deutsch eine Frage, die der Übersetzer mir auf Dari wiedergab. Ich versuchte sie zu verstehen und auf Farsi zu beantworten. Der ältere Herr übertrug meine Antwort erst für sich ins Dari und dann für den Richter ins Deutsche. Der Richter interpretierte dies wiederum für sich und diktierte es als meine angebliche Antwort ins Protokoll. Erst als ich dieses Protokoll später zu Gesicht bekam – Katja half mir geduldig, es zu verstehen und zu korrigieren –, wurde mir klar, welche absurden Missverständnisse meinen Anwalt während der Befragung oft so verwirrt hatten aussehen lassen.

Man hatte mir erzählt, die Befragung dauere gewöhnlich zwei bis drei Stunden. Der Richter entscheide dann über das weitere Schicksal des Antragstellers. Meine Befragung zog sich mehr als siebeneinhalb Stunden hin. Ich wurde natürlich mehrmals befragt, und mein Anwalt achtete darauf, dass ich genug Zeit zum Antworten hatte. Zu meiner Überraschung zweifelte der Richter allerdings zwei meiner Angaben an, die ich für absolut unproblematisch gehalten hatte. Nach den Eingangsfragen zur Feststellung meiner Identität wollte er wissen, wovon mein Paper für die internationale Konferenz in Griechenland gehandelt habe. Doch ich hatte einen Blackout. Natürlich konnte ich diese Frage beantworten, aber nicht so, dass sie der Übersetzer auf Farsi verstanden und dem Richter nachvollziehbar ins Deutsche hätte übersetzen können. Mein Zögern wurde als Eingeständnis meiner Unfähigkeit gewertet, diese Frage zu beantworten. Zum Zweiten wollte er mir, was ich noch seltsamer fand, nicht glauben, dass ich in Teheran die griechische Botschaft angerufen und einfach nach »Frau Elmira« gefragt hatte. Wie denn der Nachname gelautet habe?

»Das weiß ich nicht. Ich habe die Botschaft angerufen und darum gebeten, zu Frau Elmira durchgestellt zu werden. So haben ihre Kollegen sie genannt, ihren Nachnamen kenne ich nicht.«

»Sie können doch nicht einfach bei einer Botschaft anrufen und nur den Vornamen des Konsulatsbeamten nennen, mit dem Sie sprechen wollen«, entgegnete er. Ich sagte ihm, ich wisse von Freundinnen, die in verschiedenen diplomatischen Vertretungen arbeiteten, dass es dort übliche Praxis sei, einander nur beim Vornamen zu nennen. Daraufhin sah er mich an, als hätte ich ihn beleidigt.

Wenige Tage nach der Befragung wurde ich aus der Gießener Unterkunft in eine viel kleinere in einem Vorort von Frankfurt verlegt. Trotz der jetzt achtzig Kilometer Entfernung blieben Katja und Caroline in Kontakt mit mir, und ich verbrachte viel Zeit mit ihnen. Aber als die Tage immer kürzer und kälter wurden, fühlte ich mich immer trauriger. Schon bald setzte das ein, was ich in der Rückschau als meine erste depressive Phase bezeichnen würde.

Dieses neue Heim bedeutete eine Art Schwebezustand für mich. Ich musste dort bleiben, bis mein Asylverfahren abgeschlossen war. Das hieß: kein Privatleben, kein richtiger Sprachunterricht, keine Arbeitserlaubnis, keine Reisefreiheit – ich verstieß schon gegen die Auflagen, wenn ich nach Gießen oder Bochum fuhr, um mich mit meinen Freunden zu treffen. Ich begegnete hier Männern und Frauen, die zu meinem Entsetzen seit fast zehn Jahren in der Flüchtlingsunterkunft lebten. In ihren Geschichten hörte es sich an, als stehe die Zeit still. Das Leben bestand aus Waschen, Kochen, Putzen, Schlafen in einem immergleichen Zyklus. Keine Aktivität hatte irgendeinen Sinn. Sie lebten von einem Tag zum anderen und hatten gelernt, auf keine Veränderung zum Guten mehr zu hoffen. Andere, wie ich, fürchteten insgeheim, eines Tages auch so weit zu sein. Lieber bringe ich mich um, als hier jahrelang vor mich hin zu vegetieren, schwor ich mir mehr als einmal.

Auch zu Hause im Iran hatte sich die Lage verschlechtert. Bei meiner Verlegung hatte ich mir einen Surfstick gekauft, damit ich mit dem Laptop ins Internet gehen konnte. Es gelang mir nicht, der Versuchung zu widerstehen, tagaus, tagein an meinem Computer – der mich immer an Kasra und Sepideh erinnerte – die Nachrichten aus dem Iran zu verfolgen. Die Gesichter der getöteten oder verschwundenen jungen Leute, die Berichte über Massenverhaftungen, die entsetzlichen Geschichten der in der Haft Gefolterten und Vergewaltigten, die Kämpfe in den Straßen, die ich täglich mit Freunden und Verwandten entlanggegangen war und die jetzt in Feuer, Blut, Tränen, Rauch, Schreien, Flammen, Grün, Rot und Schwarz ertranken, überwältigten mich. Journalisten, Studenten, Aktivisten, Frauenrechtlerinnen, Politiker und völlig normale Bürger wurden massenweise festgenommen und zu unvorstellbaren Strafen verurteilt. Das Regime hatte aus dem Iran ein riesiges Gefängnis mit angeschlossenem Friedhof gemacht. Die Unterdrückung erreichte nie dagewesene Ausmaße.

Bald fing ich an, meine Situation mit der dieser Männer und Frauen zu vergleichen, und es gab Tage, an denen ich mir selbst das Recht absprach, noch am Leben zu sein. Vom Aufwachen am Morgen bis zum Einschlafen am Abend füllten der Albtraum meines Fotos und die Nachrichten von Mord, Gewalt und Inhaftierung im Iran meine Stunden. Ich bildete mir ein, für das tragische Schicksal meiner Namensvetterin verantwortlich zu sein. Nach ihrem Tod hätte ich eigentlich auch sterben müssen, dachte ich. Mich plagte die Vorstellung ihrer trauernden Familie, besonders ihrer Mutter, die ich mit meiner eigenen gleichsetzte. Ich hatte mich noch nie so geschämt.

Um mich von mir selbst abzulenken, hielt ich mich an die Bücher. Der Vorrat an englischen Werken, den ich von Caroline bekommen hatte, wurde mein Refugium. Am meisten identifizierte ich mich mit Jonathan Safran Foers *Extrem laut & unglaublich nah.* Es brachte mir die Erinnerung an jenen 11. September zurück, als wir beim Abendessen nebenbei die Nachrichten laufen ließen. Die ganze Familie hatte wie erstarrt zugeschaut, wir verharrten mit den Löffeln zwischen Tellern und Mündern in der Luft. Es war so beängstigend, so unfassbar, wie die Türme des World Trade Center in sich zusammenbrachen, dass Mutter fast an einem Bissen erstickt wäre, der ihr im Hals stecken geblieben war. Das iranische Staatsfernsehen vermutete natürlich Verschwörer und Komplotte hinter dem Terroranschlag, aber die Bevölkerung – nicht nur unsere Familie, sondern die Menschen überall, im Supermarkt, im Bus, an der Uni, in den Seminaren, unter Kollegen – sprach fast nur darüber, wie viele Tote es gegeben hatte und wie die Familien der Opfer mit diesem Verlust fertig würden. Für die Politiker war die Frage bedeutsam, wie sich durch dieses Ereignis die Welt verändert hatte, aber meine Freunde und ich stellten uns die Frage: Würde ich auch aus dem Fenster in den sicheren Tod springen, um nicht bei lebendigem Leib verbrennen zu müssen?

Die Frankfurter Innenstadt konnte man mit dem Zug zwar in nur zwanzig Minuten erreichen, aber die Hin- und Rückfahrt kostete schon über sieben Euro. Wenn ich mit etwa 180 Euro auskommen wollte, die ich monatlich vom deutschen Staat erhielt, saß ich weitgehend im Heim fest. Sowohl meine als auch Mutters Ersparnisse waren schon vom Bestechungsgeld für die Flughafenangestellten aufgebraucht worden. In dieser Unterkunft sollte jeder Bewohner für sich selbst einkaufen und kochen, was mitunter unmöglich war. Für die sieben Zweibettzimmer in unserem Stockwerk gab es eine Küche, deren Einrichtung lediglich aus einem Herd und einem Spülbecken bestand. Das Gebäude war ein Altbau, an dem offenbar nur die Fenster erneuert worden waren. Nach Einbruch der Dunkelheit kam die Zeit, in der ich mich am schutzlosesten fühlte, obwohl der Verwalter immer wieder betonte, das Heim sei sicher. Die altersschwache Tür meines Zimmers mit ihrer losen Klinke wäre kein Hindernis für einen Eindringling gewesen. Auch in dieser Unterkunft kam es immer wieder zu Schlägereien, einem Beteiligten wurde dabei einmal ein Arm gebrochen. Am schlimmsten war es während der Zeit, als ich nachts ganz allein auf der Etage war – das heißt bis auf den Mann von gegenüber.

Er kam gewöhnlich erst nach Mitternacht heim. Ich lag bis dahin immer schlaflos in meinem Bett und horchte nun auf seine Schritte, wenn er aus seinem Zimmer ins Bad, in die Küche oder auf den Balkon ging. Ob er wohl eine Vorstellung davon hatte, wie sehr ich mich in den Nächten vor ihm fürchtete? Ab der zweiten Nacht nahm ich ein Küchenmesser mit ins Bett und übte mehrere Stunden lang Verteidigungsstrategien für den Fall, dass er in mein Zimmer eindringen sollte. Dabei betete ich, schon der Anblick des Messers in meiner Hand würde ihn genügend abschrecken, denn tatsächlich hätte ich mich sonst kaum wehren können.

Tagsüber tauschten wir die Rollen: Er hatte dann offenbar Angst vor mir. Ich brauchte eine Weile, um zu merken, dass er eigentlich in mich verliebt war. Seine laute indische Musik mit ihren Männer- und Frauenchören, der Geruch seines billigen Eau de Toilette, mit dem er sich übergoss, sein dämliches Grinsen, wenn wir einander im Gang begegneten, all das sagte mir noch nichts. Erst als er anfing, seine Zimmertür, die meiner genau gegenüberlag, einen Spaltbreit offenzulassen, und sich auf einem Stuhl dahinter postierte, um mich zu beobachten, klingelte es bei mir. Jedes Mal, wenn ich aus meiner Tür trat, sprang er nämlich auf, um mich zu begrüßen. Manchmal blieb er auch sitzen und starrte mir durch den Spalt versonnen hinterher. Ich ignorierte es einige Tage lang, aber dann riss mir der Geduldsfaden. Ich verließ mein Zimmer, und richtig, da kauerte er hinter seiner angelehnten Tür. Ohne seinen Blick zu beachten, streckte ich den Arm aus – der Korridor war eher schmal – und klopfte laut bei ihm an. Er sprang auf, suchte meinen Blick und schenkte mir sein freundlichstes Lächeln.

»Das nächste Mal, wenn ich Sie hier lauern sehe – oder sagen wir, das nächste Mal, wenn ich sehe, dass Ihre Tür offen steht –, werden Sie es bereuen. Ist das klar?« Er ging mir nur bis zur Schulter und schien sich ernsthaft zu fürchten. Er öffnete den Mund, brachte aber kein Wort heraus. Als ich meine Zimmertür hinter mir zuschlug, stand er immer noch mit herunterhängender Kinnlade da. Etwas Alberneres konnte mir wohl nicht einfallen, sagte ich kopfschüttelnd zu mir selbst. Aber mein Auftritt zeigte sofort Wirkung. Von da an hatte ich Ruhe vor ihm.

Auch in dieser Unterkunft half ich anderen Bewohnern von Zeit zu Zeit mit Übersetzungen aus, aber weil die Einrichtung viel kleiner war als jene in Gießen, gab es hier nur wenige afghanische und iranische Asylbewerber. Ich wandte mich an die Sozialarbeiterin des Heims, Frau Leitner, ob sie nicht eine sinnvolle Tätigkeit für mich hätte. Da ich noch keine Arbeitserlaubnis hatte und noch kein Deutsch sprach, sei es etwas schwierig, sagte sie. Aber als ich anbot, Alphabetisierungskurse für die Heimbewohner abzuhalten, stimmte sie sofort begeistert zu. So fing ich also an, meinem ersten Kurs – bestehend aus einer Afghanin mit ihrem zehnjährigen Sohn, einem afghanischen Jugendlichen und zwei Iranern – Lesen und Schreiben beizubringen. Es war eine sehr befriedigende Erfahrung, meinen Mitbewohnern nützlich sein zu können, und die Dankbarkeit in ihren Augen baute mich etwas auf. Aber die ganze Zeit nagte das Bewusstsein an mir, dass meine akademischen Qualifikationen brachlagen und ich keine Vorstellung davon hatte, wann ich wieder als Dozentin würde arbeiten können.

Dr. Kremer gehörte einem Verein an, der sich für die Beendigung der Abschiebungen von Asylbewerbern nach Griechenland einsetzte, die dort unter schrecklichen Umständen leben mussten. Ich hoffte sehr, dass er auch in meinem Fall Erfolg haben würde, aber es dauerte ziemlich lange, bis er mir schließlich per E-Mail mitteilen konnte, dass ich nicht nach Griechenland zurückmusste. Inzwischen hatte ich schon drei Monate im Asylantenheim hinter mir. Jetzt freute ich mich sehr, dass die Dinge offenbar endlich in Gang kamen. Das war voreilig von mir, denn der Anwalt erklärte mir, dass diese eine Gerichtsentscheidung lediglich den Anfang meines Anerkennungsverfahrens bedeutete. In den neunzig Tagen zuvor war mein Antrag noch gar nicht bearbeitet worden. »Das heißt nur, dass sich die Behörden ab jetzt damit befassen. Sie stehen ganz am Anfang, Neda. Tut mir leid.«

Ich musste meinen Alphabetisierungskurs absagen, weil die beiden eifrigsten Schüler verlegt wurden und ich angesichts meiner unsicheren Zukunft wieder in einer Depression zu versinken begann. Frau Leitner schlug mir vor, ich könne doch in einem kirchlichen Gemeindezentrum ehrenamtliche Arbeit leisten. Sie hatte bereits mit dem zuständigen Pfarrer gesprochen und gab mir seine Telefonnummer. Aber mir ging es so schlecht, dass ich mich nicht dazu aufraffen konnte, an einer Gesprächsrunde teilzunehmen, geschweige denn, in einer Gruppe mit anderen Menschen zu arbeiten.

Mitte November rief Amir an. Ich freute mich, seine Stimme zu hören, aber er hatte keine guten Nachrichten. »Dein Foto ist seit zwei Tagen wieder auf der Website des *Guardian*. Ich wusste erst nicht, ob ich es dir erzählen soll, aber ich finde, du solltest es erfahren.« In dem Artikel zu dem Bild ging es um ein Doktorandenstipendium in Philosophie, das die Universität Oxford zum Gedenken an Neda Agha-Soltan gestiftet hatte, die dieses Fach studiert hatte. Wie ich feststellte, hatte CNN zusammen mit der Meldung auch mein Foto wieder übernommen. Das war ein besonders düsterer Tag. Ich saß vor dem Laptop, und die Sekunden dehnten sich zu Jahren. Der Gedanke, dass mein Foto nie mehr verschwinden und mich für den Rest meines Lebens verfolgen würde, war einfach zu viel für mich. Doch trotz meiner Depressionen reifte in mir langsam der Entschluss, dass ich etwas unternehmen musste. Dr. Kremer beriet sich mit einer Fachanwältin für Medienrecht, ihr Name war Nora Hofmann. Gemeinsam entwarfen wir eine E-Mail, die ich an CNN und den *Guardian* schickte und in der ich die Sachlage schilderte.

Es war nutzlos. Weder der Sender noch die Zeitung reagierten überhaupt. Die beiden Websites wurden fast zu einer Obsession für mich. Mehrmals täglich sah ich nach, ob vielleicht ein Wunder geschehen und mein Bild verschwunden war. Frau Hofmann meinte schließlich, die beste Strategie sei vielleicht, mit meiner Geschichte an die Öffentlichkeit zu gehen. Dr. Kremer hatte mir das bereits in Gießen vorgeschlagen, als ich auf meinen Befragungstermin gewartet hatte. Damals war mir dies noch unvorstellbar vorgekommen – wenn ich die Geschichte meines Fotos und seines Missbrauchs durch die Medien öffentlich machte, würde das bedeuten, mich erneut den Angriffen der Anhänger Neda Agha-Soltans auszusetzen. Das Letzte, was ich jetzt gebrauchen konnte, war eine Flut von hasserfüllten E-Mails. Außerdem konnte ich die möglichen Konsequenzen für mich und meine Familie nicht abschätzen. Frau Hofmann war eine mitfühlende und verständnisvolle Anwältin und machte mir Mut. Sie versprach, einen vertrauenswürdigen und zuverlässigen Journalisten und eine seriöse Publikationsmethode für meine Geschichte zu suchen. Als CNN in einem Bericht Ende Dezember abermals mein Foto ausstrahlte, gab es keinen Zweifel mehr, dass es dem Sender völlig gleichgültig war, wessen Bild er da brachte. Das war der Punkt, an dem ich mich endlich entschloss, an die Öffentlichkeit zu gehen.

Frau Hofmann suchte nach einem möglichen Weg, und ich schrieb in der Zwischenzeit an Nachrichten- und Bildagenturen wie Associated Press, Agence France Presse (AFP), Getty Images und Reuters. Wenn mein Anwalt sie dann offiziell aufforderte, mein Bild aus ihren Archiven zu entfernen, würden sie nicht behaupten können, sie hätten von nichts gewusst. AFP war die einzige Agentur, die antwortete. Eine Angestellte schrieb mir, das Foto sei bei ihnen schon seit einiger Zeit aus der Datenbank gelöscht worden und Kunden könnten es nicht mehr verwenden. Ich solle die Zeitungen kontaktieren, in denen ich mein Foto abgedruckt fände, und diese auffordern, es aus ihrem System zu entfernen. Die Wortwahl der englischen E-Mail war allerdings bezeichnend:

```
Hello,
The photo you are talking about has been killed
for some time now and clients are not able to use
it any more. You should contact the newspapers
you see your photo in and ask them to remove it
from their system.
   We apologize for any inconvenience this may
have caused you.
Kind regards,
S. D.
```

Inzwischen wurde ich immer zuversichtlicher, dass ich mir doch noch Gerechtigkeit erkämpfen könnte, schließlich hatte ich das Recht auf meiner Seite. Dass die Veröffentlichung meiner Geschichte den Missbrauch meines Fotos enthüllen und damit stoppen würde, gab mir ein Ziel und die Hoffnung auf Erfolg. Jetzt hatte ich auch die Kraft, mich dem Wohltätigkeitsverein vorzustellen, den mir Frau Leitner empfohlen hatte, und mit dem Pfarrer zu sprechen, der ihn leitete. Anfang Februar 2010 nahm ich zum ersten Mal an der wöchentlichen Essensausgabe an Bedürftige teil, die der Verein organisierte. Hier kam ich mit einer der Organisatorinnen ins

Gespräch, einer pensionierten Englischlehrerin. Frau Ritter erklärte mir die Tätigkeit der Gruppe und wies mich in die Arbeit ein. Nach der Essensausgabe tauschten wir auf ihren Vorschlag hin unsere Telefonnummern aus, damit ich sie anrufen könnte, wenn ich Hilfe bräuchte. Die Wohltätigkeitsveranstaltung war schon an sich eine sehr inspirierende Erfahrung für mich – da kümmerten sich Menschen um ihre Mitmenschen in Not und halfen ihnen, so gut sie konnten. Ich konnte nicht ahnen, welch großen Einfluss meine Begegnung mit Frau Ritter auf mein Leben haben sollte.

Mein erstes Interview gab ich der *Süddeutschen Zeitung*. Es erschien am 5. Februar, einem Freitag. Das Ehepaar Ritter hatte – was ich nicht wusste – die Zeitung abonniert, und Frau Ritter hatte meinen Namen und mein Gesicht darin wiedererkannt. Als ich sie einige Tage später erneut traf, lud sie mich zu sich nach Hause ein. Dort konnte ich auch ihren Mann kennenlernen, einen Bankkaufmann im Ruhestand, der auch fließend Englisch sprach. Das Haus war nur eine Viertelstunde Fußweg von der Unterkunft entfernt, und so fand ich Anschluss an die zweite deutsche Familie, von der ich mit Wärme und Zuneigung aufgenommen wurde.

Als Reaktion auf die Artikel über meinen Fall erhielt ich mitfühlende Briefe und E-Mails von Lesern, die mir Mut zusprachen oder finanzielle und materielle Hilfe anboten. Einige entschuldigten sich sogar für das Fehlverhalten der Medien. Diese Briefe machten mich sprachlos. Ich war unendlich dankbar, obwohl ich sämtliche Hilfsangebote ablehnte, denn ich wollte mit meiner Geschichte nicht um Almosen betteln.

CNN entfernte als Reaktion auf eine namentliche Erwähnung im Interview mit der *Süddeutschen Zeitung* zwar mein

Bild aus der Meldung über das Stipendium der Universität Oxford, aber der *Guardian* reagierte nicht. AFP berichtete über meinen Fall – und brachte mein angeblich gelöschtes Foto wieder als das von Neda Agha-Soltan. Ich schrieb der Angestellten, die mir zuerst gemailt hatte, eine wütende Anfrage, bekam aber jetzt keine Antwort mehr.

Nora Hofmann, über die meine Pressekontakte liefen, wurde mit Interviewanfragen von Zeitungen und Fernsehsendern innerhalb und außerhalb Deutschlands bombardiert. Ich war zwar sehr vorsichtig mit Zusagen, trotzdem kamen nach jedem Termin die schwarzen Augenblicke, in denen ich völlig ausgelaugt war. Ich hatte das Gefühl, dass einige der Journalisten, mit denen ich verhandelte, nur auf eine gute Story aus waren und sich nicht für mich persönlich oder meine Beweggründe interessierten. Hatte vielleicht gerade diese Haltung der großen Medien all meine Probleme erst verursacht? Der Reporter einer bekannten Zeitschrift meinte am Telefon zu mir: »So ungewöhnlich ist Ihre Geschichte gar nicht. So etwas passiert im Nachrichten- und Mediengewerbe einfach. Unser Beruf ist so hektisch, dass wir solche Fehler nicht wirklich vermeiden können.« Mit ihm führte ich, genauso wenig wie mit anderen seiner Art, kein persönliches Gespräch.

Trotzdem sagte ich mir immer wieder, dass mein Ziel alle Mühe wert sei, und gab dann und wann Interviews. Bei jeder Veröffentlichung folgte allerdings, was ich gefürchtet hatte: eine Welle von Hasskommentaren auf YouTube, Twitter, Facebook und anderen Portalen. Besonders meine eigenen Landsleute beschuldigten mich, als Marionette des iranischen Regimes zu agieren, um das Ansehen »ihrer Neda« zu schädigen. Andere hielten mich für eine opportunistische Hochstaplerin, die Nedas Schicksal ausnutzte, um in Deutschland Asyl zu erhalten. Wieder andere behaupteten, mein Foto überhaupt noch nie gesehen zu haben. »Was ist das für eine Schlampe, die aus dem grausamen Tod einer jungen Frau Kapital schlagen will?!« Manche gingen so weit, meinen Anwalt und andere Leute anzurufen, die mit der Veröffentlichung der Artikel zu tun hatten, und drohten, mich zu verklagen, denn ich tische Lügenmärchen auf und beschmutze die Ehre ihrer Heldin.

Frau Hofmann schrieb inzwischen offizielle Aufforderungen an verschiedene deutsche Medien, mein missbräuchlich verwendetes Foto zu entfernen. Einige kamen dem nach, andere weigerten sich hartnäckig. In einigen Fällen mussten wir Anzeige erstatten und unser Anliegen mit einer Gerichtsentscheidung durchsetzen. Zu meiner Enttäuschung entdeckte ich dann ein Jahr, nachdem meines Erachtens der Fall zumindest in Deutschland erledigt war, dass einige Zeitungen zwar verbindlich zugesagt hatten, mein Foto aus ihren Archiven zu löschen, es aber immer noch verwendeten.

Im Februar 2010 hatte ich – zunächst mündlich – die Mitteilung erhalten, dass meinem Asylantrag stattgegeben würde. Der amtliche Bescheid kam einige Wochen später, Anfang März. Dieses Dokument, auf das manche Flüchtlinge jahrelang und oft vergeblich warten und das ich jetzt tatsächlich in Händen hielt, war mein Freiheitsbrief. Plötzlich gab es so viel zu tun: Unmengen von Formularen waren auszufüllen, ich musste mir eine Wohnung suchen, die nötigsten Möbel anschaffen – dafür gab es eine Beihilfe vom

Staat –, und eine Krankenversicherung abschließen. Und ich konnte endlich zur Schule gehen, um Deutsch zu lernen.

Caroline schlug mir vor, zunächst in eine Wohngemeinschaft zu ziehen. Von dort aus könne ich mich erst einmal einige Monate in Ruhe nach einem Wohnort und Arbeits- oder Studienplatz umschauen. Das war sicher vernünftig gedacht, aber nach neun Monaten in Flüchtlingsunterkünften wollte ich vor allem endlich in eigenen vier Wänden leben können, ohne meinen Wohnraum mit fremden Menschen teilen zu müssen – meine eigene Küche, mein eigenes Bad, gleichgültig, wie winzig oder in welchem Ort sie sein würden. Mit Hilfe der Ritters fand ich eine kleine Wohnung, die ich mir leisten konnte, und eine Krankenkasse. Sie fuhren mich geduldig von einem Amt zum nächsten, halfen mir bei den Behördengängen, gingen mit mir einkaufen und organisierten sogar die Lieferung und den Aufbau meiner neuen Möbel. Ich fragte mich, wie andere Flüchtlinge, die niemanden kannten und weder Deutsch noch Englisch sprachen, mit einer solchen Situation fertigwurden.

Ich hatte zwar überall herumerzählt, dass ich das Asylbewerberheim sofort verlassen würde, sobald ich als Flüchtling anerkannt wäre. Doch als ich dann meine eigene Wohnung hatte, bekam ich es mit der Angst zu tun. Ich hatte mir so sehr ein selbstständiges Leben gewünscht, und nun schreckte ich genau davor zurück. Neun Monate lang hatte ich mich mit der Aussicht auf eine bessere Zukunft aufrecht gehalten. Jetzt war diese Zukunft angebrochen und sie kam mir noch leerer vor als das Leben im Heim. Am Tag der Schlüsselübergabe richteten die Ritters mir eine nette kleine Feier aus und freuten sich so sehr für mich, dass ich mich meiner Angst schämte, dort ganz allein zu wohnen. Als sie gegangen waren und ich lange genug immer wieder zwischen den kleinen Räumen hin und her gewandert war, gestand ich mir ein, dass ich das Alleinsein nicht aushielt. Ich nahm den Schlüssel zu meinem alten Zimmer im Flüchtlingsheim, ging zurück und verbrachte die Nacht dort. So vergingen auch die nächsten Tage – morgens Deutschunterricht, nachmittags bei Ritters, abends ins Heim. Ich wusste allerdings, dass ich den Schlüssel abgeben musste, weil neue Asylbewerber erwartet wurden und die Verwaltung den Platz brauchte.

Was ich mir so sehr erträumt hatte, war eingetroffen, aber ich saß nur apathisch da. Erst nach mehreren Wochen hatte ich mich so weit orientiert und in meiner Umgebung zurechtgefunden, dass ich mich auf drei Vorhaben konzentrieren konnte, die ich für wesentlich in meinem neuen Leben hielt: Deutsch zu lernen, für mich Gerechtigkeit zu erkämpfen und in die akademische Welt der Bücher und der Forschung zurückzukehren. Nach und nach lebte ich mich ein, fand neue Freunde und sogar einen neuen Partner. Doch bis heute vergeht kein Tag, an dem ich nicht mein altes Leben und meine Lieben im Iran vermisse.

Ich musste erfahren, dass der Begriff Pressefreiheit die Medien in Ländern wie den USA, Großbritannien und Frankreich fast unangreifbar macht, besonders für Ausländer. Die Gesetze sind so abstrakt formuliert und vage gehalten, dass viele Anwälte meine Sache für aussichtslos hielten (und halten). Die *Freedom of Expression*, die der erste Verfassungszusatz der Vereinigten Staaten gewährt, lässt beispielsweise zu, dass die Medien meinen Fall als naiven Irrtum ansehen und den weiteren bewussten Gebrauch meines Fotos gegen meinen Widerspruch im Lichte dieses »Irrtums« interpretieren. Das Gesetz schützt hier also den Täter vor dem Opfer und gibt den Medien grünes Licht, das Leben unschuldiger Menschen zu ruinieren.

Als die *New York Times* Anfang September 2010 in einem sachlichen Artikel über meinen Fall berichtete, brachte CNN unter anderem meinen Namen zusammen mit dem einer Kongressabgeordneten und eines Kriegsveteranen in der täglichen Kolumne »Faszinierende Menschen« und beschrieb darin meine Verfolgung durch das iranische Regime, das versucht hatte, mich mit Drohungen zur Zusammenarbeit zu zwingen. Beiden Berichten fehlte allerdings mein Foto, um das es ging, sowie die Rolle der westlichen Medien in der Sache. Beide Medien berichteten in schwammigen Worten über die »anfängliche« Verwirrung um das Facebook-Foto, aber keines zeigte das Bild selbst zusammen mit einer angemessenen Klarstellung. Dies war das einzige Mal, dass CNN mein Bild nicht veröffentlichte. Vielleicht fürchtete die Redaktion ja, die Zuschauer würden es wiedererkennen und unangenehme Fragen stellen.

Es dauerte eine ganze Weile, bis ich einsah, dass mein Kampf um Gerechtigkeit noch lange dauern würde und dass ich mir meine zweite Chance im Leben nicht ruinieren lassen durfte. Die Medien zerstörten mein erstes Leben dadurch, dass sie mein Bild skrupellos missbrauchten. Und genau indem sie dies taten, machten sie gemeinsame Sache mit dem iranischen Regime, das mich zur Flucht aus meinem Heimatland gezwungen hat und mich bis heute verfolgt.

Doch so unzureichend mir meine zweite Chance oft auch erscheinen mag – immerhin habe ich eine. Eine Chance, die ich der ermordeten Neda und meinen anderen Landsleuten von ganzem Herzen gewünscht hätte, jenen Menschen, die brutal ermordet wurden, allein weil sie für Freiheit, Demokratie und Menschenrechte eingetreten waren.

12

Requiem

Ich war zehn Jahre alt, als sich meine Großmutter eines Tages ihre linke Hand einseifte, sich ihren schmalen Türkisring vom Finger zog und ihn mir schenkte. Ich weiß nicht, wie viele Jahre sie ihn getragen hatte, aber ich liebte diesen Ring und seine Trägerin, solange ich denken konnte. Der Ring war immer ihr einziges Schmuckstück gewesen, hauptsächlich weil ihre Fingergelenke von der jahrelangen Arbeit so geschwollen waren, dass sie ihn kaum mehr abnehmen konnte. Als kleines Mädchen hatte ich immer auf ihrem Schoß gesessen, wenn wir bei ihr zu Besuch waren, ihre Hand in meinen beiden gehalten und mit dem Ring herumgespielt, während sie mir Koseworte ins Ohr flüsterte. Sie war die Einzige, von der meine Schwester und ich uns manchmal etwas wünschten, aber nur, wenn meine Eltern es nicht mitbekamen.

Eines Tages wünschte ich mir Großmutters Ring.

»Wenn du groß bist, bekommst du ihn, mein Augapfel.«

Als sie mir den Ring dann gab, war er noch viel zu groß für meine langen dünnen Finger, aber ich bestand darauf, ihn zu tragen. Meine Mutter machte sich Sorgen, dass ich ihn verlieren würde. Das fand ich ungerecht – verstand sie denn nicht, was er mir bedeutete? In der Schule durften wir lediglich Armbanduhren tragen, keinen Schmuck, deshalb musste ich ihn vor dem Unterricht immer abnehmen. Ein paarmal verlegte ich ihn und stellte dann unter Mutters Geschimpfe mein Zimmer auf den Kopf. Aber nichts hielt mich davon ab, ihn zu tragen. Es dauerte Jahre, bis er endlich auf meinen mittleren und schließlich auch, wie bei Großmutter, auf den Ringfinger passte.

Dann kam eine Zeit, in der ich den Ring zu altmodisch fand. Mein Geschmack entwickelte sich, und der Türkisring sah mir plötzlich zu kitschig aus. Ich bewahrte ihn im Schmuckkästchen auf und vergaß ihn fast. Ich wurde immer größer und Großmutter immer kleiner. Mit jedem Besuch wurde sie schwieriger. Ich war ungeduldig und löste mich innerlich immer mehr von diesem einst liebsten Menschen meines Lebens. Die räumliche Entfernung zwischen uns betrug tausend Kilometer, also besuchte ich sie als Erwachsene höchstens zweimal jährlich, einmal zu Neujahr und manchmal während der Sommerferien. In den langen Perioden dazwischen vermisste ich sie manchmal sehr, besonders abends an langweiligen Wochenenden. Dann grub ich den Ring aus meinem Schmuckkästchen, das schon lange kein Lied mehr spielte, wenn man den Deckel öffnete. Die leuchtende Farbe des Rings war jedes Mal ein tröstlicher Anblick. Er hatte sich überhaupt nicht verändert. Ich fühlte mich beschämt, steckte ihn mir an und spürte die Nähe meiner Großmutter.

Ich drehte den Ring an meinem Finger und stellte mir vor, wie sie auf dem Kissen auf der untersten Stufe der Treppe in ihrem Haus saß. Links von ihr stand auf einem Stuhl das Tablett mit dem Teegeschirr, ihr Medikamentenkörbchen und eine Schachtel Papiertaschentücher hatte sie rechts neben sich auf der zweituntersten Stufe stehen. Wahrscheinlich war sie ganz allein. Ich bekam ein schlechtes Gewissen, setzte mich an den Schreibtisch und wählte ihre Nummer. Es dauerte immer lange, bis sie mühsam aufgestanden war, das Wohnzimmer durchquert und den Hörer abgenommen hatte. Ich wartete geduldig, bis ich nach vielen Freizeichen hörte, wie sie sich meldete, sagte Guten Abend und erkundigte mich nach ihrer Gesundheit. Ihre Stimme stieg dann immer um mindestens eine Tonlage an, und sie bombardierte mich mit unübersetzbaren Worten der Zuneigung. Nach einigen Minuten gab ich den Hörer an meine Mutter weiter und klopfte mir im Geist selbst auf die Schulter, weil ich ein bisschen Licht in Großmutters öden Freitagabend gebracht hatte.

Es war ein Freitagabend, an dem sie starb. Meine Mutter erzählte mir erst eine Woche später davon, aber ich wusste es noch in derselben Nacht. Jetzt betrug die Entfernung zwischen uns nicht mehr tausend Kilometer, sondern viermal so viel. Es war Ende Dezember 2010. In dieser Nacht erschien sie mir im Traum, zum ersten Mal in den langen Monaten meines Exils. Sie trug ein wunderschönes lila Kleid mit winzigen weißen Blumen darauf, ihr schneeweißes Haar hing ihr in weichen Locken bis auf die Schultern. Ich saß auf einer Schaukel und pendelte zwischen zwei Extremen hin und her, und sie saß auf einem Stuhl genau am Punkt des

Gleichgewichts. Wir waren allein. Mein Blick fiel auf den Ring an ihrem Finger. Das war *mein* Ring. Warum hatte sie ihn sich wiedergeholt? War sie wütend auf mich? Nein. Sie lächelte mich an.

Sie erhob sich, trat vor und sagte so laut, wie sie konnte: »Ich wollte dich noch einmal besuchen, bevor ich gehe, Neda. Ich weiß, dass du viel durchgemacht hast. Aber sieh mal, ich habe ein Geschenk für dich!« Sie hob die Hand mit dem Ring und zeigte hinter sich. Die Schaukel zog mich weiter und weiter zurück, bis sie plötzlich lang in die Gegenrichtung ausschwang. Ich hätte sie gerne angehalten, um zu Großmutter zu gelangen. »Da, da«, beharrte sie. »Siehst du ihn nicht?« Ich blickte in die Richtung, in die sie zeigte, und sah einen jungen Mann, hochgewachsen, athletisch und dunkelhaarig. Ich hatte wieder den äußersten Punkt erreicht und würde gleich zurückschwingen, als er sich zu mir umdrehte und ich ihn erkannte. Es war Nima, mein Bruder. Die Schaukel zog mich zurück, aber Großmutter war nicht mehr da.

Ich wachte auf und tastete mit dem linken Daumen automatisch an der rechten Hand nach dem Ring. Da war er. Ich spürte die kleine Erhebung deutlich. Draußen war es noch dunkel. Ich wollte nicht über meinen Traum nachdenken, über Großmutter. Ich hatte Angst davor, was er bedeuten konnte. Stattdessen dachte ich an Nima. Ich hatte ihn jetzt eineinhalb Jahre nicht gesehen, er war inzwischen 18 Jahre alt, weigerte sich aber immer noch, mit mir zu sprechen.

In den Tagen nach dem Traum wartete ich auf die Nachricht. Ich redete mir selbst ein, dass alles in Ordnung sei – schließlich war es nur ein Traum gewesen –, aber das Ganze ließ mir keine Ruhe. Als ich es nicht mehr aushielt, rief ich zu Hause an. Es war erst mein zweiter Anruf in all diesen Monaten. Niemand ging an den Apparat – ein weiteres Zeichen, dass etwas nicht stimmte. Ich versuchte es bei meiner Schwester. Die druckste zunächst herum, dann versuchte sie mit zittriger Stimme und wenig überzeugend, mich zu beruhigen, alles sei in Ordnung. Sie musste es gar nicht aussprechen. Als ich Großmutters Nummer wählte, war meine Mutter am Apparat. Alle meine Dämme brachen, und zum ersten Mal seit 18 Monaten weinte ich am Telefon. Ich wusste nicht, um wen ich weinte, um Großmutter, Mutter oder mich selbst. Ich weinte über unsere Trennung und unsere Einsamkeit und die Ungerechtigkeit dieses ganzen Zustands.

Mutter dagegen war ruhig und tröstete mich. Das war meine Mutter, eine starke Frau, die selbst im tiefsten Elend die Selbstbeherrschung behielt und sich um die anderen kümmerte. Sie war froh, dass Großmutter friedlich hatte sterben können. Und dann sagte sie: »Bleib mal einen Augenblick dran«, und kurz darauf hörte ich seine Stimme: »Hallo, Schwesterherz!« Wir unterhielten uns nur kurz, höchstens zwei Minuten, und die bestanden noch zum großen Teil aus Schweigen, aber als ich auflegte, ging mir auf, dass sich der Traum erfüllt hatte: Dieses Gespräch war Großmutters Geschenk. Ich fragte mich, wo sie wohl gerade war. Bestimmt sah sie mir von oben zu und klopfte sich auf die Schulter, weil sie Licht in meinen tristen Freitagabend gebracht hatte.

Dank

Ich stehe tief in der Schuld jener Menschen, die mir halfen, die Ereignisse vom Juni 2009 zu überleben. Ohne meine Freunde, die ihr Leben dafür riskiert haben, das meine zu retten, hätte ich nicht die Chance auf eine neue Zukunft gehabt. Um sie und verschiedene andere Personen nicht (weiter) in Gefahr zu bringen, habe ich mich dazu entschlossen, ihre richtigen Namen in diesem Buch ungenannt zu lassen.

Es sind viele, die mich auf meinem Weg unterstützt haben. Ich bin zum einen den Menschen zu Dank verpflichtet, die mir über die Grenzen hinweg helfend die Hand reichten. Außerdem jenen, die gewissenhaft versuchten, den Fehler der Medien zu korrigieren, wenn auch mit wenig oder gar keinem Erfolg.

Es ist eine traumatische Erfahrung, das Leben eines Flüchtlings zu führen, und ich bin meinen deutschen und iranischen Freunden unendlich dankbar. Sie haben mir hingebungsvoll bei jedem einzelnen Schritt zur Seite gestanden, der dazu diente, meine neue Situation zu stabilisieren. Ich danke ihnen für ihre vorbehaltlose und großzügige Unterstützung, ihre unermessliche Leidenschaft und ihr Verständnis. Sie taten alles, was in ihrer Macht stand, damit ich mich unter ihrem Dach zu Hause fühlte.

Ich danke den Freunden, die mir liebenswürdigerweise mit Vorschlägen zu meinem Manuskript halfen.

Und nicht zuletzt gebührt mein Dank meiner Agentin und meiner Textlektorin – die mich beide weit über das hinaus unterstützten, was eine Agentin und eine Lektorin normalerweise für ein Buchprojekt tun – sowie dem Kailash-Team dafür, dass es seinen Glauben in mich und in dieses Buch gesetzt hat.

»Hinreißend charmant und feinfühlig.«

Elle

160 Seiten. ISBN 978-3-424-63045-9

Sophie Fontanels Leben ändert sich von einem Tag auf den anderen, als ihre Mutter zum Pflegefall wird. Obwohl oft der Verzweiflung nahe, gelingt es ihr, dieser Mutter, die nicht immer mütterlich war, fortan alles zu schenken, was sie hat: ihre Zeit, ihre Kraft, ihre Zuversicht. Das zärtliche und humorvolle Porträt einer lebenslangen Liebe.

KAILASH